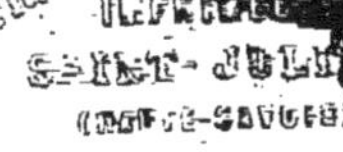

MANUEL DE CHANT

ET DE

COMPOSITION MUSICALE

PAR

M. L'ABBÉ J. M. TISSOT

VICAIRE A SAINT-JULIEN (HAUTE-SAVOIE)

> Laudemus viros gloriosos... in peritia sua requirentes modos musicos.
> Louons ces hommes illustres qui s'appliquèrent, dans leur habileté, à chercher des accents musicaux.
> Eccl. ch. xliv. v. 1 et 5.

SIGNES MUSICAUX. — VOIX. — HARMONIE.
MÉLODIE. — MODULATION.
CONTREPOINT. — IMITATIONS. — FUGUE.
ACCOMPAGNEMENT DU PLAIN-CHANT.

A LA LIBRAIRIE FÉLIX GIRARD

LYON	PARIS
30, PLACE-BELLECOUR.	RUE CASSETTE, 30

ET CHEZ L'AUTEUR

1869

MANUEL DE CHANT

ET DE

COMPOSITION MUSICALE

SAINT-JULIEN. — IMPRIMERIE F. CASSAGNES.

MANUEL DE CHANT

ET DE

COMPOSITION MUSICALE

PAR

M. L'ABBÉ J. M. TISSOT

VICAIRE A SAINT-JULIEN (HAUTE-SAVOIE)

Laudemus viros gloriosos... in peritia sua requirentes modos musicos.
Louons ces hommes illustres qui s'appliquèrent, dans leur habileté, à chercher des accents musicaux.
ECCL. CH. XLIV. V. 1 ET 5.

SIGNES MUSICAUX. — VOIX. — HARMONIE.
MÉLODIE. — MODULATION.
CONTREPOINT. — IMITATIONS. — FUGUE.
ACCOMPAGNEMENT DU PLAIN-CHANT.

A LA LIBRAIRIE FÉLIX GIRARD

LYON
30, PLACE BELLECOUR.

PARIS
RUE CASSETTE, 30

ET CHEZ L'AUTEUR

1869

IMPRIMATUR

Annecii 15 Decembris 1868.

RUFFIN CENS. ECCL.

(C.)

A

MARIE

CONÇUE SANS PÉCHÉ

Tous les siècles, ô Marie, ont vénéré en vous le trône de la sagesse et la reine du bel amour. Si Dieu est le trésor infini de la beauté parfaite, vous en êtes l'ensemble le plus ravissant et le foyer le plus lumineux qu'il ait pu créer. Souffrez donc que je dépose à vos pieds ces préceptes trop imparfaits, afin qu'on ne les étudie jamais qu'aux rayons de la lumière qui peut suppléer à leur insuffisance ; et, pour les favoriser de la plus précieuse des bénédictions, obtenez qu'ils servent à faire mieux chanter encore vos louanges et celles de votre Fils adorable.

PRÉFACE

Un nouvel ouvrage pour exposer les principes de l'art musical, peut sembler pour le moins inutile, même aux esprits le plus favorablement disposés. — Des *méthode, essais, cours, traités*, existent depuis longtemps pour mettre cette science à la portée de toutes les intelligences ; il n'y a qu'à choisir. — Il est vrai que les ouvrages de ce genre sont très nombreux ; mais, pour la plupart, ils se trouvent limités, en fait de théorie, à ce qui regarde les principaux signes musicaux ; ils sont par là même beaucoup trop incomplets. Il y a une forme meilleure vers laquelle doivent tendre les théoriciens ; il y a un but plus élevé qu'ils doivent s'efforcer d'atteindre, c'est de rendre bien intelligibles, même pour les esprits peu cultivés, toutes les lois de la musique, depuis les premiers éléments jusqu'aux dernières règles de la haute composition. Cette œuvre est certainement possible. La science musicale complète ne présente pas plus de difficultés insurmontables que tant d'autres sciences, celle de l'arithmétique par exemple ou de la grammaire, partout enseignée et partout comprise ; elle n'exige pas plus de talent, elle demande probablement moins de courage. Si elle promet quelquefois moins d'avantages matériels, elle offre toujours beaucoup plus de douces et nobles jouissances.

Elle est cependant peu répandue. On trouve facilement un bon chiffreur ; les beaux parleurs ne sont pas rares, mais on ne trouve qu'avec peine un musicien dont les connaissances théoriques aillent *jusqu'à la transposition !* Celui qui *sait les accords* peut se présenter comme artiste consommé. Quand à l'harmoniste profond et judicieux, « c'est un « phénix, a-t-on dit avec vérité, que l'on ne rencontre pas toujours, « même dans une grande ville. »

Cette ignorance, générale on peut dire, de la vraie science musicale vient, en bonne partie, du manque de traités suffisants. Sans doute il en existe pour toutes les parties de la musique ; la plupart sont clairs, judicieux, complets même dans leur spécialité, mais les longs exemples en font ordinairement de grands volumes, dont l'acquisition et l'étude sont également difficiles. Le champ des théories musicales est encombré d'alphabets; il offre un nombre suffisant de grands traités spéciaux, mais il manque de grammaires. S'il n'est pas impossible d'en trouver, leur nombre est restreint, et généralement, elles sont encore incomplètes. C'est que, dans les travaux de ce genre, le cadre parfait qui contient tout ce qu'il faut et rien que cela, se trouve difficile à déterminer, et malheureusement ce n'est pas encore cet ouvrage qui en offrira le type; mais il peut aider à le faire vaguement pressentir. D'autres viendront ensuite qui feront beaucoup mieux, et la science musicale cessera d'être un secret.

Les exercices n'occupent dans ce Manuel qu'une place restreinte. Leur multiplicité en aurait grossi le volume sans en augmenter proportionnellement la valeur. Ceux qui en voudront de plus étendus, pourront recourir aux solfèges ou à tant d'autres publications, ouvrages ou morceaux dont l'acquisition est aujourd'hui des plus faciles.

Plusieurs trouveront que cet ouvrage, pour un traité théorique et pratique, fait une large part aux formes débutatives ou restrictives : *souvent, parfois, généralement, ordinairement, peut-être*, etc ; mais les règles de l'art musical sont loin d'avoir toujours la certitude et l'évidence du vieux fait : *deux et deux font quatre*. On a vu des compositeurs qui n'étaient jamais plus satisfaits qu'au moment où, par un effort de génie, ils avaient pu rendre intéressant, un fait harmonique ou mélodique défendu par les théoriciens. Ils n'étaient pas constamment heureux ; l'auditoire trouvait souvent barbare leur ingénieuse irrégularité, et la pensée de quelques-uns, que tout est possible en musique, ne sera jamais une vérité ; cependant il existe bon nombre de lois qui, bien que généralement observées ne peuvent pas, sans inexactitude, être données comme rigoureusement et invariablement obligatoires.

Les littérateurs éprouveront ici peu de satisfaction. Les ingénieux développements des pensées sont remplacés par des énonciations sèches et brèves, et, dans le choix des tournures, la concision a toujours été préférée à l'élégance. Quand il en est résulté une forme bien imparfaite, qu'ils considèrent, pour incliner à l'indulgence, la droiture de l'intention, la légitimité du but et la vigueur de l'effort.

Saint-Julien, 28 Août 1869.

MANUEL DE CHANT

ET DE

COMPOSITION MUSICALE

CHAPITRE PREMIER

I. **Musique.** — M. Busset définit la musique : « *Le langage des* « *sons* » (1).

Le son est le résultat des vibrations d'un corps. Pour le produire, elles doivent se succéder avec régularité et rapidité : privées de l'une de ces qualités, elles n'engendrent que le *bruit*.

Le son musical diffère essentiellement du bruit en ce que l'on peut prendre son *unisson*, c'est-à-dire faire entendre un ou plusieurs autres sons qui se confondront avec lui sous le rapport de l'élévation, parce que le nombre des vibrations dans un temps donné sera égal de part et d'autre. Le son s'élève ou devient plus *aigu*, il s'abaisse ou tend au *grave*, selon que ce nombre augmente ou diminue.

La musique considère spécialement la *durée*, l'*élévation* et l'*intensité* des sons produits pendant un temps donné.

II. **Ton.** — Bien que la différence des sons entre eux, sous le rapport de l'élévation, provienne des vibrations plus ou moins multi-

(1) On peut citer beaucoup d'autres définitions de la musique qui, bonnes en elles-mêmes, ne sont cependant que plus ou moins rigoureuses, entre autres celle de M. Montlosier : « *La musique est la parole de l'âme sensible, comme la parole est le langage de l'âme intelligente* »; celle de M. d'Ortigue : « *La musique est un langage donné à l'homme comme auxiliaire de la parole, pour exprimer, au moyen de la succession et de la combinaison des sons, certains ordres de sensations et de sentiments que la parole ne saurait rendre complètement* »; celle de Mgr Gerbet : « *La musique est une transformation du langage* ». La définition que donne M. Fétis : « *La musique est l'art d'émouvoir par la combinaison des sons* », paraît trop restreindre son objet, au moins si l'on prend le mot *émouvoir* dans le sens *d'attendrir*, car la musique peut également *plaire* et même *instruire*, comme le langage oratoire qui doit *instruire, plaire* et *toucher*.

pliées du corps sonore, les musiciens, pour la caractériser, n'emploient pas le mot de *vibration*, mais celui de *ton* et de *demi-ton*. Deux sons, à la distance d'un ton ou seulement d'un demi-ton, offrent une différence bien caractérisée : le chanteur le moins exercé la saisit sans peine et la reproduit de suite, s'il a la voix juste. Des différences moins grandes seraient, pour la voix seule, très difficiles à rendre ; aussi notre système musical n'en reconnaît aucune en pratique. — Physiquement, un son est d'un ton plus élevé qu'un autre lorsque les vibrations qui le produisent sont approximativement d'un huitième plus nombreuses. Donc, en supposant deux corps dont l'un produit quatre-vingts, l'autre quatre-vingt-dix vibrations dans un même temps donné, le son du dernier l'emportera d'un ton.

III. **Notes.** — Les sons musicaux se représentent par des signes appelés *notes*. On donne aux notes différentes formes et conséquemment différents noms, suivant la durée que les sons doivent avoir. Cette durée s'évalue en *temps*, *demi-temps*, etc. Dans l'exécution on détermine chaque temps par un mouvement du doigt, de la main, etc. Voici le nom, la forme et la durée des différentes notes :

Ronde.	Blanche.	Noire.	Croche.	Double cr.	Triple cr.	Quadruple cr.
	ou	ou	ou	ou	ou	ou
4 temps.	2 temps.	1 temps.	1/2 temps.	1/4 de temps.	1/8 de temps.	1/16 de temps.

Plusieurs croches consécutives prennent souvent cette forme :

On double le trait pour les doubles croches ; on le triple, on le quadruple pour les triples ou les quadruples croches.

IV. **Portée.** — On appelle *portée* la réunion de cinq lignes, parallèles et uniformément distancées l'une de l'autre :

5me ligne.
4me interligne.
4me ligne.
3me interligne.
3me ligne.
2me interligne.
2me ligne.
1er interligne.
1re ligne.

Ces lignes se comptent de bas en haut, comme les barreaux d'une échelle. Elles servent à recevoir les signes qui composent l'écriture musicale. Grâce aux degrés de la portée, l'œil saisit facilement les positions de gravité ou d'acuité occupées par chaque note. La place d'une note sur la portée apprend donc l'élévation du son, comme la forme en apprend la durée.

V. Gamme. — Chacune de ces deux séries de huit notes :

forme une gamme. La première gamme est *ascendante*, la seconde *descendante* (2). Cet exemple offre deux points à observer : 1° l'élévation progressive du son dans la gamme ascendante n'est pas identique à chaque pas ; elle est d'un demi-ton de *mi* à *fa* et de *si* à *ut ;* elle est d'un ton partout ailleurs, d'*ut* à *ré*, de *fa* à *sol*, etc. ; ces distances sont les mêmes dans la gamme descendante. 2° A ce nom qui exprime la forme et la durée d'une note, on en ajoute toujours un autre qui résulte de la place qu'elle occupe sur la portée. Seulement, il y a moins de noms différents qu'il n'y a de degrés : on n'en compte que sept : *ut*, *ré*, *mi*, *fa*, *sol*, *la*, *si ;* quand la nomenclature est terminée, on la recommence, et la distance reste toujours d'un demi-ton de *mi* à *fa* et de *si* à *ut*, d'un ton d'*ut* à *ré*, etc.

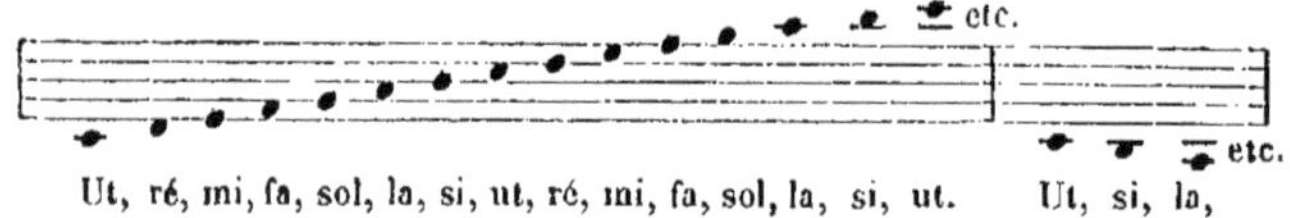

Ainsi, lorsque l'étendue de la portée devient insuffisante, on forme de nouveaux degrés à l'aide de lignes dites *supplémentaires* ou *additionnelles*.

Toutes les notes de même nom, quoiqu'elles soient distantes d'une octave, c'est-à-dire de huit degrés, ont de grands rapports entre elles. Leurs sons entendus simultanément se rapprochent beaucoup de l'unisson. On pourrait donc dire que, dans l'exemple qui précède, il n'y a que sept sons principaux.

Il y a également de grands rapports de convenance entre la première, la troisième et la cinquième note de la gamme, *ut*, *mi* et *sol*.

(1) Le nom *ut* est aujourd'hui très souvent remplacé par la syllabe *do*. C'est là d'ailleurs une substitution déjà ancienne. On voit par un ouvrage didactique du florentin Matteo Cofferati que de son temps, c'est-à-dire vers 1682, la syllabe *do* ou *du* était communément employée dans son pays.

Do est à la fois plus sonore et plus favorable aux voix ; c'est pour cela que les professeurs modernes en font un usage presque exclusif ; mais la syllabe *ut* est plus traditionnelle et plus historique, et, à ce titre, on la préfère dans le plaint-chant et dans les explications théoriques. C'est toujours cette syllabe *ut* que M. Fétis a employée dans ses nombreux et savants traités.

(2) Les noires sans queue représentent ici des sons dont la durée n'est pas déterminée : ils ne sont considérés que sous le rapport de la gravité ou de l'acuité.

VI. Clefs. — On place en tête de chaque portée l'un des signes que l'on appelle *clefs*.

Les clefs s'écrivent, se nomment et se posent comme il suit :

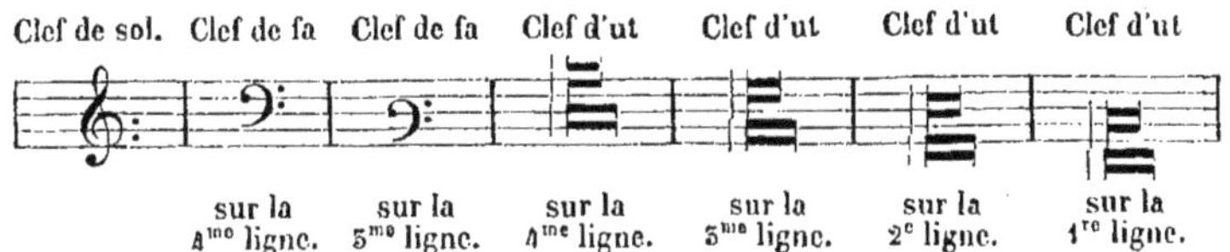

La note placée sur la ligne qui passe au centre de la clef s'appelle, suivant cette dernière, *sol, ut* ou *fa;* et les autres notes viennent au-dessus et au-dessous, suivant l'ordre de la gamme *ut*, *ré*, *mi*, etc.

Voici, comme point de départ de l'élévation des différentes notes, la place qu'avec les diverses clefs une même note occupe sur la portée :

Il faut que *ut*, ici répété six fois, soit chanté à l'unisson : l'œil voit six positions différentes, mais l'oreille ne doit entendre qu'un son unique.

Avant l'invention de la notation musicale actuelle, on représentait les sons par des lettres : *ut* par C, *fa* par F, *sol* par G : c'est de la forme antique et plus ou moins modifiée de ces lettres que viennent nos clefs musicales. — La multiplicité des clefs a été introduite dans la sémiographie de la musique, afin que la portée pût recevoir les notes les plus graves comme les plus aiguës. Il y a des voix qui ne montent guère au-dessus de cette note : Ut.
Or, avec la clef de *fa*, on a toute la portée pour les notes plus graves qui leur conviennent. D'autres voix, au contraire, peuvent à peine descendre jusqu'à cette même note. Avec la clef de sol : Ut.
toute la portée leur reste également pour les sons plus aigus qui leur sont naturels. Ce ne sont toutefois que les voix d'espèce différente qui offrent tant d'inégalité entre elles. Les voix de même espèce, les voix d'hommes, par exemple, ne diffèrent jamais les unes des autres que de quelques notes.

La variété des clefs multiplie les degrés de la portée et facilite l'écriture de la musique ; mais elle en rend la lecture difficile. C'est pour cela que, des six clefs, deux seulement sont généralement en usage aujourd'hui, savoir : la *clef de sol* et la *clef de fa* sur la 4me ligne. La dernière même ne s'emploie habituellement que pour les *basses* des compositions à trois ou quatre voix et pour la seconde partie des morceaux d'orgue ou de piano. Sur ces instruments, les notes conservent, suivant la clef, leur élévation naturelle; mais, pour les voix de même espèce, il y a comme un rapprochement, et ce sont ces deux *ut* qui forment unisson :

On a vu plus haut (art. *Gamme*) où se trouvent les notes de différents noms en *clef de sol*. Voici leur place en *clef de fa :*

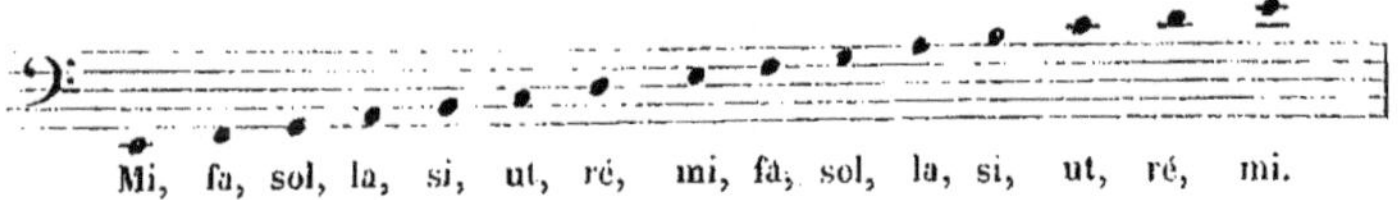

VII. **Accidents.** — Au nom *ut*, *ré*, etc., d'une note, on ajoute souvent celui d'un *accident* qui l'affecte. Il y a trois accidents musicaux. Chacun a sa forme, son nom et son effet spécial. Le *dièse* (♯) élève d'un demi-ton; le *bémol* (♭) abaisse d'autant la note, ou plutôt le son, pour parler plus rigoureusement; le *bécarre* (♮) détruit l'effet du du dièse ou du bémol : il élève donc la note d'un demi-ton s'il détruit le bémol, il l'abaisse d'un demi-ton s'il détruit le dièse.

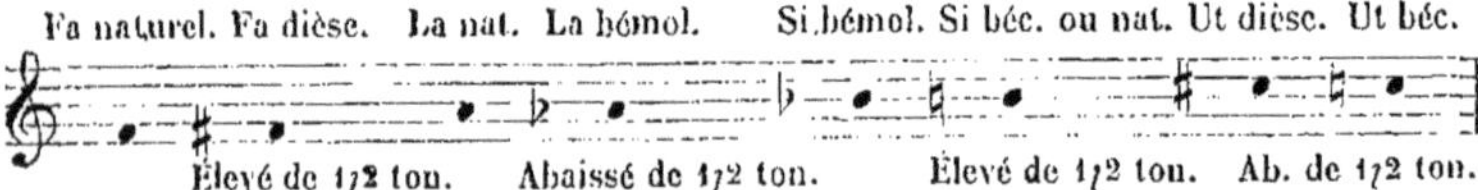

Pour qu'un accident affecte une note, il faut : 1° qu'il la précède ; 2° qu'il soit placé sur la même ligne, ou sur le même interligne qu'elle, ou devant une autre note de même nom. Ainsi, un dièse placé sur *fa* affecte, *aussi longtemps que son effet continue*, tous les *fa*, même ceux qui sont distants de plusieurs octaves. Il en est de même pour le bémol et le bécarre.

Lorsqu'un accident se trouve dans le cours d'un morceau, son effet s'arrête à la première barre qui coupe verticalement la portée :

Quand le dièse ou le bémol est au commencement de la portée, avant toute note, on le dit *à la clef*. Son effet se continue dans tout le morceau, à moins qu'on ne rencontre avant la fin un bécarre précédé d'une clef ou seulement de deux lignes verticales. Dès lors, son effet général cesse.

Il existe un ordre invariable relativement aux degrés sur lesquels se placent les accidents à la clef. S'il n'y a là qu'un seul dièse, il sera sur *fa;* deux seront sur *fa* et *ut;* trois, sur *fa*, *ut* et *sol;* quatre, sur *fa*, *ut*, *sol* et *ré;* cinq, sur *fa*, *ut*, *sol*, *ré* et *la;* six, sur *fa*, *ut*, *sol*, *ré*, *la* et *mi;* sept, sur *fa*, *ut*, *sol*, *ré*, *la*, *mi* et *si*. L'ordre des bémols à la clef est l'inverse de celui des dièses. Un seul bémol sera sur *si;* deux seront sur *si* et *mi;* trois, sur *si*, *mi* et *la*, etc. On voit que, pour trouver l'ordre des dièses, il faut monter chaque fois de cinq notes, de *fa* à *ut*, d'*ut* à *sol*, de *sol* à *ré;* pour les bémols, on monte de quatre notes, de *si* à *mi*, de *mi* à *la*, etc.

On rencontre quelquefois le double dièse × ou ♯♯ et le double bémol ♭♭. Ils ne se placent jamais à la clef; on les emploie seulement, le premier, pour élever encore d'un demi-ton la note déjà élevée d'autant par un dièse à la clef; le second, pour abaisser d'un demi-ton la note déjà abaissée d'autant par un bémol à la clef.

VIII. Silences. — Il y a des moments plus ou moins longs où le musicien doit se taire dans l'exécution d'un morceau. On les détermine par des signes appelés *silences*. Ces signes ont, comme les notes, des formes et des noms divers, suivant leur durée. Elle s'évalue aussi en temps, demi-temps, etc.

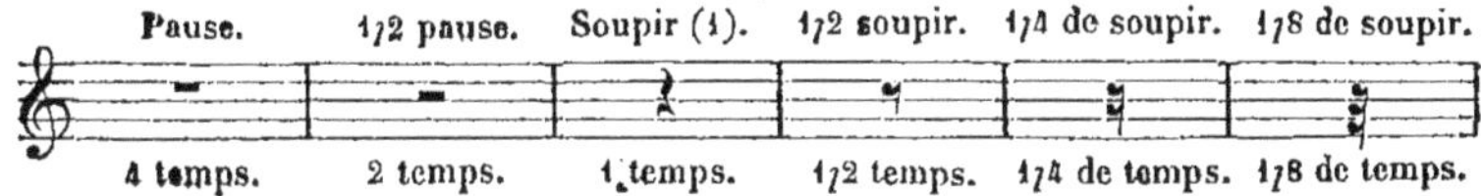

IX. Point. — Un point, placé à la suite d'une note ou d'un silence, ajoute à ce signe la moitié de la valeur qui lui est propre à raison de sa forme.

(1) Cette forme de soupir est spécialement usitée en Allemagne. En France et en Italie, le soupir ne diffère du demi-soupir, tel qu'on le voit ci-dessus, qu'en ce qu'il est tourné à droite.

Deux points ajoutent au signe musical, le premier la moitié de la valeur qui lui est propre, le second la moitié de ce qu'a ajouté le premier point. Deux fois pointée, la ronde vaudra 7 temps, la noire 1 temps et 3|4, etc.

X. **Différentes successions des Sons.** — Une gamme ou succession de sons est *diatonique* quand elle se compose de tons et de demi-tons; telle est la gamme ordinaire : *ut, ré, mi,* etc. Les tons forment l'élément principal, les demi-tons les divisent en groupes, et par là même les rendent distincts.

Elle est *chromatique* lorsqu'elle n'offre que des demi-tons :

Les Grecs donnaient une couleur spéciale (*chroma*) aux notes diésées ou bémolisées; de là, le mot *chromatique*. La gamme ordinaire, ainsi divisée suivant l'ordre chromatique, offre douze sons différents. — Une gamme est *enharmonique* lorsqu'elle se compose de demi-tons et de neuvièmes de ton appelés *commas*. Le comma est la distance qui existe, à rigoureusement parler, entre une note diésée et la note bémolisée immédiatement supérieure et réciproquement, entre *ut* dièse et *ré* bémol, *mi* bémol et *ré* dièse.

Comme le dièse sollicite un mouvement ascendant; le bémol, un mouvement descendant, l'oreille aime qu'en les faisant entendre, on incline déjà vers la note qui doit venir immédiatement après. Aussi *ut* dièse est plus élevé que *ré* bémol, quoiqu'il soit placé plus bas. Il y a donc des demi-tons *mineurs* et demi-tons *majeurs* : mineurs, quand ils sont formés par deux notes de noms différents, comme *ut* et *ré* bémol, *mi* et *fa ;* majeurs, lorsque les deux notes portent le même nom, *ut* et *ut* dièse, *si* et *si* bémol, *sol* et *sol* dièse. Les premiers sont de quatre commas, les seconds de cinq.

En pratique, on ne tient pas compte de ce comma qui existe entre une note diésée et la note bémolisée supérieure. Tous les instruments de musique n'ont pour *ut* dièse et *ré* bémol, etc., qu'un seul et même son qui, par une très faible altération, *par tempérament,* suivant l'expression spéciale, se trouve rigoureusement à égale distance des deux notes naturelles. Il en est de même pour les voix ; il leur est fort difficile de faire sentir une différence aussi petite que celle d'un comma (1).

XI. **Exercices.** — Les premiers exercices qui suivent sont plutôt faits pour être *lus* que pour être *chantés*. Ils apprendront à donner, sans hésitation, à chaque note le nom qui lui convient, à raison de sa place sur la portée, tant en *clef de sol* qu'en *clef de fa*. Lorsque ce nom aurait été oublié, on reviendra l'étudier sur la première portée.

(1) On a vu des chanteurs qui s'exerçaient à faire, non pas des commas, mais des quarts de ton. Reicha raconte avoir entendu exécuter ce passage en quarts de ton :

« L'auditoire, dit-il, couvrit d'applaudissements l'habile chanteur. »

Feu Bottée de Toulmon, bibliothécaire du Conservatoire de Musique de Paris, et M. Vincent, membre actuel de l'Institut de France, ont fait construire un harmonium à deux claviers accordés à un quart de ton l'un de l'autre. Grâce à cet instrument, le quart de ton devient extrêmement appréciable à l'oreille. L'usage de ce petit intervalle mélodique dans l'harmonie enrichirait singulièrement notre musique européenne. MM. Théodore Nisard et Populus ont fait, à cet égard, des expériences pratiques fort intéressantes. Halévy, le grand compositeur, a composé son ouverture de *Prométhée* pour y introduire des successions *mélodiques* de quarts de ton qui produisent un effet admirable. On prétend même que l'ancien chant ambrosien admettait l'emploi du quart de ton ; mais ce dernier point paraît difficile à admettre, et ne le fût-il pas en théorie, que la pratique vocale y trouverait des difficultés énormes.

Les exercices suivants seront chantés. Avant de les aborder, l'élève doit apprendre à faire, avec une rigoureuse justesse, la gamme ascendante et descendante. Dès qu'il saura la produire avec assurance et facilité, il devra faire souvent une gamme et demie au moins, pour habituer sa voix à donner toutes les notes dont elle peut disposer. Il est bon qu'il s'aide d'un diapason (1) pour prendre toujours le ton à une hauteur convenable.

Pour étudier un passage dans lequel les notes ne se suivent pas diatoniquement, il faut toujours *aller diatoniquement de l'une à l'autre des notes qui le composent*. Ainsi, pour apprendre à monter sans intermédiaire de *ut* à *fa*, on dira d'abord : *ut, ré, mi, fa,* puis *ut, fa*. Si l'on avait déjà oublié le ton de *ut* quand on est arrivé à *fa*, on reviendra le chercher en disant : *fa, mi, ré, ut,* et *fa, ut*. — A mesure qu'il progresse, l'élève doit s'efforcer de faire ces notes intermédiaires avec rapidité, afin qu'il puisse toujours les placer secrètement, et comme en un clin d'œil, devant une note qui offrirait une intonation difficile.

(1) On appelle diapason un petit instrument d'acier à deux branches. Leurs vibrations produisent le *la* naturel. Si, avec ce point de départ, le ton est trop élevé, au lieu de *la* on dira *si* bémol, ou *si*, ou *ut* ; on se mettra ainsi un demi-ton, un ton ou un ton et demi en dessous du ton naturel.

Pour se familiariser avec les difficultés qu'introduisent les accidents, il faut toujours, en s'exerçant, arriver à la note diésée, en passant par la note naturelle qui est immédiatement en dessus d'elle ; à la note bémolisée, en passant par la note naturelle qui est en dessous de cette dernière. Ainsi, pour monter de *ut* à *fa* dièse, on cherchera d'abord le son qui convient à *sol,* en disant : *ut, ré, mi, fa, sol ;* de *sol,* on viendra à *fa* dièse, en abaissant le son autant qu'on le ferait pour passer de *ut* à *si* dans la gamme naturelle. L'opération totale sera donc de dire : *ut, ré, mi, fa, sol, sol, sol, fa* dièse, puis *ut, fa* dièse. Pour descendre de *mi* à *si* bémol, on dira : *mi, ré, ut, si, la, la, la, si* bémol, *mi, si* bémol. En allant de *la* à *si* bémol, on doit élever le son exactement comme de *mi* à *fa* dans la gamme naturelle.

CHAPITRE DEUXIÈME

1. **Mesure.** — Une *mesure,* sur la portée, est la réunion de plusieurs temps. On connaît où elle commence et où elle finit aux lignes qui coupent verticalement la portée. Dans l'exécution d'un morceau, la *mesure* est un ensemble de mouvements de la main, du doigt, etc. ; les réaliser, c'est *battre la mesure.* Ils servent à faire donner exactement aux notes leur valeur et à mettre un parfait ensemble entre plusieurs exécutants.

La mesure d'un morceau est ordinairement *à deux, à trois* ou *à quatre temps,* quelquefois *à un temps,* c'est-à-dire que chacune des cases formées sur la portée par deux lignes verticales contient une valeur de deux, trois ou quatre temps, ou même d'un temps, exprimée en notes ou en silences. On connaît cette mesure : 1° aux signes placés à côté de la clef :

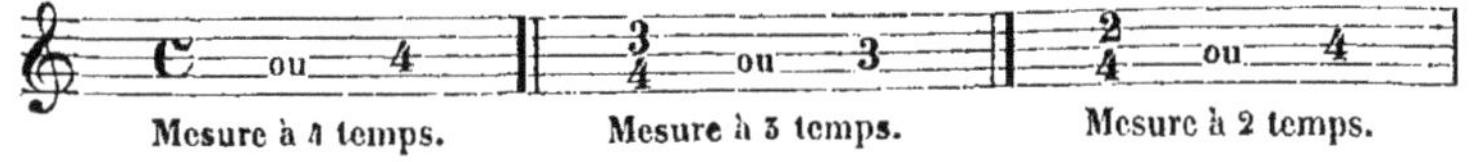

Mesure à 4 temps. Mesure à 3 temps. Mesure à 2 temps.

2° à l'observation des différentes cases. Puisqu'elles doivent toutes contenir la même valeur, on peut juger qu'on a la mesure à deux, à trois ou à quatre temps, dès que l'on a trouvé dans l'une d'elles cette durée de deux, de trois ou de quatre temps. Il ne faut point cependant s'arrêter à la première mesure, parce qu'elle est souvent incomplète : l'usage permet d'omettre tous les signes de silence qui, pour la compléter, devraient précéder les notes qu'elle contient. — Le C, indicateur de la mesure à quatre temps, est quelquefois coupé par une ligne verticale (₵) : la mesure peut alors se battre à deux temps. Chaque note perd ainsi la moitié de sa valeur : la ronde ne vaut que deux temps, etc. — Les auteurs anciens emploient souvent les notes avec cette valeur diminuée, même dans la mesure à quatre temps qu'ils indiquent par 4/2. Pour exprimer une valeur de quatre temps par un seul signe, ils se servent de la *carrée* (|=|), qui vaut le double de la ronde. Le silence (▬), appelé ***bâton de deux pauses,*** correspond à cette note pour la durée.

Les mouvements qui indiquent les diverses mesures se font : à quatre temps : 1° en bas, 2° à gauche, 3° à droite, 4° en haut; à trois temps : 1° en bas, 2° à gauche [1], 3° en haut; à deux temps : 1° en bas, 2° en haut. Ils doivent être distincts et bien accentués, surtout pour les commençants.

L'*attaque* des notes ne commence parfaitement qu'à l'instant où l'on a fait tout entier le mouvement qui indique le temps; c'est donc moins lorsque la main s'abaisse qu'au moment où elle s'arrête subitement à la hauteur de la ceinture, que le premier temps doit être attaqué; il sera continué jusqu'à ce que la main soit arrivée à l'extrême gauche; alors seulement sera venu le tour du deuxième temps. — Toutes les mesures qui précèdent sont ***à temps binaires*** parce que chacun de leurs temps est divisible en deux parties égales. Il en existe d'autres, les mesures ***à temps ternaires.*** Elles demandent les mêmes mouvements que celles qui précèdent, mais chacun de leurs temps est plus *riche*. Il se compose de ce qui, dans les mesures à temps binaires, vaut un temps et demi; ainsi, de trois croches, d'une noire pointée, etc., il est par là même divisible en trois parties égales : de là son qualificatif *ternaire.*

Il y a quatre mesures à temps ternaires. On les indique par ces fractions : 12/8, 9/8, 6/8, 3/8. La première mesure, *douze-huit,* se bat à quatre temps, la deuxième à trois temps, la troisième à deux temps. La quatrième n'a qu'un temps de valeur; toutefois, dans les mouvements lents, elle se bat à trois temps. La croche vaut alors un temps, la noire deux temps, etc. Dans les mouvements rapides, elle n'a qu'un temps toujours *frappé;* le lever ne compte pas. On bat aussi de cette manière la mesure 3/4 quand il faut que le mouvement soit très rapide.

Quelquefois, dans les morceaux à temps binaires, on rencontre des

(1) Beaucoup de musiciens font ce mouvement à droite.

temps qui sont ternaires. Ce sont des *triolets* ou des *sextolets*. Ils sont toujours indiqués, le triolet par le chiffre 3 placé près des notes, le sextolet par le chiffre 6. Le premier est le plus souvent composé de trois croches, le second de six doubles croches. Le sextolet s'appelle quelquefois *double triolet*. M. Ad. Papin recommande de ne pas le confondre avec le *sixain*. Ce dernier s'indique aussi par le chiffre 6, et il offre également six notes pour quatre, mais elles sont deux à deux et non trois à trois comme dans le sextolet : l'accentuation doit donc être différente. Dans le sixain on accentue la première, la troisième et la cinquième note; dans le sextolet, la première et la troisième note.

Les signes de mesure 2/4, 12/8, 4/2, etc., sont des fractions de la mesure à quatre temps, ou, ce qui revient au même, de la note appelée *ronde*. Ainsi, 2/4 apprend que chaque mesure contient deux quarts de la mesure à quatre temps; 12/8, douze huitièmes de la mesure à quatre temps, etc. — On employait autrefois beaucoup d'autres combinaisons de chiffres pour indiquer différentes mesures qui revenaient radicalement à l'une de celles qui précèdent. Ces variétés sont de plus en plus rares. — Quelques compositeurs modernes ont essayé d'employer simultanément plusieurs mesures d'espèce différente, écrivant régulièrement dans un morceau, une mesure à deux temps, par exemple, puis une mesure à trois temps et ainsi de suite. Ces combinaisons se rencontrent encore peu souvent.

II. Temps forts, Temps faibles. Syncope. Rhythme. — Le musicien est naturellement porté à exprimer par des sons plus forts les notes de certains temps. Pour rendre constants les effets de cette inclination qu'approuve notre raison musicale, il faut savoir que, à quatre temps, le premier et le troisième sont *forts*, le premier seul est fort dans la mesure à trois et à deux temps; les autres temps sont *faibles*. Ceux qui sont forts ne le sont pas tous au même degré; il en est de même des temps faibles, ainsi que des différentes parties d'un temps quelconque. En assignant donc les plus petits nombres aux temps ou partie de temps qui demandent les sons les plus forts, on a ce tableau :

La distribution est analogue dans les autres mesures. Par exception, un temps faible par sa place devra être chanté fort : 1° quand la note qui le remplit est plus élevée que celle qui la précède, et qu'elle retombe sur celle qui est immédiatement en dessous (exemple A); 2° quand il y

a syncope, c'est-à-dire continuation sur le temps fort d'une note commencée sur le temps faible (ex. B, n°s 1 et 2). La syncope n° 1 est

ordinaire; la syncope n° 2 est *brisée* parce que la valeur du temps fort n'est pas exprimée tout entière par la continuation du temps qui est faible par son rang. Cet effet de la syncope existe aussi, quoique d'une manière moins sensible, lorsqu'il y a non plus prolongement, mais répétition du son au temps fort (n°s 3 et 4, ex. B.)

La distinction des temps forts et des temps faibles facilite la mesure, et fait donner à un morceau son vrai sens, en rendant parfait le sentiment du *rhythme*. On appelle rhythme le retour régulier de sons analogues dans leur force et dans leurs combinaisons de durées. C'est au compositeur à ramener avec symétrie ces durées semblables; mais c'est à l'exécutant à *faire sentir* la succession régulière des sons forts et des sons faibles. — Le rhythme de la mesure à trois temps est *ternaire;* il offre une augmentation constante de force du second temps d'une mesure au premier temps de la mesure suivante. Le rhythme de la mesure à deux temps et à quatre temps est *binaire;* il offre invariablement un temps fort et un temps faible.

III. **Mouvement.** — Le mot *mouvement* désigne ici le degré de vitesse ou de lenteur qu'impose à la mesure le caractère d'un morceau. Tout morceau doit porter, expressément indiqué dès le début, le mouvement qui lui convient. Les mots employés pour cela sont pour la plupart empruntés à l'Italie, patrie longtemps préférée de la musique.

On compte cinq mouvements bien différents; chacun offre encore des variétés. Ces mouvements sont : 1° *Largo* (large), très lent; *larghetto*, un peu moins lent que *largo*. 2° *Adagio*, *lento*, *grave*, *maestoso*, lent, majestueux, grave. 3° *Andante* (allant), posé, sans hâte ni lenteur; *grazioso* (gracieux), *andantino*, *moderato* (modéré), *cantabile* (chantant), *tempo giusto* (mouvement marqué), *tempo di menuetto* (mouvement de menuet), *commodo* (aisé), *sostenuto* (soutenu), un peu plus animé qu'*andante*. 4° *Allegro* (gai), vif, animé; *allegretto* (petit *allegro*), un peu moins vif; *spiritoso* (ardent), un peu plus vif qu'*allegro*. 5° *Presto*, rapide; *prestissimo*, très rapide; *stretto* (serré), encore plus animé que *presto*.

Les mots *ritardando* ou *rit.* (en retardant), *rallentando* ou *rall.* (en ralentissant), *élargissez* et *retenez* demandent que la mesure soit ralentie; *piu mosso* (plus mouvementé), *accelerando* (en accélérant), qu'elle devienne plus rapide jusqu'à ce qu'un *primo tempo* (premier mouvement) ou un *a tempo* se rencontre pour lui rendre sa première allure. Ordinairement cette accélération et ce ralentissement ne s'étendent pas au delà de quelques mesures.

On remplace souvent aujourd'hui les mots *largo, andante,* etc., par le nombre des temps qui doivent être exécutés dans une minute. La durée de chacun se détermine par la durée d'une oscillation du métronome. On donne ce nom à un mouvement d'horlogerie dont le balancier est fixé à la base. Il oscille ainsi extérieurement au-dessus du mouvement. Un petit poids mobile rend la marche plus lente à mesure qu'on l'élève.

L'indication ♩ = 50, placée en tête d'un morceau, apprend qu'il faut faire 50 noires ou 50 temps dans une minute; ♩ = 100, qu'il faut en faire 100 dans la même durée. Des degrés marqués sur le balancier du métronome montrent à quel point le poids mobile doit être placé pour obtenir 50, ou 70, ou 80, etc., oscillations dans une minute.

IV. **Intensité.** — De même que la mesure a ses degrés de lenteur ou de rapidité, ainsi les sons ont leurs nuances de force et de faiblesse. Elles constituent les différents degrés de l'*intensité.* Voici les noms employés pour désigner ces nuances : *Brumstimme* (bourdonnement), *bocca chiusa* (bouche fermée), en chantant à bouche fermée sans articuler aucune syllabe; *pianissimo* ou *pp.*, *sotto voce* (à basse voix), très doux; *piano* ou *p.*, doux; *mezzo forte* ou *m. f.* (à moitié fort), sans faire éclater ni comprimer la voix; *forte* ou *f.*, fort; *fortissimo* ou *ff.*, très fort; *crescendo* ou *cresc.* (en croissant), en rendant insensiblement les sons de plus en plus forts; *sforzando* ou *sfz.* (en forçant), *rinforzando* ou *rfz.* (en renforçant), en augmentant la force du son sur la note placée près de ces mots; *decrescendo* ou *decresc.* (en décroissant), *diminuendo* ou *dim.*, en affaiblissant insensiblement les sons; *mancando, smorzando, morendo* (en mourant), en les laissant s'éteindre. — Les signes < et > indiquent, le premier un *crescendo,* le second un *decrescendo :* leur effet ne s'étend pas au delà de leur prolongement. — Le *pianissimo,* le *sotto voce* doivent venir du fond du gosier largement entr'ouvert : il est impossible de les produire autrement avec la pureté et la douceur qu'ils exigent.

V. **Accentuation.** — « L'accent, dit M. Fétis, est le coloris donné « par le sentiment ou la passion au chant comme à la parole. Il est des « accents qui ne se peuvent indiquer, parce qu'ils se manifestent en « raison de l'organisation individuelle. Il en est d'autres qui sont inséparables de la pensée qui a présidé à la composition de la musique. « Ceux-là ont des signes pour leur indication. » Ces signes regardent généralement une seule note. Ils déterminent comment le son qui lui convient doit être commencé, continué et terminé. — Les signes d'accent >, < et ∧ demandent, ainsi que leur forme l'indique, le premier une attaque de la note brusque et forte relativement, le deuxième une attaque douce immédiatement suivie d'une augmentation de force, le troisième une attaque énergique en même temps que pesante et comme lourdement appuyée. L'effet de ce dernier reste le même lorsqu'il est tourné comme la lettre V.

Les notes surmontées d'un point allongé (ex. C, n° 1) sont *piquées*.

Elles doivent être rendues d'une manière sèche et brève, afin que le son de chacune soit bien distinct. Elles perdent ainsi quelque chose de leur durée comme si un signe de silence était placé entre elles. — Les points arrondis (n° 2) font les notes *détachées*. Le son de chacune doit être distinct encore, mais plus moelleux en même temps et moins bref. — La *liaison* (n° 3) se place sur des notes de même nom pour apprendre qu'il faut les exprimer par la continuation du son de la première, et sans une nouvelle articulation. Ces notes sont souvent séparées par la barre de la mesure. — Le *coulé* (n° 4) se place, au contraire, sur des notes d'élévation différente. Il exige qu'on passe l'une à l'autre d'une manière bien liée et sans interrompre le son. Il n'est pas rare de le trouver sur des notes détachées, comme au n° 5. Il faut, dans ce cas, attaquer chaque note d'une manière bien marquée, avec un accent lourd et concentré, sans laisser cependant aucun silence de l'une à l'autre. — On remplace quelquefois les signes qui précèdent par des mots qui en désignent l'effet, les points allongés par *staccato* ou *stac.*, le coulé par *legato* ou *leg.* — Le *point d'orgue* (n° 6) commande d'arrêter la mesure et de prolonger en le diminuant insensiblement, le son de la note sur ou sous laquelle il est placé. Son effet reste le même quelle que soit la valeur de la note, ne fût-elle que d'un quart de temps. Il se place également sur les signes de silence pour faire augmenter à volonté leur durée (n° 7) ; mais, dans ce cas, il s'appelle plus communément *point d'arrêt*.

VI. **Ornements du Chant.** — Toutes les formes d'expression et d'accentuation sont à la rigueur des ornements du chant ; cependant il existe d'autres formes auxquelles ce nom s'applique spécialement, ce sont : 1° le *trille* ou *cadence*, qu'on indique par les signes *tril.*, ou *tr.*, ou ∼, placés sur une note (ex. D, n° 1). Ils demandent une oscillation rapide et

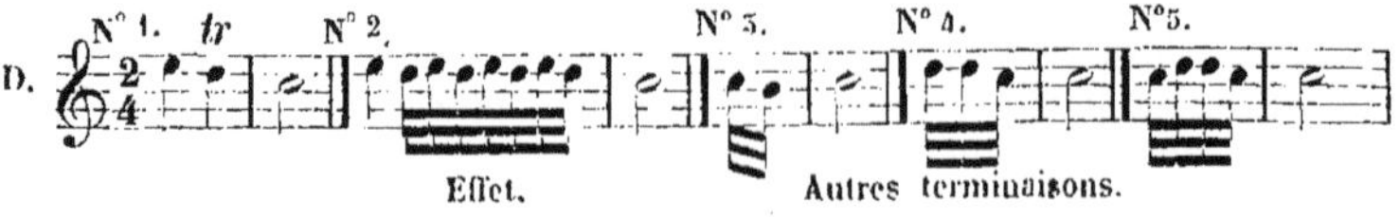

régulière du son, de cette note qu'on appelle *principale* à la note supérieure diatoniquement (n° 2). Cette oscillation commence ordinairement par la note principale, quelquefois par la note supérieure, rarement par la note inférieure. — Le trille est *terminé* quand il finit par des ornements analogues à ceux qui, aux n°s 3, 4 et 5, forment la conclusion du n° 2. Les trilles pratiqués sur des notes de courte durée ne demandent pas d'être terminés. Ce sont ceux-là qu'on indique spécialement par le signe ~~.

2° Le *mordant* ou *pincé*. On l'annonce par le signe ⁓ (ex. E, n° 1).

Il consiste dans une oscillation du son entre la note écrite et le degré inférieur. Ce battement se prolonge peu, lors même que la note est d'une grande durée : il se réduit à deux et bien plus souvent à une oscillation, comme au n° 2, et l'on continue la note ainsi qu'on ferait en toute autre circonstance. Il y a des auteurs qui indiquent le mordant par la ligne brisée ~~ du trille.

3° La *petite note*. Elle peut s'offrir à l'état de simple croche (♪) ou de croche coupée d'un trait (♪). Dans le premier cas, elle forme une *appogiature* (n° 3). Elle est très rarement plus d'un ton au-dessus de la note qui la suit, ou plus d'un demi-ton au-dessous. Elle prend à cette note la moitié de sa durée, si elle peut se diviser en deux parties égales (n° 4). Si l'on a deux notes de suite sur le même degré (n° 5), elle prend toute la valeur de la première (n° 6). Elle prend deux tiers (ex. F, n°s 1 et 2), quelquefois un tiers seulement (n° 3) de la note

pointée. — L'appogiature est toujours au temps fort.

La petite note coupée d'un trait s'appelle *acciaccature* ou appogiature brève quand elle est dans les conditions de l'appogiature (n° 4); *port-de-voix*, quand elle est sur le degré même de la note que l'on quitte (n° 1, ex. G), ou de celle qu'on attaque (n° 2), ou seulement sur le

degré de l'une des notes avec laquelle elle a beaucoup de rapport (n° 3).

Le port-de-voix descendant (nº 4) s'appelle aussi *chute.* — Dans l'acciaccature et le port-de-voix, la petite note n'a qu'une très faible durée : elle la prend sur la durée de la note précédente. — Durant le siècle dernier, et même au commencement de ce siècle, on a souvent confondu la forme de l'appogiature avec celle de l'acciaccature et du port-de-voix ; de là une certaine difficulté pour interpréter les œuvres gravées à cette époque. Aujourd'hui la confusion est rarement possible parce que les appogiatures s'écrivent le plus souvent en notes ordinaires.

4° Le *groupe* ou *doublé*. On l'indique par le signe ∾, placé sur une note (nº 5, ex. G). Il se compose de quatre petites notes (nº 6). On voit que la deuxième et la quatrième sont la répétition de la note qu'affecte le signe ∾; la première occupe le degré en dessus, la troisième le degré en dessous : cette dernière n'est jamais qu'à un demi-ton de la deuxième. C'est également à la note qui les précède qu'elles empruntent la faible durée qui leur est nécessaire. — Les petites notes peuvent être groupées de beaucoup d'autres manières. Elles s'exécutent toujours avec rapidité, excepté dans les rentrées qui sont indiquées *à piacere, à volonté :* ces derniers agréments se font avec la rapidité que l'on veut.

Il n'est pas défendu aux chanteurs d'employer des ornements, surtout des acciaccatures et des ports-de-voix, que le compositeur n'a pas indiqués; cependant ils doivent le faire avec réserve et sobriété. C'est aux artistes seuls que sont permises ces grandes transformations, telles que les deux suivantes citées par M. Stéphen de la Madelaine (1). Elles leur sont très familières. Beaucoup de maîtres les préparaient d'ailleurs en donnant, à dessein, la plus grande simplicité à leurs compositions.

(1) *Études de style vocal*, 2 volumes in-12. Paris, Joseph Albanel, libraire.

Le même auteur cite aussi un travail de Rossini qui réduisait, pour des chanteurs peu habitués aux fioritures, l'un de ses beaux airs italiens à sa plus simple expression :

Il faut bien dire cependant que ces changements ne résultent pas tous de l'emploi des ornements expliqués plus haut : plusieurs sont des variations. Beaucoup d'ornements s'écrivent aujourd'hui par le compositeur en notes ordinaires.

VII. Abréviations. — Deux points placés devant une double ligne verticale indiquent qu'il faut revenir en arrière jusqu'aux deux points qui se trouvent après une double ligne pareille. Cette double ligne et ce retour s'appellent *reprise*. Ainsi, dans cet exemple :

il faudra venir d'abord jusqu'au n° 2 sans s'inquiéter des deux points du n° 1, puisqu'ils sont après la ligne ; de là retourner au n° 1 et omettre la mesure *1re fois* pour passer de suite à la mesure *2de fois*. Souvent la reprise n'a pas de 1re ni de 2de fois, parce que la terminaison reste la même. Les deux points se trouvent quelquefois avant et après une double barre (n° 3). Les premiers apprennent qu'arrivé là, on doit remonter ; les seconds, que, dans la reprise qui se fera plus loin, il faudra revenir jusqu'à cet endroit. — Le mot *Da capo* ou *D. C.* (au commencement), que l'on place à la fin d'un morceau, indique qu'il faut le recommencer. Le point d'arrêt final se trouve alors le plus souvent dans le milieu du morceau ; on l'annonce par le mot *fin* ou par une double barre surmontée d'un point d'orgue. La reprise ou le *D. C.* s'indiquent aussi par le signe 𝄋 appelé *renvoi*. On le répète, et du second renvoi on remonte au premier.

Un trait sur la queue d'une note demande qu'elle soit divisée en croches, s'il est simple ( ); en doubles croches, s'il est double ( ). Pour la ronde, il se place simplement dessus ou dessous la note. Le signe ou , occupant toute une mesure, indique qu'elle n'est qu'une répétition de la mesure précédente : elle veut les mêmes notes et les mêmes sons. — Un trait vertical ou légèrement incliné, placé dans une mesure à la suite d'une valeur d'un ou de deux temps, exprimée en notes, apprend qu'il faut les répéter pour les autres temps. — Un chiffre qui occupe une mesure marque le nombre des *mesures en silence* qu'il faut compter. — Le signe *8va* demande que la musique soit exécutée à une octave plus haut ou à une octave plus bas, suivant qu'il est au-dessus ou au-dessous de la portée. On cesse cette élévation ou cet abaissement quand on rencontre le mot *loco* (à sa place). — Une ligne brisée comme le signe du trille, placée sur la portée devant des notes en harmonie :

annonce un accord *arpégé*. Ces notes, comme on le voit au point effet, doivent être attaquées successivement en commençant par les plus graves.

VIII. **Exercices.** — Celui qui s'exerce pour la première fois à battre la mesure peut se borner d'abord à compter les temps, en faisant les mouvements de la main qui les déterminent. Il montera ensuite la gamme en mesure, donnant à chaque note la valeur d'une ronde, ou d'une blanche, ou d'une noire, ou d'une croche. Il faut accentuer les temps forts d'une manière spéciale. Il en est de même pour la première partie d'un temps faible lorsqu'il offre plusieurs notes. Ainsi dans cet exemple :

toutes les notes marquées d'un astérisque demandent un son plus énergique.

Les temps en silence se comptent, un, deux, etc., pendant que la mesure suit son mouvement : cette opération n'est pas difficile. Il n'y a pas de difficulté non plus lorsque la valeur d'un temps est exprimée par une note et un silence, quand celle-là se trouve la première ; on peut toujours sans peine l'interrompre avant la fin du temps. Il en est autrement lorsque le silence occupe la première partie du temps, comme dans cet exemple :

Dans ce cas, pour articuler la note au moment voulu, il faut *accentuer le silence* qui la précède en le comptant comme avec effort. — Dans les mesures à temps binaires, pour parvenir à donner exactement la valeur d'un temps à la noire suivie d'un point, on répète avec un léger appui, au commencement du demi-temps, l'articulation de la voyelle qui entre dans le nom de cette note, comme :

Lorsque c'est après une croche que le point est placé, on ne le rend sensible qu'en prolongeant un peu plus le son. La croche pointée est très souvent suivie d'une double croche qui complète le temps, comme :

Pour la syncope, on apprend à la faire exactement en divisant la note qui la constitue. Ainsi les syncopes du n° 1 seront décomposées comme

au n° 2. Dès qu'on sera parvenu à les exécuter sous cette forme, il sera facile de les rendre régulièrement, en se bornant à accentuer légèrement la seconde partie de la note, sans la diviser.

1.
2.
3.
4.
5.

6.
7.
Il faut ces - ser nos jeux, En classe al - lons joy - eux. L'é - tu - de
nous ap - pel - - - le. Tra-vail-lons avec zè - - - - le,
Sui - vons la loi de la sa - ges - - - se, Point de re -
tard, point de pa - res - - - se. Il faut ces - ser nos jeux, En

CHAPITRE TROISIÈME

I. Voix. — La voix humaine, quand elle se fait entendre avec toute la splendeur d'une riche nature longtemps perfectionnée par l'exercice, est sans comparaison le plus beau des instruments de musique. Elle n'est pas le plus fragile, cependant elle demande des soins. Les cris déchirants et souvent répétés de l'enfant au berceau, les chants aigus de l'adolescent, ses clameurs dans la joie ou la colère peuvent en altérer pour toujours la douceur et la sonorité. Le chant est bien permis aux enfants, il peut même être très avantageux à leur organe vocal, mais à la condition qu'ils s'interdiront toute note dont l'élévation demanderait un effort. Au moment où leur voix change, ils doivent encore redoubler de prudence et de réserve (1).

(1) C'est le grand désir de l'Eglise que tous les fidèles prennent part au chant dans les assemblées du culte catholique. Ce bel unisson de toutes les voix et de tous les cœurs est bien rare encore dans ces contrées; il faut espérer cependant qu'il sera obtenu par les exhortations de l'Eglise et la diffusion des connaissances musicales. Un excellent moyen pour le préparer et y suppléer en attendant, c'est de faire chanter les enfants. L'union de leurs voix avec celles des chantres causera peut-être, de temps à autre, quelque fatigue à ces derniers; l'unisson ne sera pas toujours parfait, parce qu'elles sont continuellement à distance d'octave; tous ces inconvénients, cependant, sont dix fois compensés par les avantages de ce chant, par la satisfaction qu'il procure aux enfants, l'amour de l'Eglise qu'il excite dans leurs cœurs, la connaissance qu'il leur fait acquérir des mélodies religieuses, le goût qu'il leur en donne, l'éclat et la splendeur qu'il leur communique. Haydn affirmait n'avoir jamais rien entendu de plus beau que des cantiques à l'unisson, chantés à Saint-Paul de Londres par quatre mille jeunes orphelins. — Il est très facile d'apprendre à exécuter couramment le plain-chant, et même la musique, à des enfants qui peuvent assister réguliè-

Quoique plus stable et moins sensible, la voix de l'homme peut souffrir plus ou moins de tous les excès de chant, de boisson, de fatigue corporelle ou mentale, etc.; de tous les accidents : indigestion, affaiblissement, maladies, etc. ; elle ne pourra être parfaite que dans un homme chaste, sobre et bien portant. — Il faut au chanteur des aliments substantiels qui fournissent une abondante nutrition sans surcharger l'estomac. Il devra éviter les aliments secs qui absorbent beaucoup de salive et dessèchent ainsi le gosier, les aliments fortement salés ou épicés qui l'irritent, ainsi que ceux qui produisent des glaires, et par là même l'embarrassent. — Il doit aussi ne jamais chanter au moment de la digestion, à moins qu'il ne s'agisse de courts et gais refrains que l'on fait entendre sans effort et sans fatigue. Par la grande quantité d'oxygène qu'ils feront absorber, ces chants fugitifs stimuleront plutôt qu'ils n'arrêteront la parfaite assimilation des aliments (1).

« Quelques chanteurs, dit M. Stéphen de la Madelaine (2), poussent « la prudence jusqu'à s'abstenir de l'exercice de la parole le jour où « leur voix doit se faire entendre dans quelque solennité, afin de « conserver au timbre ce velouté, cette fraîcheur que le moindre effort « suffit pour altérer. J'approuve beaucoup cette réserve qui n'a rien « d'excessif et dont je ne me suis jamais départi moi-même dans le cours « de ma carrière vocale. Toutes les fois que je devais paraître en public « le soir, je m'isolais chez moi pendant la journée et je me préparais « par un repos absolu à l'acte important qui devait la terminer. J'ai « toujours évité les conversations qui ressemblent à des disputes et « les éclats de rire qui provoquent dans le larynx une fatigue dont les « résultats sont la dessication de l'organe et la tension spasmodique des « cordes vocales. »

Le même auteur conseille à ceux chez qui l'émotion, quand ils doivent se faire entendre, produit successivement le manque et la surabondance de salive, de placer dans leur bouche un corps insipide, tel qu'un morceau de bois ou de papier. Il maintiendra régulière la sécrétion de la salive. On l'expulsera facilement quand sera venu le moment de *poser* le premier son.

rement à des leçons musicales, avant, après, ou même pendant la classe. Des cantiques à plusieurs voix leur sont très accessibles, et, si simple que soit l'harmonie, n'offrît-elle qu'une suite de tierces, les voix éclatantes des enfants ne manqueront jamais de la rendre très intéressante. Seulement il faut toujours leur faire prendre la voix de tête dès qu'ils arrivent à une certaine hauteur.

(1) Des médecins célèbres ont vu dans cette grande absorption d'oxygène un moyen efficace pour donner de la vigueur aux poumons et les préserver des effets d'une trop grande accumulation d'acide carbonique. C'est pour cela qu'ils prescrivaient l'exercice du chant à leurs malades atteints de phthisie pulmonaire. On cite des guérisons parfaites, obtenues par ce moyen.

(2) *Théories du Chant.* Cet excellent ouvrage ne saurait trop être consulté par tous ceux qui aspirent à la perfection du chant.

II. **Pose du son.** — La première condition pour bien chanter, et par là même le premier devoir de l'élève, est de bien *poser* le son. Il doit pour cela, d'après M. Stéphen de la Madelaine, prendre une respiration d'une force moyenne; une trop grande quantité d'air accumulé dans les poumons ne produirait qu'une prompte fatigue; il doit entr'ouvrir les lèvres comme pour l'action de la parole sans aucune exagération, et écarter les dents beaucoup plus, assez pour donner passage à deux doigts superposés; c'est la mâchoire inférieure surtout qui produira cet écartement; et ainsi faire entendre *a* avec sa prononciation ordinaire et son expression parfaite *a* et non *o*, etc. Il doit éviter de commencer cette émission par une résonnance nasale, comme un léger murmure qui précède immédiatement le son. Cette espèce de port-de-voix est toujours d'un mauvais effet. Tout l'air aspiré doit donc servir à produire le son.

L'élève qui fait différentes notes, en leur donnant la dénomination générale *a*, *vocalise; il solfie*, s'il donne à chacune son nom propre : *ut*, *ré*, etc. Le solfége apprend surtout à exécuter la musique, juste matériellement en donnant aux intervalles leur étendue et leur valeur aux notes; la vocalise habitue la voix à produire de la meilleure manière les sons les plus purs et les plus variés.

Les voix qui ne peuvent faire entendre les sons à leur distance régulière sont *fausses*. Cette fausseté peut provenir de plusieurs causes, surtout d'un manque de discernement dans l'oreille ou d'un vice dans l'organe de la phonation. Ce dernier est irrémédiable comme le mutisme. Le premier vice cèdera presque toujours devant un exercice constant. Comme il est la cause sans comparaison la plus ordinaire de la fausseté de la voix, on doit bien se garder de désespérer d'un organe, si ingrat et si rebelle qu'il puisse être d'abord.

III. **Différentes espèces de voix.** — Il y a une grande différence entre les *voix blanches* (voix de femmes ou d'enfants) et les *voix d'hommes* : les premières sont naturellement à l'élévation d'une octave au-dessus des secondes. En voulant faire avec les voix d'hommes :

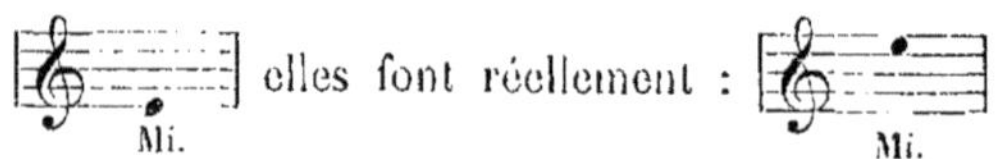

C'est pour cela que les voix blanches, *égales* entre elles, sont *inégales* par rapport aux voix d'hommes, et réciproquement. — Ces deux espèces offrent chacune deux grandes catégories, les *hautes* et les *basses*. Les voix blanches hautes s'appellent *soprani*, les basses *contralti*. Dans les voix d'hommes, les premières sont des *ténors*, les secondes des *basses* ou *basses-tailles*, ou des *barytons* (*basses chantantes*). On trouve aussi des *mezzo-soprani*, des *seconds ténors* et des *alti*. Le mezzo-soprano est la voix blanche qui forme l'intermédiaire entre le soprano et le contralto.

L'alto, en français *haute-contre*, est une voix d'homme qui a dans le haut quelques notes de plus que le premier ténor et quelques notes de moins dans le bas. Le second ténor monte moins haut que le premier ténor.

L'homme peut imiter les voix blanches à l'aide du *fausset*. Cette voix, faible à l'état naturel, est susceptible d'acquérir une très grande sonorité par un exercice constant. Elle est capable d'égaler à peu près les voix blanches (1). Le passage d'une voix à l'autre peut d'ailleurs devenir presqu'insensible dès qu'on chante en timbre clair : il est facile d'entendre des voix dont les sons élevés tiennent à la fois du fausset et de la voix de poitrine, et sont cependant très agréables. — Le fausset s'appelle aussi *voix de tête ;* cependant il serait plus juste de ne donner ce dernier nom qu'au fausset des enfants et aux notes supérieures du fausset de l'homme.

IV. **Etendue des voix.** — Les voix ont ordinairement une étendue de treize ou quatorze notes diatoniques : celles qui vont plus loin sont des exceptions. On cite des chanteurs qui sont arrivés à la célébrité avec treize notes. — « Il y a des basses, dit M. Stéphen de la « Madelaine, qui descendent jusqu'au *la* grave seulement et qui n'en « ont pas moins tout le caractère des basses tailles, d'autres font sonner « avec toute l'ampleur nécessaire le *fa* et le *mi* sous les lignes en clef de « *fa.* » Les contralti descendent difficilement aussi bas.

Il y a des soprani qui vont jusqu'à l'*ut* au-dessus des lignes. Haydn, dans les *Sept paroles de N.-S. J.-C.*, donne quelque part au soprano un *ré* au-dessus des lignes. On a entendu des ténors dont la voix de poitrine allait jusqu'à l'*ut*; cependant ceux qui arrivent au *la* ou seulement au *la* bémol sont bien partagés.

V. **Discernement des voix.** — Pour tirer des voix tout le parti possible, il faut les étudier soigneusement, afin de les placer à la partie pour laquelle elles ont le plus d'aptitude. Cette étude approfondie est quelquefois négligée ; il en résulte de funestes méprises ; les barytons se font ténors et réciproquement.

Ces erreurs peuvent venir des prédilections du maître ou de l'élève pour telle espèce de voix, ainsi que des trompeuses apparences du fausset qui, par l'exercice, prend un grand éclat dans les basses aussi bien que dans les ténors.

Pour étudier la nature d'une voix, il faut que l'élève produise une gamme avec la plus grande plénitude possible. « Si le chanteur, dit « M. Stéphen de la Madelaine, au moyen de cette émission pleine et

(1) A Rome, toutes les parties qui exigent des voix blanches se font en fausset par des hommes. S'il y en a peu dans nos climats qui puissent espérer de faire arriver leur fausset à cet éclat, tous cependant doivent le développer le plus possible, car il leur sera toujours d'une grande utilité pour les notes auxquelles la voix de poitrine ne pourrait atteindre.

« sonore, fait entendre dans sa quinte basse des notes bien rondes, bien « vibrantes, quoique posées sans effort; si, dans les hautes, ses notes « sont puissantes et conservent, malgré leur résonnance criarde, un « certain caractère de gravité, sa voix est une basse-taille dont les grands « effets reposent naturellement dans la partie inférieure. Il faut alors « négliger les sons factices que le sujet a pu obtenir dans le haut, et « renfermer sa voix dans une échelle bien fixe qui devra parcourir deux « octaves moins une note. »

Les basses et les barytons parcourent souvent la même étendue, mais chez les barytons l'effet est placé dans la limite supérieure, cette différence est suffisante pour les faire distinguer sûrement.

On distingue les barytons des ténors à l'élévation des voix. Lorsque la différence sous ce rapport n'est pas sensible à cause du fausset, on les distingue à la puissance des différentes notes. Si les notes supérieures sont plus intenses, plus faciles et plus pleines que les notes inférieures, on a un ténor; le fait contraire annoncera un baryton.

VI. Timbres. « Le timbre est, dit M. Fétis, la qualité moelleuse ou « dure, claire ou terne, éclatante ou sourde, volumineuse ou maigre, « par laquelle les sons des voix ou des instruments sont caractérisés. » Chaque voix a un timbre spécial qu'on ne changera pas. Cependant on peut le modifier et rendre les sons plus ou moins voilés et concentrés, de là le timbre *sombre* ou le timbre *clair*. Le premier s'obtient par la contraction des lèvres faite simultanément avec le resserrement de la glotte; les moyens contraires produisent le timbre clair. Ce dernier est plus naturel et épuise moins vite les forces. Il faut nécessairement, pour *sombrer*, dilater largement les poumons, afin de les remplir d'une grande quantité d'air; il faut les resserrer violemment pour le forcer en le chassant. C'est là un travail qui demande un effort. Le sombre bien employé peut être émouvant et dramatique; mais, à la longue, il épuise le chanteur. Au moins faut-il savoir qu'on peut être bon chanteur tout en n'employant que le timbre clair.

VII. Disposition des voix. Pour bien rendre un morceau à plusieurs parties; il faut avant tout connaître quelles voix, voix blanches ou voix d'hommes, il demande. S'il n'exige qu'une espèce de voix, si donc il est *à voix égales*, il importe assez peu pour l'harmonie qu'on le donne à des voix blanches ou à des voix d'hommes; dans l'un et l'autre cas elle restera la même; mais il importe beaucoup, lorsqu'il demande deux espèces de voix et qu'il est ainsi *à voix inégales*, de ne pas donner une partie à une voix pour laquelle elle n'était pas faite, ainsi une partie de soprano à un ténor, une partie de contralto à une basse-taille, etc., car il en résulterait des renversements qui rendraient l'harmonie sinon tout-à-fait vicieuse, au moins étroite et pauvre.

Les grands maîtres écrivaient autrefois le soprano en *clef de sol*, le mezzo soprano et le contralto en *clef d'ut sur la première ou la deuxième ligne*, l'alto ou haute-contre *en clef d'ut sur la troisième ligne*, le ténor *en clef d'ut sur la quatrième ligne*, le baryton ou concordant *en clef de fa sur la troisième ligne*, la basse *en clef de fa sur la quatrième ligne:* on voyait ainsi de suite quelle voix demandait chaque partie ; ce mode est encore en usage dans beaucoup de pays. Là où le désir de faciliter la lecture musicale a fait bannir cette variété de clefs, on trouve souvent en tête du morceau quelques-unes des indications : *voix d'hommes, voix d'enfants, voix égales, voix inégales*, ou, devant les parties, les noms de *soprano, ténor*, etc., etc. ; tout cela est suffisant pour qu'on sache à quoi s'en tenir. En l'absence d'indications expresses, on pourra juger que les voix égales suffisent si les notes les plus aiguës sont généralement à la partie supérieure, les notes les plus graves à la partie inférieure.

On peut donner quelquefois à des hautes-contre la partie de contralto, c'est quand elle est peu élevée ; on l'écrit alors à son octave supérieure, et l'harmonie n'est pas changée. On voit même modifier ainsi et exécuter ensuite par des voix égales, des morceaux que l'auteur avait écrits pour soprano, contralto, ténor et basse. Le soprano est donné à des ténors ; il perd ainsi sa place de partie aiguë qu'obtient la haute-contre. Avec cette disposition, l'harmonie conserve encore une certaine largeur, mais la mélodie est appauvrie parce que la partie qui ressort davantage ici est ordinairement peu chantante. — Comme les voix égales d'hommes, depuis les notes graves des basses jusqu'aux notes aiguës des ténors, disposent de plus de deux octaves, il n'est pas rare que des morceaux composés pour des voix inégales soient encore accessibles aux voix d'hommes, quand non-seulement le contralto, mais aussi le soprano a été écrit à son octave supérieure. L'harmonie reste alors avec des voix égales telle que l'auraient produite les voix inégales ; seulement elle a perdu ce charme qui résulte de la grande variété de timbres.

Lorsque, avec un ensemble de voix d'hommes, on a quelques voix d'enfants que l'on veut utiliser dans une harmonie écrite cependant pour des voix égales, il faut leur assigner de préférence le second ténor, au moins lorsqu'il est un peu chantant, parce qu'il sera mieux en rapport avec leur élévation, et qu'ainsi l'éloignement des parties deviendra moins grand. Les faits harmoniques ne seront pas d'ailleurs plus vicieux que ceux que produiraient ces voix en chantant le premier ténor.

Tous les chefs-d'œuvres de l'art musical, les grands opéras, les plus belles compositions de musique religieuses, telles que *le Requiem* de Mozart, *le Requiem* de Jomelli, *les Messes* de Haydn, *les Sept paroles* par le même, *les Oratorio* de Hœndel, *le Christ au Jardin des Olives* par Bethowen, *les Messes* de Cherubini, etc., etc., sont pour des voix inégales et les exigent impérieusement. Les grands maîtres nous ont peu laissé de compositions à voix égales, c'est seulement depuis quelque temps qu'elles se multiplient. Le répertoire des chœurs profanes pour voix d'hommes est bien riche déjà; celui des chœurs sacrés, sans être vide, l'est beaucoup moins. Les œuvres à voix égales sont celles que doivent multiplier de préférence les compositeurs de musique religieuse; si le genre qu'elles offrent est plus étroit, il lui reste cependant encore de grandes ressources. Ces compositions auront au moins l'immense avantage de pouvoir servir à la généralité des chœurs d'église.

VIII. **Prononciation.** — La bonne prononciation des paroles est essentielle pour le beau chant. Elle est bonne dès qu'elle est généralement sans accent particulier, conforme par là même aux règles données par les meilleurs traités de prononciation. Seulement, dans la parole chantée, les plus petites imperfections sont facilement sensibles à cause de l'éclat et du prolongement des sons. La prononciation du chanteur doit donc être plus soignée encore que celle de l'orateur. — Il est bien évident qu'elle doit être affranchie de ces grands défauts, tels que le grassayement dans ses différentes formes, les accents particuliers qui de *chemin*, font *semin;* de *saison*, *chaison;* de *portez*, *tortez;* de *jugé*, *zuzé;* de *petit*, *bedit;* etc. Tous ces vices disparaîtront devant un travail constant à faire agir les organes de la parole, les levres, le nez, le gosier, etc., comme ils agissent dans ceux dont la prononciation est irréprochable. Quant au grassayement qui dit *aison* pour *raison*, il faut l'attaquer indirectement en demandant d'abord pour l'*r* omis le son de *td*, *tdaison;* ces consonnes, fortement articulées, amèneront insensiblement à la lettre *r*.

Mais ce n'est pas assez d'éviter ces grands défauts; pour la perfection, il faut encore donner à chaque son les nuances différentes que demandent les hommes du goût le plus éprouvé. Il n'y a pas d'observations spéciales pour l'I, l'O et l'U : on les prononce avec leur caractère particulier, en donnant au son toute l'ampleur et toute la sonorité possible. — « Dans « le timbre clair, dit M. Stéphen de la Madelaine, l'A doit être pur et « blanc, et il doit communiquer son caractere aux diphtongues dont il « fait partie; dans le timbre sombre il faut le mélanger légèrement avec « l'O, afin de lui donner de l'ampleur, de la profondeur et de la sonorité; « mais il faut bien se garder de tomber dans l'abus de ce mélange qui « doit être fait, si nous osions appliquer à la vocale toute la précision des « mathématiques, dans la proportion de 1|5 d'O sur 4|5 d'*A*.

« L'E a trois caractères parfaitement distincts qu'il est important de lui « conserver. Lorsqu'il est ouvert il se rapproche beaucoup de l'A et se « prononce comme la diphthongue *ais* dont il doit avoir toute la largeur « et toute la noblesse. L'E muet se prononce invariablement comme la « syllabe *eu*. L'E fermé surmonté d'un accent aigu doit toujours être

« aussi serré dans son émission que dans le langage familier; il faut le « prononcer de même partout où il se trouve; ainsi dans le mot *j'étais*, « l'E doit être aussi fermé que dans le mot *félicité*.

Le même auteur donne le tableau des consonnes groupées suivant leurs affinités et classées d'après leur degré de force ou de faiblesse ; il note en même temps les organes qui concourent spécialement à l'articulation de chacune :

FORTES,		FAIBLES,	TOUCHES.	FORTES,		FAIBLES,	TOUCHES.
P	affinité avec	B	Labiale.	SH	affinité avec	J, Gé	Chuintantes.
T		D	Dentale.	F		V	Labio-dentale.
N		M	Nasale.	ILL		Gn	Mouillée.
R		L	Linguale.	X		»	Gutturale-sifflante.
Ca		Ga	Gutturale.	Que		Gue	Gutturale-labiale.
S, G		Z, T	Sifflantes.				

Ainsi, pour la bonne prononciation de l'M et de l'N, le son doit, au moins en très grande partie, venir du nez. — Il est très important de s'habituer à faire articuler purement et distinctement chaque consonne par l'organe ou par les combinaisons et les modifications d'organes que demande le tableau précédent. — Le son donné par la prononciation à une voyelle doit rester invariable pendant toute sa durée; il ne faudrait donc pas dire *kyrie-a-e-o*, etc., mais tenir sans changement le son de l'*é* fermé qui convient en latin aux E longs (1).

IX. **Expression.** — « La musique, dit A. Reicha, est par essence « un art de sentiment; les véritables idées musicales sont le produit de ce « que nous sentons. » Or, ces sentiments que le compositeur a déposés dans son œuvre, le musicien, chanteur ou instrumentiste, doit les traduire sans les changer aucunement, et il doit les traduire dans toute leur force. Cette manifestation constitue l'expression. Il est à peine permis de dire qu'il devra donc avant tout les étudier. Il faut pour cela qu'il fasse attention à destination première de l'œuvre, au sens des paroles et aux accents eux-mêmes de la musique.

Les moyens d'expression sont nombreux; les principaux se trouvent dans les différentes formes de prononciation et d'articulation, dans les variétés de mouvement et d'intensité du son, etc, etc. « En général, « l'articulation, dit M. Stéphen de la Madelaine, doit être établie avec « précision; mais elle passe à travers des nuances infinies, de la plus « extrême vigueur jusqu'à la molesse, et même jusqu'à une négligence « apparente, pour se conformer aux idées qu'elle veut rendre. —

(1) On sait que la terminaison des verbes à l'imparfait veut une prononciation comme celle de l'*e* ouvert, au futur comme celle de l'*e* fermé (*je feré* pour *je ferai*). L'*r* final doit se faire sentir dans les substantifs en *eur* et en *ir*, ainsi qu'à l'infinitif des verbes en *ir* et en *oir* ; il reste inaperçu à l'infinitif des verbes en *er*.

« Ainsi l'horreur, l'effroi, la colère et tous les sentiments passionnés « exigent une grande énergie dans l'articulation ; tandis que l'amour, « l'attendrissement, le regret, la plainte, le calme demandent une sorte « d'abandon dans la pose de la consonne, soit au commencement, soit « au milieu du mot. » Cet abandon s'obtient spécialement par des *e* muets ajoutés, et articulés d'une manière plus ou moins sensible. On pourra même laisser comme un faible intervalle entre les syllabes d'un même mot et dire, par exemple, ***soi-iez bé-ni*** pour ***soyez béni***. On rend l'articulation énergique en faisant sentir toute la dureté naturelle des différentes consonnes, en l'augmentant même par un prolongement qui revient à un redoublement ; ***crrraignez sa fffureur*** pour ***craignez sa fureur***.

Les innombrables variétés de timbres que l'on peut donner au son offrent aussi une source inépuisable d'expression. « Prenez, par exem« ple, l'interjection *ah!* dit encore M. Stéphen de la Madelaine, et « voyez combien elle est susceptible de peindre des sentiments divers : « d'une part, la douleur physique, le désespoir, le chagrin, le regret, « etc. ; de l'autre, le soulagement, la satisfaction, le plaisir, le bonheur, « la volupté, l'ivresse de la joie, toutes choses qui ne sont point syno« nymes, ni pour le premier, ni pour le second sens. Eh bien ! dans « chacune de ces acceptions, l'interjection *ah!* prendra une accentua« tion différente et parfaitement distincte. » Et le même auteur ajoute : « Voulez-vous donner à l'interjection *ah!* l'aspect de la joie ? Placez-la « dans le timbre clair ; plus cette clarté sera superlative, plus cette joie « sera délirante. Voulez-vous, au contraire, donner à cette interjection « l'expression du regret ou de la commisération ? mettez-la dans le « timbre sombre. Si vous en épaississez les ténèbres, ou, pour parler « comme le confrère, si vous adoptez un timbre plus sombre encore, « vous arriverez au chagrin, puis à la douleur. Il ne vous sera pas « plus difficile d'obtenir la désolation et même le désespoir. »

Il faut toujours, à ces variétés de timbre, faire correspondre les nuances résultant de l'attaque brusque ou lente des sons, de leur prolongement ou de leur brièveté, des *crescendo*, des *morendo*, etc. — Ces explications assez courtes sont suffisantes pour donner une idée des moyens que l'on peut employer pour une parfaite expression musicale : à chacun de se le rendre familier par l'exercice et de les compléter par l'observation de ce que fait la nature quand elle agit sans préméditation sous l'influence du sentiment. Et ce ne sont pas seulement les musiciens, mais aussi les orateurs qui devraient se livrer à ces études : ils y trouveraient nécessairement de grandes ressources pour l'action. L'extérieur de l'orateur, sa pose, son geste peuvent aider à son succès. Cependant, sa force principale, après la bonté et la justice de sa cause, se trouvera toujours dans les incalculables variétés d'articulations, de timbres, de force ou de faiblesse des sons, de lenteur ou de rapidité de la prononciation, etc., etc. Il est ainsi très avantageux à l'orateur d'avoir étudié la musique et de s'être exercé dans l'art du chant.

X. **Exercices.** — Pour faire arriver une voix à toute sa pureté et sa sonorité, ce n'est plus le solfége, mais la vocalisation qu'on emploie. On peut ne prendre d'abord qu'une quinte, ainsi : *ut, ré, mi, fa, sol, fa, mi, ré, ut;* on la répetera de cette manière :

Revenons encore sur ce point aux préceptes de M. Stéphen de la Madelaine : « Il faut, dit-il, que ce martellement soit exécuté à pleine « voix dans une quinte ascendante, et que chaque note ait la valeur « d'une noire dans un mouvement d'*allegro* bien déterminé. Chaque « son doit être énergiquement appelé et fortement attaché (avec la même « expiration d'air) au son qui monte ou qui descend ; la sommité de la « quinte doit être marquée avec plus de vigueur encore que le reste, et « cet exercice doit se répéter deux fois de suite sans qu'on reprenne « haleine. — Le premier soin du maître est d'obtenir que tous les sons qui « composent cet exercice soient parfaitement égaux entre eux en valeur « temporale et en intensité; il fera hausser avec vigueur les notes paresseuses, il veillera surtout à ce que celles qui composent la quinte « descendante soient articulées avec la même sonorité que celles de la « quinte ascendante.

« Pour que cet exercice obtienne le résultat nécessaire, il faut que l'émission en superposition de chaque son imite en quelque sorte l'expiration heurtée de la lettre H, de façon que chaque note soit posée d'une « manière aussi distincte que possible, quoiqu'elles soient toutes liées entre elles par la même expulsion d'air; de même que les marches d'un « escalier sont séparées les unes des autres par le fait de leur superposition « et reliées entre elles par la base de la construction. Il va sans dire que « ce premier exercice doit être répété jusqu'à ce que la voix remplisse « rigoureusement toutes les conditions de l'exécution que je viens d'indiquer. »

Ce résultat obtenu, on transpose cette quinte à la note supérieure ; ainsi après avoir dit : *ut, ré, mi,* etc., on dira : *ré, mi, fa* dièse, etc. ; on montera ainsi successivement jusqu'à ce que la note supérieure de la quinte touche aux limites de la voix. — Lorsqu'on s'est familiarisé avec ces quintes, on en fait trois de suite sans prendre haleine. — Il peut être avantageux de remplacer quelquefois la lettre *a* par une autre voyelle quelconque. On peut aussi produire non plus seulement des quintes, mais des gammes entières, des gammes chromatiques, des dessins variés, comme *ut*, *si*, *ut*, *ré*, *ut*, *ré*, *mi*, etc., ou *ut*, *ré*, *mi*, *fa*, *ré*, *mi*, *fa*, *sol*, *mi*, etc., ou *ut*, *ré*, *mi*, *ut*, *ré*, *mi*, *fa*, *ré*, *mi*, etc. On donnera à chacune de ces notes la valeur d'une double croche.

La connaissance de la gamme chromatique est très importante. On peut la produire ainsi :

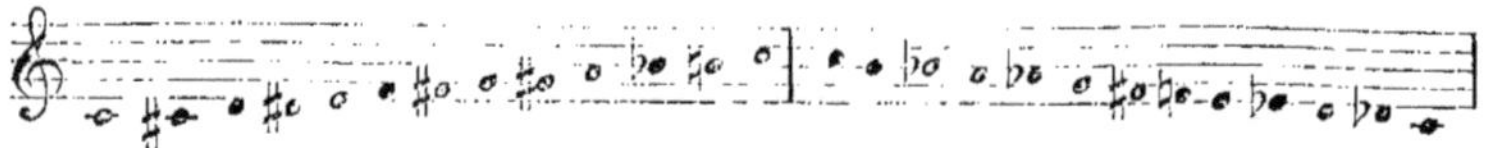

Rien n'empêcherait d'employer les bémols en montant et les dièses en descendant; cependant la forme qui précède semble préférable parce qu'elle offre les successions telles qu'on les rencontre le plus souvent dans les compositions musicales.

Ces exercices de vocalise doivent être continués longtemps : ce ne serait pas trop de plusieurs années, même avec un travail sérieux de chaque jour. — L'étude du trille et du groupe ne demande guère moins de temps et de soins. Dans cet exercice, il faut aller d'abord assez lentement pour que chaque note soit très distinctement articulée.

Le chanteur doit également savoir *filer les sons*. Il n'y a pas là une très grande difficulté, cependant on ne peut pas les augmenter ou les diminuer dans une progression bien constante sans quelque exercice. Dans les sons filés, c'est le *decresc.* qui offre le plus d'intérêt; il doit donc être plus prolongé que le *cresc.*

Les exercices dont le début offre deux lettres majuscules placées à une certaine distance l'une de l'autre sont des *canons*. On peut les chanter en accord. La 2de partie prend au point A quand la 1re est arrivée au point B. A la fin du morceau, la 2de partie omet les mesures A, B, afin d'arriver au repos avec la 1re partie.

LES ALPES

Paroles d'Alex. Guiraud.

AIR
DE LA CRÉATION

(Haydn).

CHAPITRE QUATRIÈME

I. **Ton.** — Le mot *ton* peut désigner : 1° Une certaine différence de gravité ou d'acuité entre deux sons que l'on compare : c'est en ce sens que l'on dit : il y a un ton d'*ut* à *ré*, deux tons d'*ut* à *mi*. 2° Le degré d'élévation que prennent les voix, ou sur lequel sont montés les instruments : ce chanteur a pris un ton trop élevé ; cet instrument est en ton de *fa*, de *la*, c'est-à-dire que l'*ut* de cet instrument est le *fa* ou le *la* d'un instrument monté au ton du diapason. 3° Une disposition des sons relative à une note principale appelée *tonique :* cette gamme est en ton d'*ut*, de *fa*, c'est-à-dire que *ut* ou *fa* a été son point de départ, sa tonique. Pour mieux comprendre ce dernier sens, il faut savoir qu'une gamme ne commence pas essentiellement par *ut ;* elle peut commencer par laquelle que ce soit des douze notes différentes : *ut*, *ut* dièse, *ré*, *sol*, etc.; et pourvu que de cette note choisie de *sol*, par exemple, à son octave supérieure *sol*, on fasse, en s'aidant, suivant le besoin, des dièses ou des bémols, *deux tons* et *un demi-ton*, *trois tons* et *un demi-ton*, on aura une gamme en *sol*, dans le *ton* de *sol*, une gamme dont *sol* sera la tonique.

Il existe donc douze gammes, toutes semblables dans l'arrangement de leurs sons, mais toutes différentes dans la note *point de départ*, qui donne à chacune son nom, et dans le nombre des dieses ou des bémols employés pour avoir toujours deux tons et un demi-ton, trois tons et un demi-ton.

II. **Gammes de différents tons.** — Avec les explications précédentes, il est facile à chacun de se former le tableau de ces douzes gammes. Le voici cependant pour plus de clarté et de facilité :

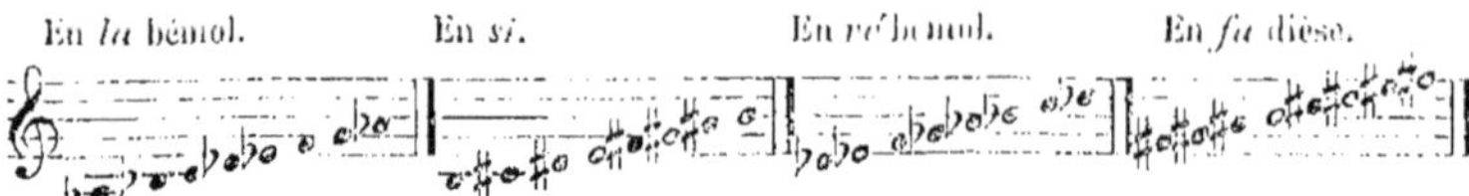

Dans toute gamme, la *première* note s'appelle *tonique;* viennent ensuite la *seconde* ou *sus-tonique*, quelquefois *sous-médiante*, la *tierce* ou *médiante*, la *quarte* ou *sous-dominante*, la *quinte* ou *dominante*, la *sixte* ou *sus-dominante*, quelquefois *sous-sensible*, la *septième* ou *sensible* et l'*octave*, puis de nouveau la *seconde*, etc. On dit aussi le *1er degré*, le *2me degré*, etc. — Le 1er, le 3me et le 5me degré, en *ut* : *ut*, *mi*, *sol*, sont *les harmoniques de la tonique;* le 5me, le 7me, le 2me et le 4me degré, en *ut* : *sol*, *si*, *ré*, *fa*, *les harmoniques de la dominante.* Il sera souvent question de ces deux catégories; il est très important de connaître, au moins dans les tons les plus simples, quelles sont les notes qui les composent.

Touchant les gammes qui précèdent, il y a plusieurs points à observer : 1° Pour obtenir l'ordre constant des tons et des demi-tons, on n'emploie dans une même gamme que des dièses ou des bémols, sans mélange. 2° Les accidents viennent d'eux-mêmes dans l'ordre cité au chapitre premier (VII. *Accidents*) ; ainsi, la gamme en *sol* qui ne demande qu'un dièse, le prend sur *fa*, c'est donc sur *fa* que se trouve le premier dièse ; la gamme en *ré* le conserve et en ajoute un sur *ut*; celle en *la* les conserve tous deux et appelle en même temps le dièse sur *sol*, etc. 3° Une tonique qui laisse le choix entre deux noms parce qu'elle est affectée d'un accident, comme *ut* dièse, qui peut aussi s'appeler *ré* bémol, devra recevoir le nom qui, pour la formation de la gamme, demande le moins d'accidents; donc la note citée sera la tonique non pas de la gamme en *ut* dièse qui demanderait sept accidents, mais de la gamme en *ré* bémol qui n'en demande que cinq. La gamme en *fa* dièse peut toutefois indifféremment se changer en celle de *sol* bémol, parce que de part et d'autre les accidents sont au nombre de six. Il n'est pas bien rare cependant que dans le cours d'un morceau on soit amené, par exemple, à la gamme en *ut* dièse. On ne pourra pas alors lui substituer la gamme en *ré* bémol parce que l'on changerait en même temps l'ordre de la succession des tons. 4° La tonique se trouvant une note non affectée d'accidents, le choix entre les dièses ou les bémols pour les altérations qu'exige la formation de la gamme se trouve essentiellement déterminé par la nécessité de n'oublier aucun des sept noms des notes; ainsi en prenant *la* pour tonique, on dira *si*, puis *ut* dièse, et non *ré* bémol, parce que, dans ce cas, on omettrait le nom *ut*.

III. Ton d'une composition. — Le mot *ton* s'applique aux morceaux de musique aussi bien qu'aux gammes. On dit : Ce morceau est en ton de *fa*, de *la*, etc.; ce qui signifie : *Ce morceau est formé des* *éléments de la gamme en fa, en la.* Trois dièses étant nécessaires pour la gamme en *la*, un morceau en ton de *la* aura trois dièses à la clef, c'est *l'armature de la clef;* il commencera par une des notes *la*, *ut* dièse, *mi*, qui sont harmoniques de la tonique dans la gamme en *la* ; il n'offrira, tant qu'il ne devra pas changer de ton, que les notes altérées ou naturelles, telles que les veut cette gamme : *la*, *si*, *ut* dièse, *ré*, *mi*, *fa* dièse, *sol* dièse, *la*, et il finira par la tonique *la*. — Si dans un écrit on emploie, suivant les règles grammaticales, des substantifs français, des adjectifs français, des verbes français, etc., on aura un ouvrage qui ne sera ni grec, ni latin, mais français, parce que c'est à la langue française qu'il a emprunté ses éléments; de même un morceau est dans un ton quand il a *emprunté ses éléments à la gamme de ce ton.* Tout morceau a nécessairement un ton spécial, comme tout ouvrage a sa langue dans laquelle il est écrit.

IV. **Mode majeur et mineur.** — Le *mode*, du latin *modus* (manière), est l'ordre suivant lequel se succèdent les tons et les demi-tons dans une gamme. On a vu jusqu'à présent ce mode dans lequel on a deux tons et un demi-ton, trois tons et un demi-ton : c'est le mode *majeur*. Il en existe un autre : le mode *mineur*. Sa connaissance est aussi essentielle que celle du mode majeur; c'est donc uniquement pour la simplicité et la clarté des explications, sur ces matières difficiles de prime abord, qu'il n'a pas été même vaguement indiqué jusqu'ici. Il a, comme le mode majeur, ses douze gammes, toutes semblables dans l'ordre de leurs tons et de leurs demi-tons, toutes différentes dans la note qui sert à chacune de point de départ et lui donne son nom.

L'ordre des tons et des demi-tons, dans une gamme en mode mineur, est différent suivant qu'elle est ascendante ou descendante. Dans la gamme mineure ascendante, il faut un ton et un demi-ton, quatre tons et un demi-ton; dans la gamme mineure descendante, en comptant cependant de bas en haut, un ton et un demi-ton, deux tons et un demi-ton, puis deux tons, comme dans cet exemple :

Gamme en *la* mineur ou gamme mineure en *la*

On voit par là : 1° que toutes les différences entre la gamme ascendante et la gamme descendante du mode mineur ne portent que sur la sixte et la septième; toujours la gamme mineure prend à son commencement un ton et un demi-ton, puis deux tons. De la tonique au troisième degré, la gamme majeure a deux tons, la gamme mineure n'a qu'un ton et demi : c'est cette différence spécialement qui les caractérise et donne à la dernière un caractère langoureux et triste.

On voit : 2° que la gamme mineure ascendante n'appelle pas les accidents suivant l'ordre déjà remarqué ; car, dans l'exemple qui précède, *sol* est dièse sans que *ut* le soit. C'est pour cela que, dans un morceau mineur, on ne met à la clef que les accidents que veut la gamme descendante du ton mineur auquel il appartient, parce que ceux-là seuls, comme on peut en faire l'expérience, viennent dans l'ordre ordinaire. Les autres accidents de la gamme ascendante se placent devant la note chaque fois et autant de fois qu'il en est besoin ; aussi dans le cours d'un morceau mineur, on rencontre souvent beaucoup d'accidents passagers. Dans une composition, la sixte est toujours comme dans la gamme descendante, excepté lorsqu'elle est suivie de la septième, et la septième, toujours comme dans la gamme ascendante, excepté lorsqu'elle est suivie de la sixte. Dans un morceau en *la* mineur, *fa* sera donc toujours naturel quand il ne sera pas suivi de *sol* dièse, et *sol* toujours dièse, excepté quand il sera immédiatement suivi de *fa* naturel (1).

V. **Gammes mineures.** — Les gammes mineures sont, comme les gammes majeures, au nombre de douze. La musique possède donc vingt-quatre gammes. Il n'y a cependant pas vingt-quatre manières de grouper les accidents à la clef, parce que chaque ton majeur a un ton mineur qui demande la même armature que lui, et réciproquement. — Étant donné un ton majeur, le ton mineur, qui veut à la clef les mêmes accidents, est celui qui prend pour tonique la sixte de celui-là. Ainsi le ton majeur en *ré* ayant deux dièses à la clef, le ton mineur en *si*, note qui est la sixte du majeur en *ré*, aura deux dièses aussi. Il est presque inutile d'ajouter que, étant donné un ton mineur, le ton majeur, qui veut les mêmes accidents à la clef, est celui qui prend sa tonique à la tierce de celui-là. — On voit par là que les accidents qui sont à la clef ne font pas connaître définitivement le ton d'un morceau ; ils laissent l'observateur hésiter entre un ton majeur et un ton mineur : ce n'est que la considération des notes elles-mêmes qui est décisive. Pour en tirer une science sûre, il faut se rappeler qu'un morceau commence toujours

(1) Beaucoup de théoriciens ont voulu identifier la gamme mineure ascendante et la gamme mineure descendante. Ils ont pour cela employé cette forme invariable :

M. Fétis nous dit que cette *fausse gamme* fut proposée par Gossec à l'assemblée d'une commission du Conservatoire de Musique en 1796, et adoptée par cette assemblée. Depuis lors elle a été suivie dans un grand nombre de méthodes. Il la repousse cependant, et avec raison, pour beaucoup de motifs, pour celui-ci entre autre : Les plus illustres compositeurs ne l'ont jamais employée dans leurs œuvres. Pour passer, en *la* mineur par exemple, de la dominante à la tonique et réciproquement, ils ont toujours écrit : en montant, *mi, fa* dièse, *sol* dièse, *la*, et en descendant, *la*, *sol* naturel, *fa* naturel, *mi* ; il n'ont jamais écrit : *mi*, *fa* naturel, *sol* dièse, *la*, en montant, ni répété ces notes dans cet état en descendant. Ce fait est décisif.

par les harmoniques de la tonique, qu'il les ramène souvent et qu'il finit par la tonique. Quand donc la clef n'offre aucun accident, on est nécessairement en *la* mineur ou en *ut* majeur; mais on pourra juger qu'on est en *la* mineur si le morceau finit par *la*, ou même sans aller si loin, si l'on voit revenir très souvent les notes *la*, *ut*, *mi*; si *sol* ne forme pas des dessins avec *ut* et *mi*, s'il est habituellement affecté d'un dièse. On sera au contraire évidemment en *ut*, si *sol* revient très souvent sans être affecté d'un dièse, s'il forme des dessins avec *ut* et *mi*, si l'on finit par *ut*.

Après toutes ces explications, il est inutile de donner le tableau des douze gammes mineures. On peut très facilement le former en prenant pour modèle chacune des douze gammes majeures et en lui faisant subir des changements pareils à ceux que la gamme en *la* mineur fait subir à la gamme en *ut* majeur.

VI. **Caractère des différents tons.** — Les vingt-quatre tons ont chacun leur caractère plus ou moins spécial. Dans le mode majeur, *ut* est fort et solennel; *ré* bémol, doux et calme; *ré*, gai, brillant; *mi* bémol, religieux et passionné; *mi*, éclatant, ardent; *fa*, guerrier; *sol* bémol, affectueux; *sol*, pastoral; *la* bémol, religieux, calme; *la*, brillant et joyeux, *si* bémol, léger; *si*, sublime. Dans le mode mineur, *ut* est grand et profond; *ut* dièse, résigné; *ré*, mélancolique, douloureux; *mi* bémol, profondément triste; *mi*, simple; *fa*, déchirant; *fa* dièse, poétique; *sol*, violemment affligé; *la* bémol, sourd et sombre; *la*, langoureux, champêtre; *si* bémol, douloureux; *si*, original.

Ces caractères spéciaux, déjà vague par eux-mêmes et plus ou moins contestables, peuvent être altérés encore : 1° par les accents que crée le compositeur : s'il a du génie, il saura facilement être religieux, guerrier, dans quel ton que ce soit; 2° par le rapprochement et l'enchaînement des différents tons. Comme les couleurs dont l'effet sur la toile ne dépend pas moins de la nature des couleurs voisines que de leur nature à elles-mêmes, ainsi les tons se changent, ou s'altèrent au moins leur caractère, par leur succession et leur comparaison. L'effet de ce contact peut aller jusqu'à rendre le mineur un instant très joyeux, pareil aux larmes que fait verser un grand bonheur.

En général, dans un morceau, l'effet devient plus brillant à mesure que, par une suite de modulations, on s'avance dans les gammes à dièses de plus en plus nombreux; plus doux et même plus sombre, à mesure qu'on s'avance dans les gammes qui demandent plus de bémols; si bien que le ton en *fa* dièse ou *sol* bémol sera le superlatif du brillant si l'on vient à lui par les gammes à dièses et qu'il doive ainsi s'appeler *fa* dièse, le superlatif du sombre si l'on arrive par les gammes à bémols et qu'il s'appelle *sol* bémol. Il en est de même pour *ut* dièse ou *ré* bémol.

VII. **Modulation.** — La *modulation* est le passage d'un ton à un autre dans un même morceau. On la connait généralement à l'apparitions d'accidents incompatibles avec le ton dans lequel on se trouve. Il faut cependant, pour juger sûrement, s'assurer qu'ils ne figurent pas comme un simple ornement, comme une broderie sans importance tonale. La note altérée, pour annoncer une modulation, devra donc le plus souvent se trouver accompagnée de quelques-unes des harmoniques de la dominante du nouveau ton, car elle appartient habituellement à cette catégorie, et toujours elle devra être suivie médiatement ou immédiatement de l'une au moins des harmoniques de la tonique du nouveau ton. Ainsi dans cet exemple :

on est d'abord en *ut* majeur, comme l'indiquent l'absence d'accidents et la présence des trois harmoniques de la tonique, *sol, ut, mi.* Au n° 1 on passe évidemment en *sol* majeur puisqu'on a *fa* dièse, *ré, la,* toutes harmoniques de la dominante dans ce ton, suivies de *sol,* la tonique. Au n° 2 les harmoniques de la tonique en *ut* indiquent le retour à ce ton. Au n° 3, modulation en *la* indiquée par *si* et *sol* dièse, harmoniques de la dominante du ton de *la* suivies de *la.* C'est en *la* mineur ; il a beaucoup plus d'affinités avec *ut.* Au n° 4, *la, ut* dièse, *mi,* harmoniques de la dominante du ton de *ré* sont suivies de *ré* et de *fa,* harmoniques de la tonique ; ainsi modulation en *ré* ; c'est en *ré* mineur puisque *fa* n'est pas dièse. Au n° 5, retour dans le ton principal. Au n° 6, modulation dans le ton de *fa* annoncée par *ut, si* bémol, harmoniques de la dominante en *fa* suivies de *la* harmonique de la tonique. On est bien en *fa* et non en *ré* mineur parce que *ut* n'est pas dièse. Enfin arrive la conclusion dans le ton d'*ut* qui doit revenir à la fin parce qu'il s'est trouvé au commencement et qu'ainsi il est ton principal. — Dans l'exemple suivant, au contraire :

malgré tous ces accidents, il n'y a pas de modulations. *Fa* dièse, note caractéristique du ton de *sol*, est cependant suivie des harmoniques de la tonique du ton d'*ut*, ce dernier est donc continué. Les mêmes harmoniques reviennent après *ré* dièse ; on n'est donc pas en *mi* mineur comme cet accident porterait à le croire. Enfin, *ré* bémol qui, parce qu'il est le quatrième dans l'ordre des bémols, ne pourrait annoncer que le ton de *la* bémol, est cependant suivi de *si* naturel incomptable avec *la* bémol. D'ailleurs la terminaison se fait sur *ut*, ainsi cette note est tonique.

Ces broderies sans importance sont ordinairement produites par des dièses, ou par des bécarres s'il y a des bémols à la clef. Les bécarres qui détruisent un instant l'effet des dièses de la clef et les bémols produisent plus souvent une modulation.—Quelquefois il y a réellement modulation sans que cependant aucun accident paraisse. Ainsi dans cet exemple :

au n° **1**, on passe probablement en *sol*, puisque *ré*, *ut*, *la*, notes toutes trois harmoniques de la dominante en *sol*, sont suivies de la note *sol* elle-même. On pourrait facilement trouver au n° 2 une modulation en *ré* mineur. Cependant, lorsque la modulation n'est pas clairement, et comme *officiellement* annoncée par un accident, ainsi que par les notes qui le précèdent et le suivent, l'harmoniste conserve sa liberté ; c'est à son goût, à son expérience, ainsi qu'à l'idée qu'il veut rendre, de décider s'il admettra ou n'admettra pas une modulation.

VIII. Différentes espèces de modulations. — La modulation est *passagère* quand on ne reste que peu de temps, quelques mesures au au plus dans le nouveau ton. Elle est *fixe* quand on y demeure un grand nombre de mesures, le quittant de temps à autre par des modulations passagères et revenant à lui comme à un ton principal. Elle est *relative* quand elle se fait à un ton *relatif*, sinon elle est étrangère. — Deux tons sont relatifs dès qu'ils ne diffèrent que d'un seul accident. Un ton, quel qu'il soit, a nécessairement cinq relatifs : 1° le ton majeur; 2° le ton mineur, qui ont chacun à la clef un dièse de plus que lui ; 3° le ton majeur; 4° le ton mineur, qui ont un dièse de moins ou, ce qui revient au même, un bémol de plus ; 5° le ton mineur si le premier est majeur, le ton majeur si le premier est mineur, qui a les mêmes accidents à sa clef. Ces deux derniers sont entre eux *relatifs primitifs*. Le ton d'*ut* majeur aura donc pour relatifs *sol* majeur, *mi* mineur, *fa* majeur, *ré* mineur et *la* mineur. Ce dernier aura pour relatifs *ut* majeur et les quatre tons précédents. *Sol* majeur aura *ré* majeur, *si* mineur, *ut* majeur, *la* mineur et *mi* mineur. — On peut voir par là que les relatifs d'un ton principal ne sont pas tous relatifs entre eux ; ainsi *ut* majeur et *ré* majeur, relatifs de *sol*, diffèrent de deux accidents et ne sont pas relatifs l'un de l'autre. On peut voir aussi que les harmoniques de la tonique des tons relatifs, ainsi *ut* se trouvant ton principal, les harmoniques de la tonique en *sol* majeur : *sol*, *si*, *ré*, en *mi* mineur : *mi*, *sol*, *si*, en *fa* majeur : *fa*, *la*, *ut*, en *ré* mineur : *ré*, *fa*, *la*, en *la* mineur : *la*, *ut*, *mi*, sont toutes empruntées sans trace d'altération aux notes du ton principal *ut*. — Sans être rigoureusement relatifs, puisqu'ils diffèrent de trois accidents, deux tons de mode différent et de même tonique, ainsi *ut* majeur et *ut* mineur, *la* majeur et *la* mineur, ont beaucoup de rapport entre eux : la modulation de l'un à l'autre est facile et fréquente. On l'appelle souvent *substitution du mode*.

La substitution immédiate du majeur au mineur est beaucoup plus rare que la substitution du mineur au majeur : d'*ut* majeur, ton principal, on passera facilement à *ut* mineur ; mais d'*ut* mineur, ton principal, on viendra peu souvent à *ut* majeur. — Les anciens harmonistes, quand leur ton principal était mineur, lui substituaient invariablement le majeur dans le dernier accord. Cette substitution finale ne se fait que bien rarement dans la musique moderne.

La modulation à des tons non relatifs pour être plus dure n'est cependant pas défendue. Quelquefois, pour adoucir son effet, on passe par des tons relatifs entre eux ; ainsi, pour aller d'*ut* majeur à *ré* majeur, on passera par *sol* relatif de l'un et de l'autre : on peut aussi se jeter sans intermédiaire dans ce ton éloigné. Des explications plus complètes sur tous ces points seront données plus loin dans un nouveau chapitre sur la modulation.

IX. Transposition. — *Transposer* c'est changer le ton dans lequel un morceau est écrit, sans changer ce morceau lui-même. On transpose : 1° pour faire disparaître la difficulté d'exécution résultant de nombreux accidents qui sont à la clef. Mais en gagnant ainsi de la facilité, le morceau perd cette beauté secondaire qu'il tient du caractère particulier au ton que le compositeur avait choisi. Il faut donc autant que possible exécuter le morceau transposé à la hauteur exigée par le premier ton. On transpose : 2° pour élever ou abaisser un morceau de musique instrumentale. La voix peut prendre une note à quelle hauteur que ce soit, mais l'instrument a sa hauteur fixe et invariable : il ne peut changer le ton d'un morceau sans une transposition expresse.

La transposition doit être générale et uniforme. On dénaturerait complètement un morceau en transposant seulement quelques-unes de ses parties, ou en les transposant toutes, mais à des degrés inégaux. Ainsi dans cet exemple :

si l'on veut simplifier le n° 1 en l'élevant de deux degrés et le mettant par là même en *ut*, il faudra élever d'autant le n° 2, malgré la difficulté qu'introduisent les bémols, et écrire :

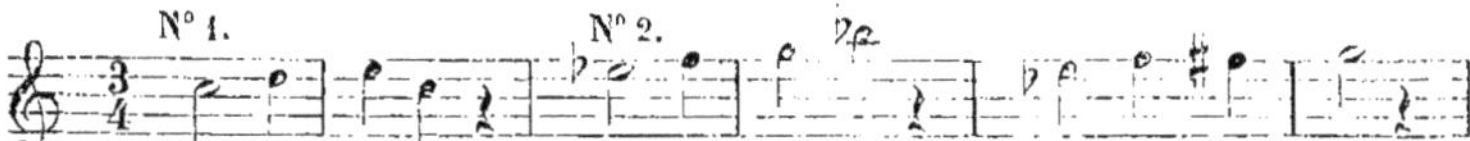

à moins que l'on ne préfère cette opération difficile par laquelle, sans changer les notes du n° 2, on le transposerait réellement comme le n° 1 en changeant le ton et donnant à *ut* le son de *mi* bémol. — La transposition doit donc déplacer un morceau de musique comme s'il était d'une seule pièce, comme est déplacé un tableau qu'on a élevé ou abaissé. Malgré ce changement, les personnages ont conservé leur forme et leur grandeur, ils restent à la même distance les uns des autres ; le bas du tableau, en s'élevant ou s'abaissant, ne s'est ni rapproché ni éloigné du sommet parce que celui-ci a changé de place dans les mêmes proportions. C'est un effet analogue que la transposition doit produire.

Pour transposer ainsi un morceau sans l'altérer, il faut : 1° voir par les accidents dans quel ton il se trouve ; 2° compter combien il y a de degrés de ce ton à celui dans lequel on veut le transposer, et élever ou abaisser d'autant toutes les notes, après avoir mis à la clef les accidents que demande le nouveau ton (s'il en demande), sans s'inquiéter de ceux qui étaient à la clef dans le ton primitif ; 3° reproduire dans le cours du morceau les dièses (ex. A, n°s 1 et 4, — B, n°s 3 et 6) et les bémols

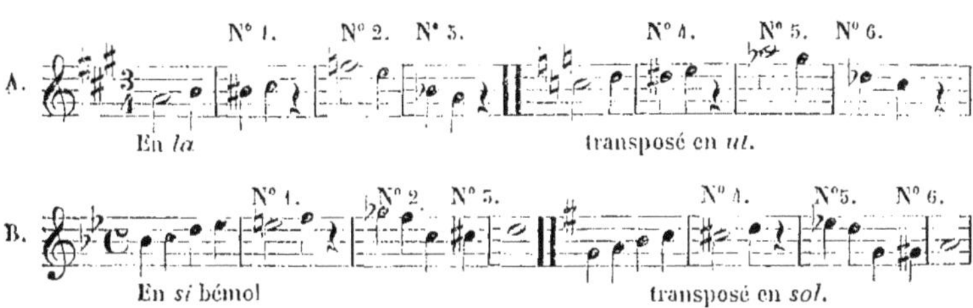

(A, n°s 3 et 6, — B, n°s 2 et 5) autres que ceux qui étaient à la clef. Le bécarre effaçant ces signes accidentels reste bécarre ; mais il devient bémol (A, n° 5) s'il efface pour un instant un dièse de la clef (A, n° 2), dièse (B, n° 4) s'il efface un bémol (B, n° 1), pourvu que, ce qui arrive habituellement, on transpose à un ton qui a moins d'accidents que le premier. Avec cela, pour l'exactitude, il n'est pas nécessaire de s'inquiéter de combien de tons ou de demi-tons les notes varient, il suffit absolument de compter les degrés. Pour transposer donc en *ut* ce qui est en *si*, on élèvera chaque note d'un degré, ni plus ni moins que pour transposer ce qui serait en *si* bémol. Il faut remarquer aussi qu'il n'est point nécessaire de connaître à quel mode appartient le morceau : on peut toujours supposer le mode majeur. En voyant par exemple deux dièses à la clef on peut dire : c'est le ton de *ré* majeur et agir en conséquence. Si le morceau se trouve par hasard dans le ton de *si* mineur qui veut la même armature, c'est bien égal ; la transposition le mettra dans le ton mineur correspondant au nouveau ton majeur choisi. En croyant transposer de *ré* majeur en *ut* majeur, on aura transposé de *si* mineur à *la* mineur ; voilà toute la conséquence. — La connaissance des différentes clefs peut-être d'un grand secours pour la transposition. Elle est souvent toute faite dès que l'on suppose au morceau une clef différente de celle qui lui a été donnée.

X. **Exercices.** — La gamme mineure doit être étudiée aussi bien que la gamme majeure : elle demande peut-être même plus d'exercices à cause des changements qu'elle subit suivant qu'elle est ascendante ou descendante. On s'arrêtera d'abord à la gamme en *la* mineur, qui correspond à la gamme majeure en *ut*. On la produira constamment sous cette forme :

DUO DE MUSIQUE SACRÉE

CHAPITRE CINQUIÈME

I. **Intervalles.** — On appelle *intervalle* la distance de deux notes du grave à l'aigu. Tous les intervalles ont leur *nom* et leur *qualificatif* spéciaux. Les *noms : seconde, tierce quarte, quinte, sixte, septième, octave, neuvième, dixième,* etc., viennent du nombre de degrés que

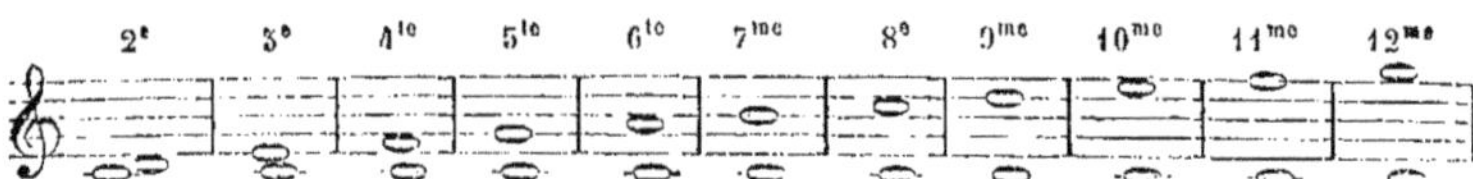

l'on trouve d'une note à une autre. Il faut, pour les compter, marcher diatoniquement et comprendre la note qui forme le point de départ et celle qui forme le point d'arrivée. Si donc l'unisson était un intervalle, il formerait une première. D'*ut* à *ré* l'intervalle est de *seconde* puisque l'on trouve deux notes, *ut* et *ré*. — Les *qualificatifs : majeur, mineur, augmenté, diminué, juste,* viennent généralement du nombre des tons ou des demi-tons qui forment l'intervalle, quelquefois de son manque de

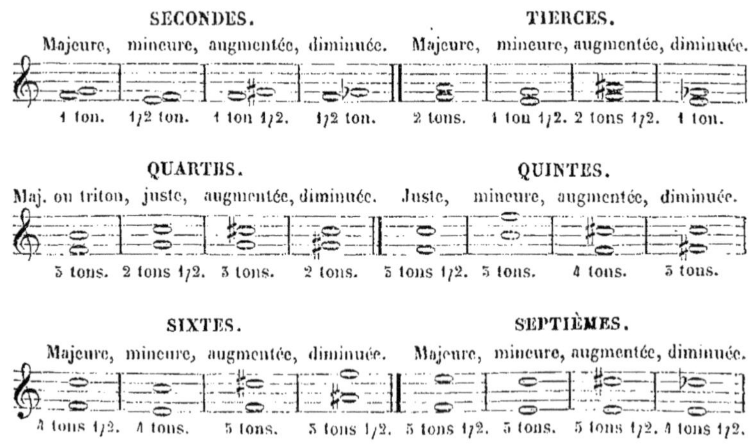

OCTAVES.			NEUVIÈMES.			
Juste,	augmentée,	diminuée.	Majeure,	mineure,	augmentée,	diminuée.
6 tons.	6 tons 1/2.	5 tons 1/2.	7 tons.	6 tons 1/2.	7 tons 1/2.	6 tons 1/2.

rapports naturels avec le ton dans lequel on se trouve. C'est pour cette dernière raison que la seconde mineure et la seconde diminuée, la quarte majeure et la quarte augmentée, la quinte mineure et la quinte diminuée, etc., qui contiennent respectivement un même nombre de tons ou de demi-tons, sont cependant différemment qualifiées. — On voit par ce qui précède que les mots : tierce, quarte, etc., peuvent désigner : 1° une note, la tierce, la quarte du ton ; 2° un intervalle. Quand ils se rencontrent, le contexte apprend facilement quel est leur sens. — La note *seconde*, la *tierce*, etc., forment avec la tonique un intervalle de seconde de tierce, etc. Il est toujours juste ou majeur. Ainsi en *ut* majeur, d'*ut* tonique à *ré* seconde, il y a une seconde majeure ; il y a une tierce majeure d'*ut* à la tierce *mi*. La sixte et la septième sont majeures quand on ne trouve qu'un intervalle d'un demi-ton de l'une à l'autre des notes par lesquelles elles sont formées, mineures quand on en trouve deux. — Les intervalles justes, majeurs ou mineurs existent naturellement dans la gamme ; les intervalles augmentés ou diminués sont l'effet d'altérations non tonales, excepté la seconde augmentée et la septième diminuée qui se trouvent naturellement dans le ton mineur. En *la* mineur, par exemple, de *fa* à *sol* dièse on a une seconde augmentée ; de *sol* dièse à *fa*, une septième diminuée. — Maintenant que les mots tierce majeure et tierce mineure sont expliqués, on peut mieux exprimer la différence du mode majeur et du mode mineur en disant que, de la tonique à la note tierce, l'intervalle est de tierce majeure dans un ton majeur, de tierce mineure dans un ton mineur.

Les intervalles qui ne s'étendent pas au delà de l'octave sont *simples*, les autres sont *composés*. La neuvième est le seul intervalle composé qui figure habituellement comme tel dans l'harmonie. La dixième, la onzième, etc., se considèrent comme *réduits :* la dixième compte pour une tierce, la onzième pour une quarte, etc. — En énonçant les notes d'un intervalle on commence toujours par la plus grave. Ainsi l'intervalle *ut, mi,* est une tierce et non une sixte ; *mi, ut,* est une sixte ; *fa, ut,* une quinte. — Les intervalles peuvent se présenter à l'état d'harmonie ou à l'état de mélodie. Dans le premier état, les notes qui les constituent doivent être entendues simultanément ; dans le second cas, successivement. Quelques-uns, comme la seconde diminué, la septième et l'octave augmentées, etc., s'emploient rarement en harmonie ;

d'autres, comme la septième et la quarte majeures, la seconde, la quarte et la quinte augmentées, etc., rarement en mélodie.

II. **Renversement des Intervalles.** — *Renverser* un intervalle, c'est transporter la note grave à son octave aiguë : ou la note aiguë à son octave grave : Le premier

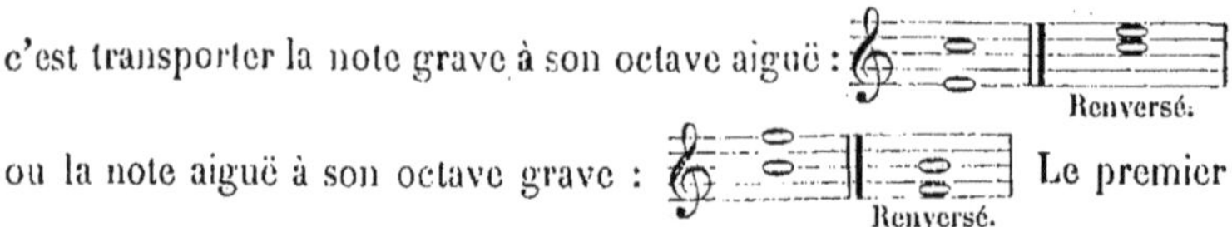

mode est celui qu'on a plus fréquemment occasion d'employer. Le nom d'un intervalle renversé est toujours donné par ce qui manque numériquement au premier pour faire neuf, si d'ailleurs il est simple ; la seconde deviendra septième par le renversement, la tierce deviendra sixte. En outre, le nouvel intervalle sera juste si le premier est juste, majeur s'il est mineur, augmenté s'il est diminué.

III. **Résonnance des intervalles.** — M. Fétis, dans son excellent traité d'harmonie, divise en six classes les intervalles considérés sous le rapport des idées que révèle et des sentiments que produit l'audition simultanée des deux notes dont chacun est formé. Sont *consonnances parfaites*, la quinte et l'octave juste ; *consonnances imparfaites*, la tierce et la sixte majeures, la tierce et la sixte mineures. La quarte juste est une *consonnance mixte*. Sont *consonnances appellatives*, la quinte mineure et la quarte majeure ; *dissonances tonales*, la seconde, la septième et la neuvième mineures, la seconde, la septième et la neuvième majeures ; *dissonances attractives variables*, tous les intervalles augmentés ou diminués.

Les consonnances de la 1re classe sont dites parfaites, non point à cause de leur agrément, médiocre d'ailleurs, mais à cause du sentiment absolu de repos qu'elles réveillent. A leur audition on n'attend plus rien, si elle se continue on est sollicité au sommeil. — Les consonnances imparfaites sont bien plus agréables que les précédentes; mais elles réveillent moins, la sixte surtout, le sentiment du repos et l'idée du sens fini. Elles peuvent apprendre si le ton existant est du mode majeur ou du mode mineur. — La quarte juste ne donne aucun sentiment de repos. Son agrément est très médiocre. Ce n'est que dans certaines circonstances que l'on permet à la basse d'un accord de faire un intervalle de quarte juste avec l'une des parties supérieures. — Les consonnances appellatives ne se trouvent dans une gamme qu'une fois chacune ; c'est pour cela qu'elles ont la propriété de caractériser le ton. Elles ne donnent pas le sentiment du repos ; mais par la violence avec laquelle leurs notes sont attirées vers les harmoniques de la tonique, elles promettent qu'il sera bientôt donné. Elles sont assez agréables. — La seconde, la septième, la neuvième majeures et mineures sont des dissonances ;

cependant, bien enchaînées avec les consonnances, elles peuvent être très satisfaisantes pour l'oreille. Ces dissonances sont dites tonales parce que le plus souvent elles annoncent clairement le ton : il ne peut plus y avoir d'incertitudes à son endroit dès que ce sont elles qui le montrent. Il n'en est pas de même des consonnances attractives variables qui laissent le ton incertain et tiennent, comme la porte ouverte à plusieurs tons, jusqu'à ce que la vive attraction qui sollicite quelques-unes de leurs notes ait cessé. Quoique plus ou moins dissonantes, au moins pour celles dont les notes directement ou dans leurs renversements ne sont qu'à la distance d'une seconde, elles peuvent être très harmonieuses.

Tout ce qui précède touchant l'effet des intervalles n'est point absolu. La manière dont ils sont groupés, enchaînés et comparés, est encore, relativement à leur agrément, plus décisive que leur nature. Tous peuvent être ravissants ou détestables ; ce sont les circonstances de leur emploi qui décideront.

IV. **Harmonie.** — L'harmonie considère les sons simultanés. Elle étudie leur convenance et leur disconvenance résultant de leur distance, de leurs successions, etc. Le nom en est général. Aussi pour désigner en particulier telle harmonie produite par un ou plusieurs intervalles simultanés, on emploie le mot *accord*. — C'est très spécialement l'harmonie de la musique vocale qui sera étudiée dans cet ouvrage. Celle de la musique instrumentale n'en diffère pas essentiellement, cependant elle tolère beaucoup plus de licences. Comme il est toujours trop facile de se les permettre, il est bon de s'habituer le plus possible au style plus sévère de la musique écrite pour des voix : c'est le conseil des meilleurs théoriciens.

V. **Accord.** — *Un accord est un ensemble de sons, musicaux, simultanés, inégalement élevés et intelligibles pour notre raison musicale :* 1° *Un ensemble de sons.* Il en exige plusieurs. Deux sons formant un intervalle peuvent constituer un accord, mais il sera incomplet. 2° *Musicaux.* Il faut que leur unisson soit facile à prendre et que la différence dans les degrés d'élévation, propre à chacun, se trouve rigoureusement calculée. 3° *Simultanés.* Les sons successifs, si parfaite que soit leur convenance, ne forment qu'une mélodie. 4° *Inégalement élevés.* Ils produiraient non pas un accord, mais un unisson s'ils avaient tous le même degré de gravité ou d'acuité. 4° *Intelligibles pour notre raison musicale.* Ce n'est pas le sens matériel de l'ouïe, mais c'est l'intelligence qui apprécie les sons. Les accords sont justes ou faux, non pas parce qu'ils produisent telle ou telle vibration, mais parce qu'ils sont ou ne sont pas conformes aux lois de notre intelligence. Si cette doctrine est contraire à l'enseignement d'un grand nombre de physiciens et d'harmonistes, elle est cependant la seule qui mène à une explication acceptable des règles reconnues par ces derniers. Ils enseignent tous, en effet, qu'un accord quelconque, ainsi : *ut, mi, sol*, très doux dans telle circonstance, *hurlera* dans telle autre, lorsque, par exemple, il se produira par un *mauvais mouvement de quinte;* or ce mauvais effet serait impossible si l'appréciation des sons n'était qu'une affaire de jeu des membranes; le même accord devrait toujours produire le même effet, comme font toutes les causes matérielles, toujours flatter ou déchirer l'oreille. — Expliquer les effets des sons par les rapports des dessins tracés dans l'air, ainsi que par la convenance ou la disconvenance des vibrations, c'est faire du matérialisme en musique : et dans cet art non plus, il n'est pas la vérité (1).

Il en est donc des notes et des intervalles, dans une phrase musicale, comme des mots dans le langage. Pour l'expression de notre pensée, il ne suffit pas que chacun des mots employés ait un sens, il faut que ce sens harmonise avec celui des autres mots. Qu'on dise, par exemple, sous le même rapport, je *chéris*, je *déteste* la musique. Quoique l'on sache bien ce que signifient ces mots, quand ils sont assemblés de cette manière contradictoire, on ne comprend plus : on attendait qu'ils exprimeraient un jugement, et ils n'expriment rien. Il y a là une déception qui affecte péniblement. — Les notes aussi ont, à leur manière, un caractère, comme un sens particulier. Chacune a ses attractions et ses antipathies, ses fonctions et ses rapports spéciaux, et cela non point parce qu'elle est telle note *ut, ré*, mais parce qu'elle est tonique ou dominante, etc. Toutes ces spécialités lui viennent donc de la *tonalité*. Dès que l'aggrégation et la succession des notes sont en rapport avec les exigences particulières de chaque degré et qu'elles les satisfont, l'auditeur saisit, parce qu'il y a là de la logique; il suit la marche et le sens des sons, surtout il les distingue entre eux; ainsi, ces accords lui sont agréables parce qu'ils sont intelligibles pour sa raison musicale.

VI. Nombre des accords. — M. E. Chevé porte à 64 les espèces

(1) Cette erreur est loin d'être insignifiante. Elle rétrécit nécessairement l'horizon du compositeur et comprime l'essor de son génie. Après avoir formulé des idées matérialistes sur les dessins que les sons forment dans l'air, A. Reicha, malgré sa grande intelligence, ajoute, dans les observations placées à la fin de son traité de haute-composition : « Nous « n'avons que deux sortes de mesures, la mesure binaire et la mesure ternaire. Cette pau- « vreté inconcevable sera cause que bientôt il sera impossible de trouver une phrase nou- « velle. » Passe pour cette recherche de mesures nouvelles ; mais ce qui est inadmissible, c'est que bientôt les compositeurs ne pourront plus inventer. Cette pensée est des plus funestes, parce qu'elle attaque essentiellement une des principales forces du compositeur, la confiance assurée et la conviction qu'il existe encore dans l'ordre des possibles un nombre infini d'accents nouveaux et qu'il ne faut qu'un travail éclairé pour en découvrir au moins quelques-uns. Elle est d'ailleurs complètement erronée. Autant vaudrait dire que si l'on ne multiplie pas les lettres de l'alphabet, tous les discours, tous les ouvrages ne seront bientôt que les répétitions d'ouvrages déjà connus. — Tous les hommes écriraient-ils chacun un volume par jour, il faudrait de longs siècles pour qu'ils fussent dans la nécessité de se répéter : il en est de même pour les phrases et les compositions musicales.

d'accords usités dans la musique moderne. A. Reicha, ne parlant que des accords complets, en compte 13. Voici sa classification adoptée par bon nombre d'harmonistes :

Il faut remarquer que le nom *diminué*, au n° 3, doit être remplacé par celui de *quinte mineure*, car cette quinte n'a rien de diminué, puisqu'elle est formée par les notes d'une gamme, sans trace d'altération. Pour la même raison, l'accord du n° 6 est de septième avec quinte mineure. Au n° 11, c'est pour éviter le choc de *ré* dièse et de *fa* que l'on n'a pas placé les notes comme dans les autres accords.

M. Fétis ne reconnaît que deux espèces d'accord : 1° l'accord parfait de quinte qu'il place sur la tonique (n°s 1 et 7), sur la dominante (n°s 2

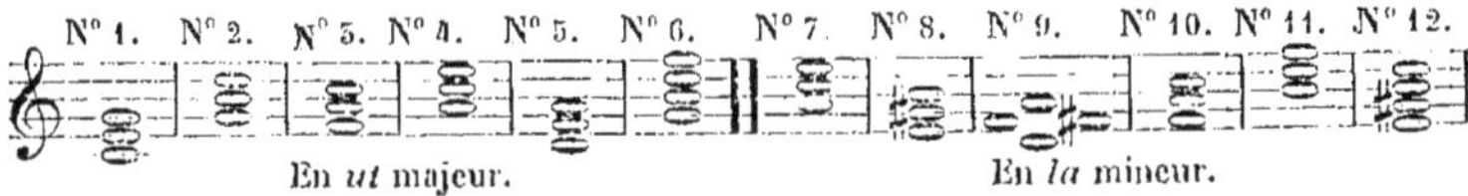

et 8), sur la sous-dominante (n°s 3 et 9), quelquefois sur la sus-dominante (n°s 4 et 10) et qui s'appelle, d'après sa basse, accord parfait ou accord de quinte, de ***tonique***, de ***dominante***, de ***sous-dominante***, de ***sus-dominante*** : on le place aussi sur le 2me degré (n°s 5 et 11), mais dans le mode majeur, l'ordre direct est peu usité; 2° l'accord de septième qui se place sur la dominante (n°s 6 et 12). — M. Fétis ne rejette aucun des accords de M. Reicha, mais il les considère tous comme des reproductions ou des modifications de l'accord de quinte, accord de

repos, ou de l'accord de septième de dominante, accord de mouvement. Ils reviennent tous dans leur essence, les uns au premier, comme les mots *s'arrêter*, *respirer*, *s'asseoir*, *s'endormir*, au mot se *reposer*; les autres au second, comme les verbes *s'agiter*, *s'ébranler*, *courir*, *marcher*, *voler*, au verbe se *mouvoir*. — On peut entrevoir d'abord que la classification de M. Fétis est très simple; on verra qu'elle est rationnelle quand la dérivation des différents accords aura été expliquée.

VII. Gammes harmonisées. — Les accords cités de M. Fétis sont suffisants pour donner à chacune des notes naturelles d'une gamme un accompagnement convenable, qu'elle soit à la haute ou à la basse, soit donc qu'on ait à créer une partie de ténor sur une basse donnée, soit qu'on ait à mettre une basse sous une partie de ténor. — L'accord de quinte sur la tonique, accord qui n'est autre que l'ensemble des harmoniques de la tonique, convient à la tonique et à la tierce; en ton d'*ut*, à *ut* et à *mi*, qu'elles soient à la haute ou à la basse. *Sol*, à la basse, reçoit l'accord de dominante; à la haute, l'accord de dominante ou de tonique. L'accord de septième sur la dominante, ou l'ensemble des harmoniques de la dominante, se donne à *si*, le plus souvent à *ré*, à *fa* suivi de *mi* et à *sol* comme on l'a vu. Ces deux accords comprennent toutes les notes, à part la sixte *la* qui s'accompagne par l'accord de quinte sur la quarte *fa*. Cet accord *fa*, *la*, *ut*, est aussi donné à *fa* allant ailleurs qu'à *mi*. La sixte *la* reçoit quelquefois l'accord *la*, *ut*, *mi*; la quarte *fa* montant à *sol*, l'accord *ré*, *fa*, *la*. Voici donc dans les deux modes l'accompagnement d'une gamme placée successivement à la haute et à la basse :

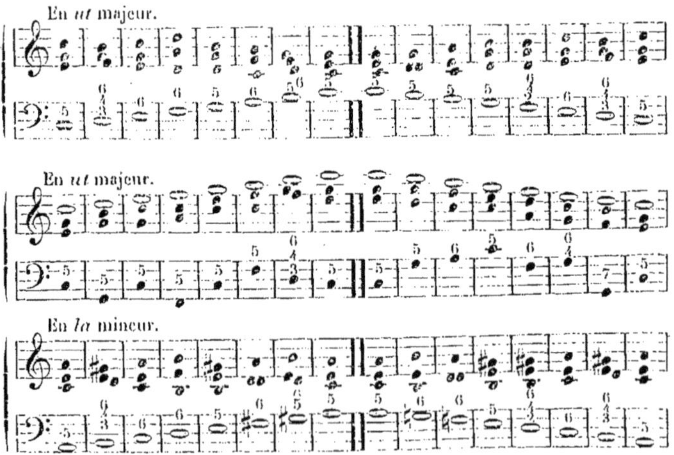

En *la* mineur.

On voit que l'accord, en quelques endroits, n'est pas le même pour la gamme descendante que pour la gamme ascendante. Ce changement se fait pour éviter des *successions mauvaises*. (On les verra plus loin.) — La tonique, la 7me, la 6te et la 5te de la gamme majeure descendante, à la haute ou à la basse, peuvent facilement être prises pour la 4te, la 3e, la 2de et la tonique du ton de *sol*, et s'accompagner comme telles. Il y a ainsi une modulation. — La gamme mineure descendante peut également être, en grande partie, considérée comme appartenant à la tonalité du ton majeur de même armature. — Il existe beaucoup d'autres manières d'accompagner les différentes notes d'une gamme. Elles seront indiquées plus loin, directement ou indirectement.

VIII. **Différents états des accords.** — Un accord est *dissonant* ou *consonnant* suivant qu'il contient ou ne contient pas d'intervalle dissonant. Il ne s'agit ici que des dissonances tonales. L'accord *ut, mi, sol,* est consonnant; l'accord *sol, si, ré, fa,* est dissonant à cause de son intervalle *sol, fa,* et la note *fa* s'appelle *dissonante.* Le mot dissonant signifie ici moins doux seulement et non mauvais ou défendu. L'accord dissonant bien placé est d'un très bel effet. — Les accords consonnants s'appellent aussi *accords de repos.* C'est sur eux que doit commencer et finir un morceau, sur eux aussi que se font les repos de quelque importance. Les autres sont des *accords de mouvement,* on passe chez eux, mais on ne s'y fixe pas.

Un accord est *direct* quand les notes de noms différents sont, à partir de la plus grave, disposées de tierce en tierce. Tels sont les accords *ut, mi, sol; sol, si, ré, fa.* Cette note grave, ainsi *ut* dans le premier, *sol* dans le second, s'appelle *basse fondamentale.* Il ne s'agit que *des notes de noms différents,* car si les notes de même nom reviennent et produisent par là même des répétitions comme *ut, mi, sol, ut,* l'accord reste direct malgré la quarte que forme *sol* avec la note répétée *ut.* L'accord direct s'appelle aussi *primitif* parce qu'il offre simplement l'intervalle de tierce, élément des accords, une ou plusieurs fois répété. — Un accord est *renversé* quand les notes de différents noms ne s'offrent pas disposées de tierce en tierce, à partir de la plus grave, tel est l'accord *mi, sol, ut,* etc. Cette note, dans ce cas, s'appelle *basse sensible.* — On renverse un accord en transportant à l'octave supérieure la note la plus grave. Dans cet ex., aux n°s 2, 3 et 4,

l'accord n° 1 n'est pas encore renversé, il l'est au n° 5, il ne l'est plus au n° 6. Un accord peut subir autant de renversements qu'il renferme de notes différentes, et l'on peut dire en général que, s'il est bon dans son ordre direct, il sera bon dans ses renversements. Cependant le second renversement, ainsi *sol, ut, mi,* pour l'accord de tonique (n° 7), *ré, fa, sol, si,* pour l'accord de dominante (n° 8), est moins bon que tout autre à cause de la quarte juste *sol, ut,* dans le premier, et *ré, sol,* dans le second, qui figure comme intervalle principal.

Dans quel renversement que se présente un accord, il faut toujours voir quel est sa basse fondamentale exprimée ou sous-entendue, parce que c'est elle qui lui donne son *nom de famille,* accord de tonique, de dominante, etc. Dans quel état que se trouve en *ut* l'accord *ut, mi, sol,* qu'il soit devenu *mi, sol, ut* ou *sol, ut, mi,* on dira toujours pour le nommer que c'est l'accord de tonique ou l'accord *ut, mi, sol,* sous la forme *mi, sol, ut,* etc. — Il est presque inutile de dire que les accords renversés valent, en principe, autant que les accords directs. Ils peuvent s'employer sans eux et aussi souvent qu'eux. Si, en théorie, on les fait envisager comme issus des accords directs, c'est uniquement pour leur donner un nom de famille, car, en réalité, ils ne sont pas moins anciens.

Un accord est *complet* quand toutes les notes de noms différents qu'il peut recevoir sont exprimées, sinon il est *incomplet.* Ce nombre de notes dépend de la basse fondamentale. L'accord de tonique ne peut recevoir que trois notes de noms différents, en *ut* : *ut, mi, sol* ; l'accord de dominante en peut recevoir quatre, *sol, si, ré, fa,* quand on ne doit pas faire un repos ; il n'en comporte guères que trois, *sol, si, ré,* lorsqu'il est point de repos. Il demandera donc pour être complet quatre ou seulement trois notes différentes, suivant les circonstances. On verra que l'accord de dominante peut même recevoir cinq notes de noms différents.

IX. **Basse chiffrée.** — Dans l'étude des accords, la tradition de *l'école* est de commencer comme pour la construction d'un édifice, par la base. L'élève en harmonie dit volontiers : — Voilà un air, quel est l'accord qu'il faut mettre dessous. Mais le maître répond : — Plus tard cela ; pour le moment voici une partie de basse, apprenez quels accords doivent être placés sur elle ; cette étude terminée, la réponse à votre demande sera par là même donnée. — Il est évident, en effet, qu'après avoir vu les notes qui vont bien sur une basse donnée, il sera facile, quand elle paraîtront dans un air, de leur donner la basse, qui leur convient : ce sera la même qui les a appelées, elles l'appelleront à leur tour avec une constante réciprocité.

Les accords que doit recevoir une basse s'indiquent par des chiffres placés sur chaque note. Elle devient ainsi *basse chiffrée.* On l'appelle aussi *partiment.* On peut voir plus haut (*gammes harmonisées*) comment se grouppent les chiffres sur les notes d'un partiment. L'accord de tierce quinte s'indique par 5, son premier renversement tierce sixte par 6. Ainsi dans l'accord de quinte et dans celui de sixte, la tierce est exprimée implicitement. Il en est de même dans tout accord direct ; on n'exprime que le plus grand intervalle simple, y compris la neuvième et l'octave exceptée. L'accord de septième sur la dominante se chiffre 7, celui de neuvième, qu'on verra, se chiffre 9. Un accident demandé pour une note supérieure par une modulation de la basse se place devant le chiffre qui indique cette note. S'il doit affecter la tierce en-dessus de cette note du partiment, on le place simplement en-dessus de la note. Pour une note qui doit se continuer dans l'accord suivant, on ne répète pas le chiffre, mais on le fait suivre d'un trait.

Il faut nécessairement savoir dans quel ton se trouvent les différentes parties d'un partiment pour voir quel est l'accord direct ou renversé qui leur convient. Ce ton se connaît aux mêmes marques que celui d'une mélodie. Il se connaît de plus aux sauts de quarte ascendante ou de quinte descendante, comme *ut fa, sol ut, la ré,* etc. Ces sauts s'appellent *cadence.* La première note est une dominante, la seconde une tonique. — Il n'est pas rare que, pendant la durée d'un nombre plus ou moins grand de notes, le ton d'un partiment soit assez peu déterminé pour être accompagné de plusieurs manières; c'est alors à l'expérience et au goût de faire avantageusement le choix qui leur est laissé.

Les excercices sur les partiments, pour apprendre à les chiffrer, demandent nécessairement un maître ; ils ne trouveront donc pas place ici. Il y sera d'ailleurs parfaitement suppléé par tout ce qui sera dit sur les accords et sur leurs nombreuses modifications. — On a pu s'apercevoir déjà que les tournures employées dans cet ouvrage pour désigner les accords supposent toutes l'étude de l'harmonie par la basse : l'accord de quinte *sur la tonique,* l'accord de septième *sur la dominante,* etc.; ces tournures sont celles que l'on trouve dans tous les traités.

L'habitude qu'avaient les grandes écoles de commencer l'étude de l'harmonie par la basse, nous apprend qu'elle importance elles reconnaissaient à cette partie. Une basse intéressante est toujours le signe d'une composition de mérite. Bien plus, le travail qu'on s'impose pour la rendre ou la conserver telle peut être fort avantageux à la mélodie. Il n'est pas rare que les exigences d'une basse qu'on ne veut pas sacrifier fassent pressentir et trouver enfin des airs très intéressants. Ce n'est pas à dire que dans une composition la basse doive toujours être créée la première, mais il est bon qu'elle le soit assez souvent. Il suffit pour cela de lui donner les mélodies que viennent de faire entendre les parties supérieures ou quelque chose pareil.

X. **Positions.** — Le mot position s'emploie en harmonie pour déterminer quelle note de l'accord fait la partie supérieure. L'octave de la basse fondamentale placée à la partie supérieure annonce la 1re position

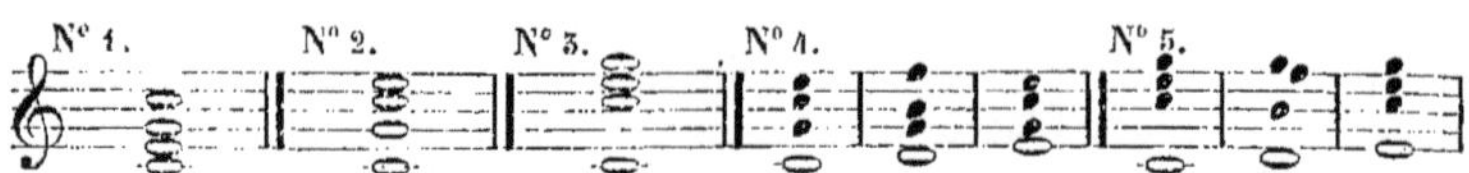

(n° 1); la tierce de l'accord, la 2de position (n° 2); la 5te de l'accord, la 3me position (n° 3). On comprend facilement qu'il n'y a rien de commun entre les renversements des accords et les changements des positions, car il est facile de changer la place des parties supérieures sans changer celle de la basse et réciproquement. — Dans une suite d'accord, c'est le premier qui détermine la position générale. L'harmonie des gammes vues précédemment offre des accords en première position puisque telle est la position du premier. Il est bon de s'exercer à faire ces accompagnement en seconde position (n° 4) et en troisième position (n° 5).

XI. **Exercices.** — La plupart des traités élémentaires contiennent de nombreux exercices pour habituer les élèves à faire avec assurance les intervalles mélodiques. Des exemples pareils occuperaient ici trop de place. La difficulté des intervalles moins étendus que la sixte n'est pas d'ailleurs très grande, et ils se rencontrent assez souvent dans un morceau quelconque pour qu'on se familiarise avec eux en l'étudiant. Voici donc seulement un court exercice sur les sixtes, les septièmes et les octaves :

SOLFÈGE PAR DURANTE

DUO DE MOZART

(*Figaro*)

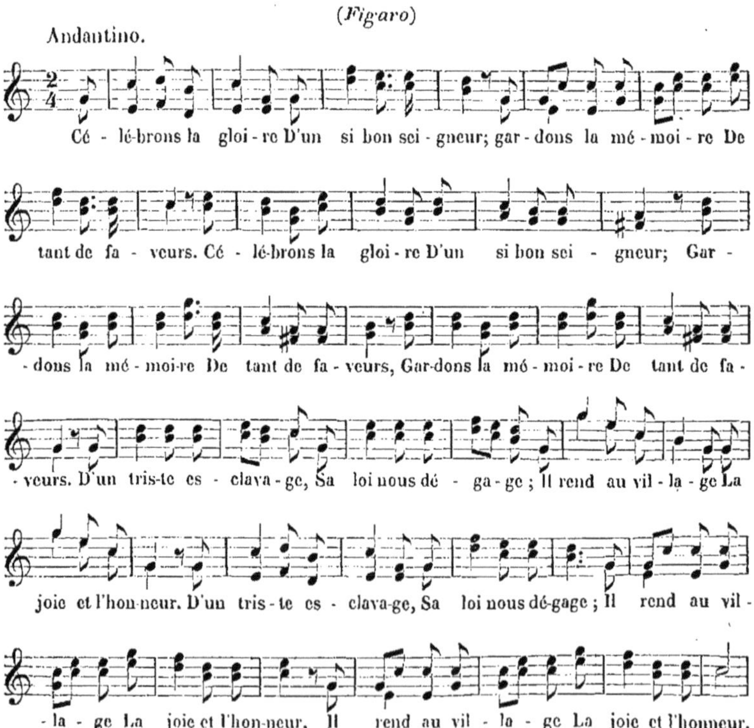

CHAPITRE SIXIÈME

I. Résolution des notes et des accords. — Le mot *résolution* signifie ici changement ou passage : 1° passage, dans une même partie, d'une note à une autre : ainsi dans l'ex. A, n° 1, *sol*, à la partie supé-

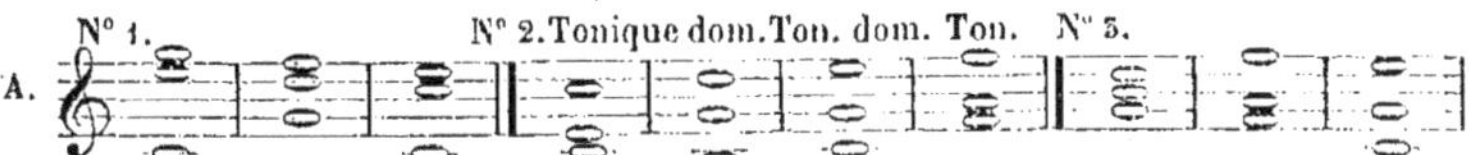

rieure, se résoud sur *fa*, et *fa*, sur *mi* ; 2° passage d'un accord à un autre. Dans le même exemple, l'accord de *quinte de tonique* se résoud sur l'accord de *septième de dominante* et celui-ci sur *l'accord de tonique*. — La résolution des accords se fait le plus souvent d'accord de tonique à accord de dominante et réciproquement. Cette succession est douce, spécialement parce qu'il y a là une note commune aux deux accords, la dominante. Cet ordre ne réduit pas d'ailleurs l'harmonie à deux accords en excluant l'accord de quinte sur la quarte du ton, car rien n'empêche de considérer l'accord de tonique comme un accord de dominante dont la dissonante n'est pas exprimée, et l'accord de quinte sur la quarte comme un accord de tonique (ex. A, n° 2). Il n'y a cependant rien de rigoureux dans cet ordre de succession, de la tonique à la dominante ; il n'est pas rare que l'accord sur la quarte succède à l'accord de dominante (n° 3) et réciproquement. En général, plus sont nombreuses les notes communes à deux accords, plus la succession est douce.

II. Résolution de l'accord de dominante. — L'accord de dominante, quand il est complet, a deux notes dont la marche, dans la résolution ordinaire, est rigoureusement tracée. La dissonante, en ton d'*ut*, *fa* doit descendre à *mi;* la sensible *si* doit monter à *ut*, et cela dans l'accord direct comme dans l'accord renversé, dans le mode mineur comme dans le mode majeur. La marche de la sus-tonique et de la dominante reste libre (ex. B) (1).

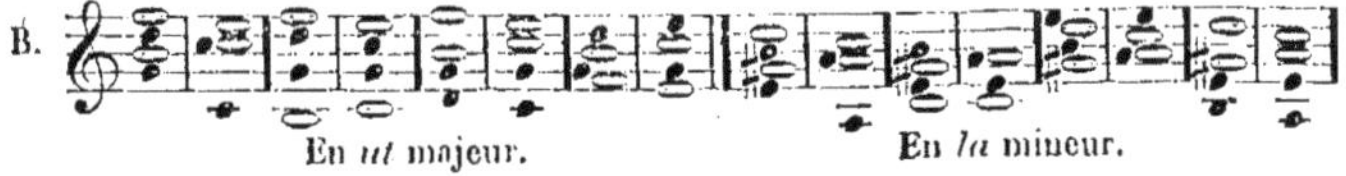

(1) La durée de toutes ces notes est supposée identique. C'est uniquement pour que la marche des parties fût plus sensible qu'elles ont reçu des formes différentes.

Lorsque l'accord est devenu incomplet par suppression de la dominante, la tendance descendante de la dissonante, ascendante de la sensible, devient moins irrésistible. M. Fétis permet alors ces résolutions (ex. C, n°s 1 et 2). Cependant l'harmonie du n° 3 serait assez difficilement

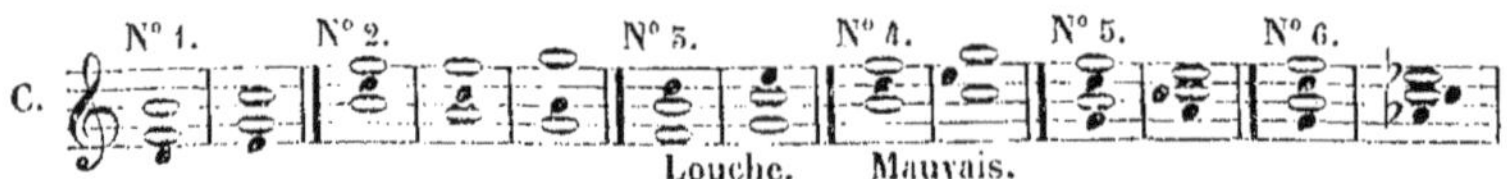

permise, celle du n° 4 ne pourrait pas être tolérée, au moins à cause des *deux quintes*. — La résolution régulière de la sous-dominante et de la sensible serait aussi de rigueur quand celle de l'accord se ferait sur un accord consonnant autre que celui de tonique (ex. C, n°s 5 et 6). Il n'en est pas de même quand elle a lieu sur un autre accord dissonnant de dominante; la dissonante peut alors monter d'un demi-ton (n° 1, ex. D) ou d'un ton (n° 2); la sensible peut également descendre d'un

demi-ton (n° 2) ou d'un ton (n° 1). Dans ce cas, le nouvel accord de dominante détourne l'attention de son objet; les tendances énergiques qu'il annonce avec éclat font oublier celles du premier accord. Mais pour que cet effet existe, il faut que le second accord soit au moins aussi dissonant que le premier, et pour cela, autant que possible, qu'il soit complet. Avec ces dernières résolutions, on peut, en tombant de dissonances en dissonances, parcourir un cercle de 12 tons et revenir au point de départ (n° 3, ex. D). — On comprend facilement que ces interruptions peuvent se faire dans toute position et dans tout état direct ou renversé des accords. C'est surtout dans la musique instrumentale, et plus particulièrement sur l'orgue, qu'on peut les multiplier, parce que la difficulté d'intonation que produisent les altérations chromatiques y est nulle. Il y a dans la mélodie des passages qui les reçoivent bien souvent, tel est, en ton d'*ut*, le passage *sol*, *la*, *si*, *ut*, qu'on accompagne fréquemment comme aux n°s 4 et 5 (ex. D).

La dissonante et la sensible peuvent se résoudre irrégulièrement quand l'accord de dominante, par enharmonie, se prend pour l'accord de sixte augmentée et en suit les lois (n° 1, ex. E). La dissonante peut encore monter

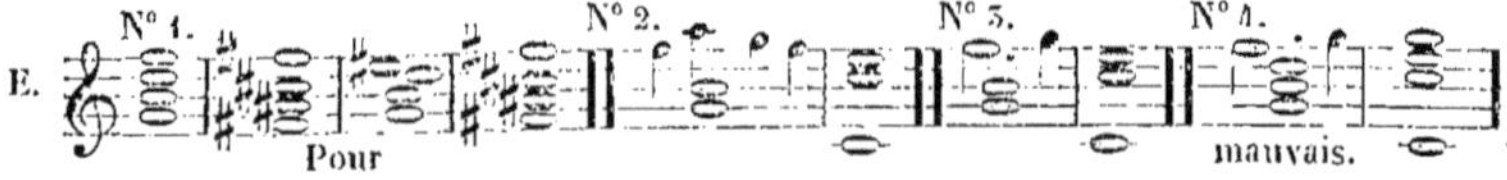

quand elle a un caractère mélodique très prononcé (nos 2 et 3). Cependant, l'oreille ne sera pleinement satisfaite qu'au moment où la partie qui fait la dissonante sera venue à *mi*. L'harmonie du n° 4 serait donc bien difficilement supportable. La même note peut, après un repos suspensif sur l'accord de dominante, pour annoncer le retour d'une phrase principale, se porter sur lequel que ce soit des degrés qui lui sont inférieurs (n° 1, ex. F).

La marche de la dissonante est en général beaucoup moins libre que celle de la sensible. Il n'est pas très rare de voir cette dernière se résoudre comme aux nos 2 et 3 (ex. F).

F. N° 1. N° 2. N° 3. N° 4. N° 5. N° 6.

Lorsqu'il y a, non plus changement d'accord, mais seulement changement de place des parties, la dissonante et la sensible peuvent se porter sur laquelle que ce soit des notes du même accord (nos 4, 5 et 6).

Toutes les règles de résolutions qui précèdent sont particulières à quelques notes de l'accord de dominante; en voici d'autres qui ne regardent plus telle partie dans telle résolution, mais toutes les parties dans toutes les résolutions, de quel accord que ce soit, et signalent les mouvements qu'il faut éviter pour ne pas rendre mauvais certains intervalles bons en eux-mêmes.

III. Mouvement. — On entend par *mouvement*, en harmonie, la direction suivant laquelle les notes d'une partie font leur résolution relativement à celles d'une autre. Le mouvement est : 1° *oblique* (ex. G)

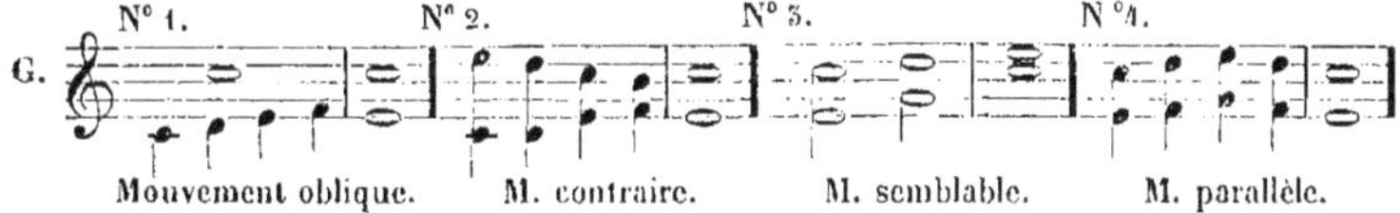

Mouvement oblique. M. contraire. M. semblable. M. parallèle.

quand une partie monte ou descend pendant que l'autre reste sur le même degré; 2° *contraire* quand une partie monte en même temps que l'autre descend; 3° *semblable* quand les parties se meuvent dans la même direction sans rester à la même distance; 4° *parallèle* quand la direction et la distance restent les mêmes.

Dans une partie considérée en elle-même, le mouvement se fait par *degrés conjoints* quand on va d'une note à l'autre, suivant l'ordre diatonique, sans omettre des degrés, comme dans la partie supérieure du n° 3 (ex. G); par *degrés disjoints* quand il y a des sauts comme dans la partie inférieure du même n°.

En principe général, le mouvement contraire est bon. Il met à même l'auditeur de distinguer facilement les parties; le mouvement oblique est cependant plus doux. Les deux autres mouvements, excellents pour quelques intervalles, sont tout à fait mauvais pour d'autres.

IV. **Quintes et octaves défendues.** — Les intervalles de quinte et d'octave par mouvement semblable ou, ce qui est pis encore, par mouvement parallèle, sont défendus. Tous les n^{os} de l'ex. H offrent donc une harmonie vicieuse.

La quinte, dans ces conditions, est mauvaise parce qu'elle produit comme une contradiction par l'annonce simultanée dans les mêmes termes et sous le même rapport de deux tons différents; l'octave est mauvaise pour la même raison et aussi à cause de *l'éclipse* partielle que subissent les deux notes qui la produisent.

Les quintes et les octaves ne sont pas moins mauvaises quand le mouvement parallèle ou semblable est caché par un silence (n°s 1 et 2, ex. I)

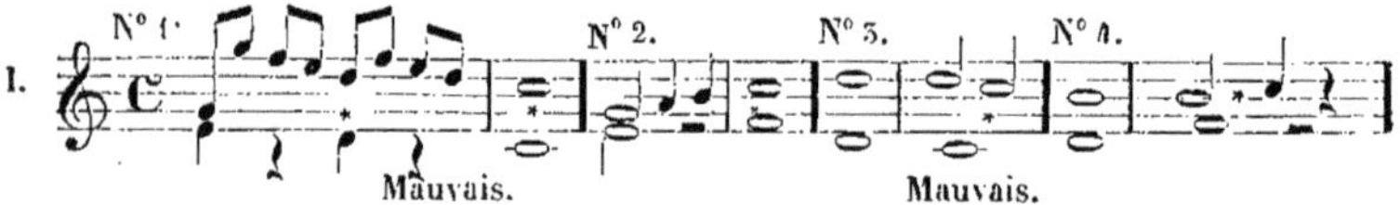

ou par un retard (n°s 3 et 4). L'harmonie du n° 1 (ex. J) est tolérable à

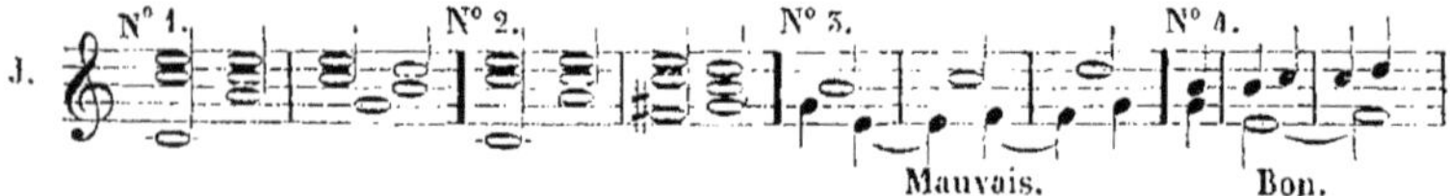

cause de la grande liberté que l'on peut se donner en passant de l'accord de tonique à celui de dominante; cependant, modifiée comme au n° 2, elle serait bien plus régulière. — M. Fétis blâme vivement, pour ses quintes cachées, ce passage d'un contre-point (n° 3), couvert cependant d'un nom illustre. — En faisant commencer la mesure au 3me temps, comme au n° 4, on n'aurait plus que des sixtes retardées. Cette harmonie est bonne.

V. **Quintes et octaves tolérées ou permises.** — Par exception, deux quintes, même par mouvement parallèle, sont tolérées : 1° lorsque la seconde est mineure (ex. K, n° 1) : avec cette qualité, elle ne réveille

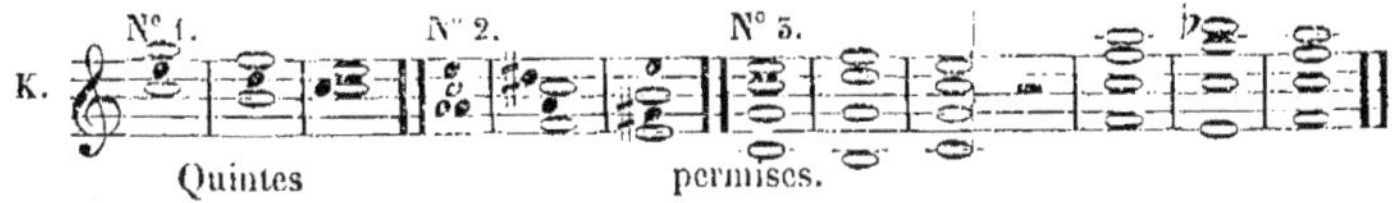

pas l'idée d'un ton nouveau ; 2° quand on a l'accord complet de quinte sixte augmentée (n° 2). Cet accord s'emploie dans le mode mineur. « Ces deux quintes, dit M. Concone, étant dans les parties intermédiaires, sont tolérées parce qu'elles se trouvent, pour ainsi dire, sauvées par la sixte augmentée dont l'effet prédomine et éloigne en même temps l'idée de deux tonalités. » M. Fétis, cependant, repousse ces deux quintes au nom de la bonne tradition. « Les grands maîtres, dit-il, chez qui le sentiment tonal était profond, tels que Haydn, Mozart et Chérubini, n'ont jamais fait un pareil usage de cette altération à laquelle on donne le nom d'accord de *quinte sixte augmentée.* » 3° Deux quintes par mouvement parallèle sont permises dans un changement de ton après un repos qui termine une période ou une phrase (ex. K, n° 3). L'octave par mouvement parallèle est également tolérée dans ce cas.

La quinte par mouvement semblable est permise : 1° quand elle résulte du renversement d'un accord déjà existant ou d'un changement de position dans ses parties (ex. L, n° 1); 2° quand l'accord de

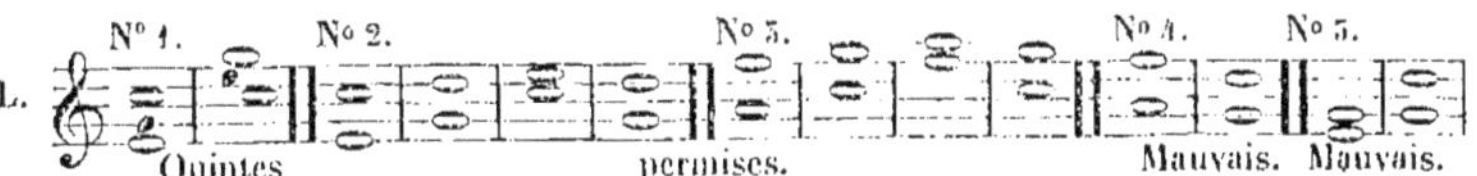

dominante succède à l'accord de tonique et que la partie supérieure marche par degrés conjoints (n° 2). L'harmonie du n° 3 peut s'employer même en ton d'*ut.* Sans avoir ici la réalité de la tonalité en *fa*, on en a l'apparence ; elle suffit pour légitimer ces quintes. Celle du n° 4 serait mauvaise, parce que là ce n'est pas à l'accord de tonique que succède l'accord de dominante, le n° 5 le serait également parce que la partie supérieure marche par degrés disjoints. 3° Deux quintes sont permises par mouvement semblable quand les parties sont nombreuses et que ces intervalles ne sont pas formés par la haute et la basse. Mozart, dans une messe, a écrit la quinte n° 1 (ex. M). Cependant cette quinte, produite

par mouvement parallèle comme au n° 2, serait mauvaise. C'est pour l'éviter qu'au chapitre V, dans l'accompagnement de la gamme ascendante placée à la partie supérieure, on a donné à la sensible l'accord renversé du n° 3 (ex. M). Il ne serait pas impossible, toutefois, d'accompagner cette partie de la gamme comme aux n°s 4, 5 et 6. Au n° 4, l'octave par mouvement semblable que produit la basse avec l'une des parties intermédiaires peut être tolérée, parce que l'accord est dissonant et qu'elle n'est pas entre les parties extrêmes. Au n° 5, le premier accord est renversé pour que la haute et la basse ne produisent pas une mauvaise octave en arrivant à *sol*. La quinte du troisième accord est permise puisque l'on va de l'accord de tonique à l'accord de dominante en ton de *sol*. Au n° 6, la quinte du troisième accord, *sol ré*, est régulière, parce qu'elle est produite par mouvement oblique.

En principe, toutes les quintes produites par mouvement contraire ou parallèle sont bonnes; mais il est bien mieux de ne pas faire, comme au n° 1 (ex. N), deux quintes de suite entre les parties extrêmes.

N. N° 1. N° 2. N° 3. N° 4.

Octaves permises.

L'octave par mouvement contraire ou oblique est toujours permise. Par mouvement semblable, elle est défendue, excepté : 1° quand on va de l'accord de dominante à l'accord de tonique et que la partie supérieure marche par degrés conjoints (n° 2, ex. N); 2° quand elle n'est pas produite par la haute et la basse et que les parties sont nombreuses.

L'octave par mouvement parallèle est défendue, excepté : 1° lorsqu'il y a changement de ton après un repos; dans ce cas il en est de cet intervalle comme de la quinte (n° 3, ex. K); 2° lorsqu'elle résulte d'un redoublement de la haute ou de la basse pour faire ressortir ces parties (n° 3, ex. N); 3° quand on n'a qu'un changement de position sans changement d'accord (n° 4).

« Dans le style libre, dit M. Concone, on peut tolérer des octaves « dans les parties intermédiaires comme au n° 1 (ex. O). Dans la for-

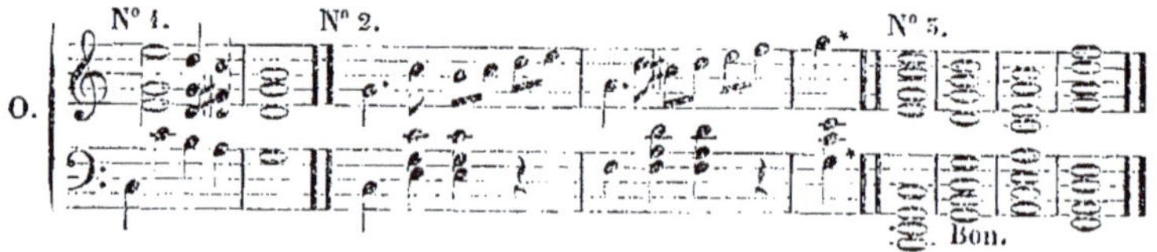

« mule la plus habituelle des cadences ornées de mélodie, il échappe « assez fréquemment deux octaves entre la basse et la partie mélodique, « comme au n° 2. La mélodie peut sinon justifier, du moins faire tolérer « de pareilles peccadilles. — Les accords redoublés, comme au n° 3, dit-« il encore, ne constituent nullement des fautes de quintes et d'octaves, car

« les parties extrêmes se présentent constamment en mouvement con-
« traire. » — Lorsque l'harmonie est à quatre parties, on peut, sans qu'il en résulte un effet trop mauvais, faire produire des quintes par mouvement parallèle aux deux parties les plus graves dans la succession de deux accords parfaits majeurs, résultant d'un mouvement de quinte ascendante et de quinte descendante de la basse (n° 1, ex. P), ou de quarte

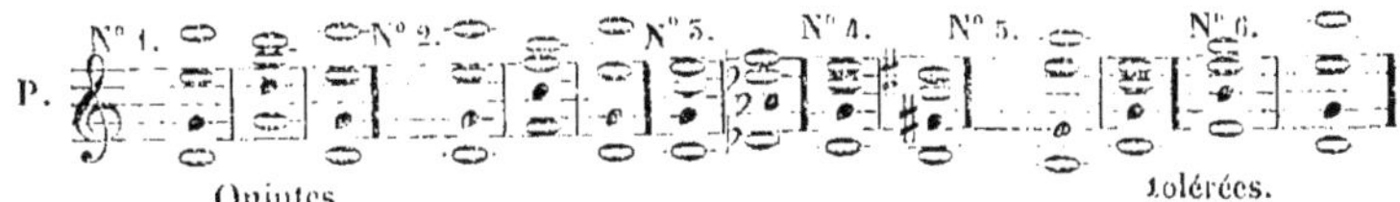

Quintes tolérées.

ascendante et de quarte descendante (n° 2), ou de seconde mineure ascendante (n° 3), ou de seconde mineure descendante (n° 4). On peut aussi, à un accord parfait mineur, faire succéder un accord parfait majeur par un mouvement de tierce mineure ascendente (n° 5) ou de tierce majeure descendante (n° 6) (1). Les deux accords qui se succèdent ainsi offrent un contraste trop frappant pour que l'oreille puisse trouver là une affirmation, sous le même rapport, de deux tons différents. Cette succession n'a donc rien de contradictoire et, par là même, rien de trop blessant. On la voit cependant assez rarement.

Dans le cas où ils forment des dissonances défendues, les trois intervalles de seconde, de quinte et d'octave affectent différemment. La seconde gémit et crie, la quinte hurle ou gronde sourdement, l'octave trompe et déroute en voilant à moitié les différentes parties et rendant ainsi l'accord vague et instable. — Cette surprise désagréable n'a plus lieu lorsqu'on n'a que deux parties qui reproduisent toutes les deux un même air à la distance d'octave. Ce fait, quoique médiocrement agréable, n'a rien de vicieux ; mais il serait bien loin d'en être de même pour les intervalles de seconde et de quinte.

Les quintes par mouvement parallèle sont tout ce qui peut exister de plus mauvais en musique. Voici comment Mozart, voyageant en Italie avec son fils, l'illustre compositeur, les appréciait dans une lettre à sa femme : « Nous avons entendu une chose qui vous paraîtra incroyable,
« et que je n'aurais jamais cru entendre, N. B., en Italie. Nous avons
« entendu dans la rue deux pauvres, un homme et une femme, qui
« chantaient ensemble et qui chantaient tout en quintes sans laisser

(1) Dans toutes ces successions, la quinte doit être entre les deux notes les plus graves. C'est là d'ailleurs, il semble, sa place la plus naturelle. Une corde que l'on a fait vibrer dans toute sa longueur ne tarde pas, disent les physiciens, à se subdiviser elle-même en deux, trois, quatre, cinq parties égales. Les vibrations de chacune de ces parties se superposent, pour ainsi dire, sans se détruire réciproquement. Si l'on appelle *ut* le son de la corde vibrant dans toute sa longueur, divisée en deux parties, elle donnera l'octave supérieure *ut*, en trois parties la quinte *sol*, en quatre parties la seconde octave *ut*, en cinq parties la tierce *mi*. La quinte est donc, après l'octave, le premier intervalle que produit naturellement un corps en vibration.

« une note de côté. C'est ce que je n'ai jamais rencontré en Allemagne.
« Lettre XCVII. »

VI. **Quarte.** — On ne permet guère de laisser faire à la basse une quarte juste avec une des parties supérieures que sur ces degrés et dans ces circonstances : 1° Sur la tonique et sur la dominante, quand l'accord n'est pas de quarte seulement, mais de quarte sixte, et qu'il se trouve précédé et suivi de l'accord de quinte (n° 1, ex. Q). On trouve toutefois dans

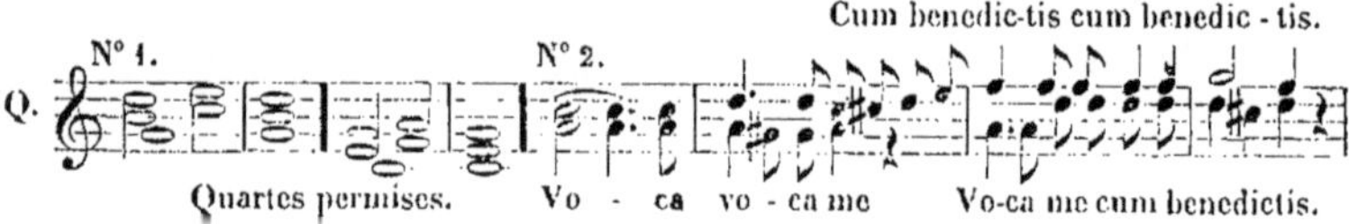

Mozart (*Requiem*) la quarte sans la sixte, comme au n° 2 (ex. Q, 2me et 4me mesures) ; mais elle n'est là qu'un retard, dans la basse, de la quinte mineure, et elle se résout sur elle avant d'arriver à la tierce. 2° Sur les mêmes notes, et sans que l'accord de quinte ait précédé celui de quarte sixte, quand on doit faire un repos de quelque importance sur l'accord de quinte qui suivra immédiatement, comme au n° 1 (ex. R), ou sur

l'accord de tonique, qui viendra après, comme au n° 2. (ex. R). 3° Sur la sus-tonique et la dominante quand ces notes se meuvent par degrés conjoints (n° 3) ; 4° Sur la tonique (n° 1, ex. S), la sus-tonique (n° 2) et la

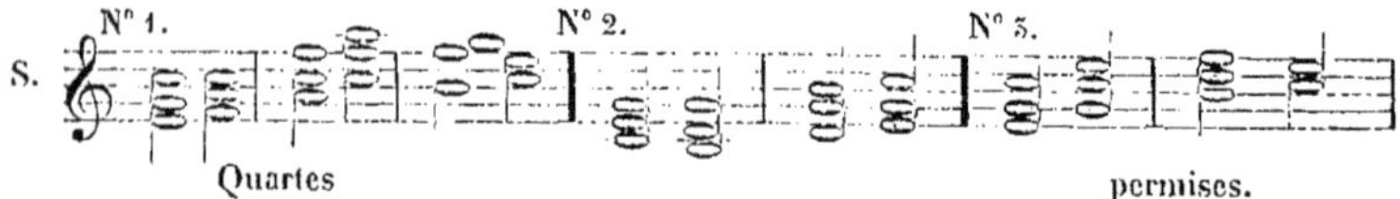

dominante (n° 3), quand la quarte est produite par un renversement d'intervalles, sans changement d'accord. La quarte sur ces degrés s'emploie même dans les duos. Mozart a écrit les n°s 1 et 2 (ex. T). On ne la

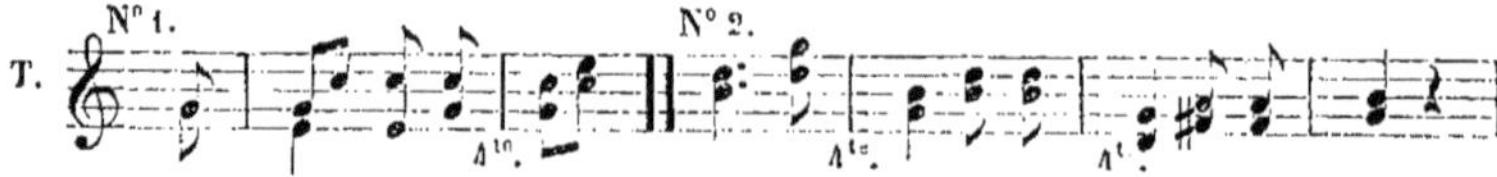

permet pas sur des degrés autres que ceux de l'ex. S. On défend aussi généralement de faire sur la basse deux quartes justes de suite. Leur effet est mauvais, non pas parce qu'elles se rendraient dissonantes dans leur succession, mais parce que c'est trop de deux *pauvretés* l'une après l'autre. — Voici cependant des passages qui contredisent ces deux derniers préceptes. Le n° 1 (ex. U) est de Mercadante, le n° 2 de

U. N° 1. N° 2. N° 3. N° 4. N° 5. 4te. 4te. 4te. 4te. Mauvais. Louche.

Himmel. Tous deux offrent : 1° une quarte sur le 6me degré ; 2° deux quartes justes de suite. On doit les expliquer par le peu d'importance de la 1re quarte, car il est bien vrai qu'on ne trouve dans aucun bon auteur une quarte de quelque durée sur la sixte, comme aux nos 4 et 5. Sur la tierce, une quarte même de courte durée, comme au n° 5, serait encore désagréable.

VII. Septième. Tierce. — La septième et toutes les dissonances tonales peuvent être produites par quel mouvement que ce soit. Cependant elles sont plus dures par mouvement disjoint semblable. Les nos 1 et 2 (ex. V), quoique réguliers, auraient bien peu de charmes.

V. N° 1. N° 2. N° 3. N° 4. N° 5. N° 6. Louche. Mauvais. Bon. Bon.

Deux tierces majeures répétées coup sur coup et immédiatement, comme au n° 3, sont mauvaises, parce qu'elles produisent une *fausse relation* (voir plus loin), et réveillent l'idée de deux tons différents sans liaison. Cependant les deux tierces majeures du n° 4 seraient bonnes, parce que la dissonance du second accord fait disparaître l'idée de deux accords de tonique. Ces tierces sont bonnes aussi quand le point de départ n'est pas sur ces degrés qui les produisent (n° 5). Là, ce qui les précède et ce qui les suit les rend intelligibles. Elles sont également permises lorsque l'une d'elle, quoique composée de deux tons, se trouve non pas majeure, mais augmentée, par l'effet d'une altération non tonale, comme au n° 6. Deux tierces majeures par degrés disjoints, comme au n° 1 (ex. X), seraient généralement peu agréables. — Tout ce qui précède sur les tierces majeures s'applique plus ou moins à leurs renversements, les sixtes mineures.

VIII. **Fausses relations.** — Quand une note se trouve naturelle dans une partie et, immédiatement après, altérée dans une autre (n° 2, ex. X) ou réciproquement (n° 3), on a un mauvais effet appelé *fausse relation*. Les altérations chromatiques ne sont donc bonnes qu'autant qu'elles se font dans une même partie qui offre la note naturelle et la note altérée se succédant immédiatement. Si la note qui doit être altérée se trouve dans plusieurs parties, entre autre à la basse, on ne doit pas l'altérer dans chaque partie, comme au n° 4, car il en résulterait des octaves défendues. Dans ce cas on laissera de préférence l'altération à la basse et on fera marcher la partie supérieure, comme au n° 5. Si le mouvement contraire est par degré conjoint, comme au n° 6, l'effet est encore meilleur. On laisse aussi quelquefois l'altération à la partie supérieure, comme au n° 7.

Il existe deux notes qui, sans avoir le même nom, peuvent être aussi en fausse relation : ce sont la quarte et la septième du ton. Elles sont en fausse relation quand elles s'évitent, pour ainsi dire, en se faisant entendre l'une dans une partie au même instant où l'autre cesse de se faire entendre ailleurs, comme dans ces exemples que donne M. Fétis (n°s 1, 2, 3, 4, ex. Y), dans son *Traité du Contrepoint et de la Fugue*. Cependant il n'y aurait pas fausse relation si l'un des intervalles ne donnait pas le sentiment du repos, comme au n°s 5 et 6. — Quand les parties sont nombreuses (n° 7), l'effet de ces fausses relations est assez peu sensible pour qu'elles puissent être permises.

Y. N° 1. N° 2. N° 3. N° 4. N° 5. N° 6. N° 7. N° 8.

Mauvais. Bon.

Le célèbre chant de la *Passion*, par Luigi Vittoria, offre, à son début, la fausse relation n° 8, ex. Y, 2me mesure. L'effet serait détestable si l'harmonie ne se formait que des deux parties inférieures. A quatre parties, la dureté en est inaperçue.

Il n'en serait pas de même des fausses relations produites par des altérations chromatiques. Le nombre des parties ne les justifiera jamais. — Dans la musique vocale, les fausses relations sont non-seulement mauvaises, mais encore difficiles. Elles donnent très vite lieu à des intonations fausses.

IX. **Redoublement des parties.** — Quand on écrit pour trois, et surtout pour plus de trois parties, on est souvent dans la nécessité de faire résoudre plusieurs parties sur le même degré et, par là même, de le *redoubler*. — Le redoublement est en général permis si le degré sur lequel il se fait offre une résolution libre, défendu si elle est obligée. On pourra donc redoubler la tonique, la dominante, la sus-tonique, la sous-dominante quand elle appartient à l'accord de quinte sur ce degré, ou à l'accord de dominante assez incomplet pour laisser cette note libre dans sa résolution. On ne redoublera jamais la sous-dominante ni la sensible quand elles font partie de l'accord de dominante complet, ni aucune note subissant une altération ascendante ou descendante : ces redoublements donneraient lieu à des octaves mauvaises. L'effet de ces notes est d'ailleurs assez saillant, sans qu'un redoublement vienne le rendre encore plus sensible. — On voit peu redoubler la sus-dominante, moins encore la médiante. Himmel redouble cette dernière dans ce début d'une marche (n° 1, ex. Z) ; mais on éprouve à l'audition de ces notes comme un

double sentiment : on a en même temps l'idée d'un ton majeur et d'un ton mineur. Il n'y a cependant pas contradiction absolue ; et l'auteur, un peu plus loin, avec cette habileté qui, dans une autre science,

Des poisons même emprunte le secours,

a mis à profit cette idée du mineur pour rendre plus naturelle la modulation en *la* mineur qui revient à la fin de ce dessin, la seconde fois qu'il paraît (n° 2). — La tierce redoublée a toujours un caractère de dominante ; ainsi en *ut*, *mi* répété annonce *la* mineur. Les redoublements de cette note se font plus facilement dans le ton mineur que dans le ton majeur. Dans ce dernier, toutefois, ils ne sont pas bien mauvais quand les deux parties ont chacune un caractère mélodique prononcé, comme au n° 3 (ex. Z), ou que les accords de tonique ont déjà été plusieurs fois entendus et que, touchant à la fin bien annoncée d'une période, on veut leur faire produire encore un nouvel effet.

X. **Substitution.** — Dans l'accord de dominante, notre sens musical n'est pas choqué lorsque, la dominante se trouvant à la partie supérieure par l'effet du renversement ou du redoublement, comme aux n°s 1 et 2 (ex. A), on la remplace par le sixième degré (n°s 3 et 4). M. Fétis

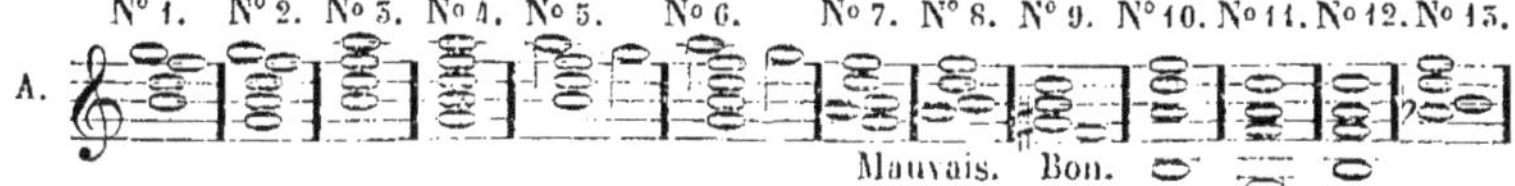

appelle ce remplacement *substitution*. On peut le pratiquer dans les deux modes, et il produit les accords n°s 6, 8 et 9 de Reicha. (Chap. V. *Nombre des accords*.) Les harmonistes, généralement, les considèrent comme des accords primitifs : M. Fétis veut qu'ils ne soient que des modifications de l'accord de dominante. Ils ont, en effet, les mêmes propriétés que lui, réveillent les mêmes sentiments, remplissent les mêmes fonctions, laissent subsister, en les accentuant encore, les mêmes attractions et les mêmes répulsions. Ils peuvent d'ailleurs être ramenés à l'accord de dominante, comme aux n°s 5 et 6, sans que le caractère de l'harmonie soit changé. De plus, leurs renversements ne sont pas tous permis. La sixte qui forme ici la neuvième de l'accord doit, dans les deux modes, se trouver à une neuvième en-dessus de la dominante, et dans le mode majeur, à une septième de la sensible, comme aux n°s 3, 4, 5 et 6. Les n°s 7 et 8 seraient donc rigoureusement défendus. Dans le mode mineur, la sixte et la sensible peuvent se trouver l'une à côté de l'autre, comme au n° 9.

La note substituée a spécialement un caractère mélodique ; c'est pour cela qu'elle se trouve le plus souvent à la haute. Elle peut cependant être dans quelle partie que ce soit (n°s 10, 11, 12 et 13), pourvu que les distances qu'on vient d'énoncer soient conservées. — Elle doit se résoudre en descendant d'un degré quand la dominante ou la sensible est exprimée, parce que dans ce cas elle est dissonante. Si ces deux notes sont absentes, elle est libre ; mais l'accord que forment les trois notes qui restent, en *ut, ré fa la,* s'emploie difficilement dans son état direct. « Le second degré, dit M. Fétis, n'est pas une note de repos. Si quelque-« fois on l'accompagne avec la quinte, on lui enlève son caractère tonal « et l'on opère un vague changement de tonalité qui ouvre la voie de « plusieurs terminaisons en tons différents. » D'ailleurs cette quinte est d'une très grande dureté. Si les bons auteurs l'emploient quelquefois, c'est toujours après avoir annoncé une modulation passagère en *ré* mineur.

Cet accord incomplet ne s'emploie pas non plus dans son second renversement (n° 1, ex. B), vu qu'il produit une quarte sur la sixte. Il

n'est harmonieux que dans son premier renversement (n° 2). Ceci toutefois n'est que pour le mode majeur. Dans le mode mineur, l'état direct et les deux renversements de cet accord (n°s 2, 4 et 5) sont tous également permis.

L'accord de neuvième peut être employé complet dans les deux modes. — Dans le mode majeur, on supprime souvent la dominante (n° 6), il s'appelle alors accord de *septième de sensible,* mais cette sensible n'est que basse sensible ; la dominante reste toujours basse fondamentale. On supprime aussi volontiers la seconde du ton pour faire disparaître la quinte sur cette note, comme aux n°s 7 et 8. Cet intervalle est cependant assez supportable quand l'accord est rendu dissonant par la présence de la dominante ou de la sensible. Même quand il devient intervalle principal, parce que le second degré forme la basse sensible, comme aux n°s 9 et 10, son effet n'est pas mauvais. La dissonance enlève toute incertitude à l'endroit de la tonalité. — Dans le mode mineur on supprime surtout la dominante, comme au n° 11. — La note substituée peut toujours se résoudre sur la dominante pendant la durée de l'accord, comme au n° 12. Cette résolution anticipée sera même obligatoire pour éviter une mauvaise succession de quinte, quand la sus-tonique doit descendre à la tonique, comme au même numéro, et que cet intervalle n'est pas devenu quarte par l'effet d'un renversement.

MOTTET PAR BAINI

Moderato.

DUO DE MOZART

(LA FLUTE ENCHANTÉE)

CHAPITRE SEPTIÈME

I. **Prolongations et retards.** — Les dissonances tonales n'ont été étudiées jusqu'ici que dans l'accord de septième de dominante. Ce n'est pas cependant le seul accord qui peut les recevoir. L'oreille admet ces dissonances sur beaucoup de degrés autres que la dominante, mais à la condition qu'elles seront *préparées*. Elles deviennent ainsi *prolongation* ou *retard*. Ces deux mots sont pris souvent l'un pour l'autre. Ils désignent un même fait harmonique, considéré sous des points de vue différents.

La prolongation consiste à continuer dans un accord, auquel cependant elle n'appartient pas, une des notes de l'accord qui précède immédiatement. Ainsi, au n° 1 (ex. A), la note *ut* dans la seconde mesure est

prolongée parce qu'elle n'appartient pas à l'accord de dominante dont la basse *sol* et la haute *ré* indiquent la présence. La note *si* est *retardée* parce que la prolongation d'*ut* ne lui a pas permis de se faire entendre au commencement du nouvel accord.

Pour former une prolongation, il faut que la note continuée soit étrangère au nouvel accord, comme au n° 1. C'est pour cela qu'il n'y a pas prolongation au n° 2, malgré la continuation de *sol* dans la seconde mesure. — On peut prolonger plusieurs parties à la fois (n° 3), même toutes les parties (n° 4). Dans ce cas, le sens de la phrase et le rhythme restent seuls pour rappeler l'arrivée du nouvel accord. Habituellement toutefois la basse ne subit pas de retard. — Il faut spécialement considérer dans une prolongation la *préparation* et la *résolution*.

II. Préparation. — Une prolongation est *préparée* quand la note qui la constitue existe dans l'accord précédent à l'état de consonnance, comme au n° 1 (ex. A) ou de dissonance naturelle (n° 3). On trouve même des prolongations préparées par une *note de passage* (n° 5) (1).

Il était de rigueur chez les anciens harmonistes que la préparation fût au moins d'une durée égale à celle de la prolongation. On lui donne souvent aujourd'hui une durée moindre, lorsque d'ailleurs la partie qui contiendra la prolongation fait entendre des notes qui appartiennent à l'accord de la note prolongée, comme au n° 1 (ex. B). M. Fétis reconnaît même une préparation *implicite* par laquelle on annonce clairement l'existence de l'accord auquel appartient la note qui sera prolongée sans cependant faire entendre cette note elle-même. C'est à elle qu'il recourt

(1) Le mot préparation s'applique aussi aux intervalles et aux accords. Un intervalle est préparé quand l'une des notes existe dans un intervalle précédent. Pour la quarte et la quinte, la préparation se fait indifféremment dans la haute ou dans la basse. On conseille de se la ménager le plus possible, dans l'emploi même le plus régulier de ces intervalles.

Un accord est préparé quand une ou plusieurs de ses notes se trouvent dans celui qui le précède. Ainsi l'accord *la ut mi* est préparé dans deux de ses notes par l'accord *ut mi sol*. M. Concone appelle encore préparé un accord auquel chaque partie arrive naturellement et facilement par degrés conjoints, à cause de son affinité avec l'accord auquel il succède. C'est la préparation par degrés conjoints. On comprend qu'elle admet le plus et le moins. L'accord *ut*, *sol*, *ut*, *mi*, est le plus parfaitement possible préparé par l'accord *si*, *la* bémol, *ré*, *fa*. On a, à partir de la basse, les mouvements *si ut*, *la* bémol *sol*, *ré ut*, *fa mi*.

pour expliquer ce passage de Mozart (n° 2). La prolongation *ut* est censée préparée puisqu'elle appartient à l'accord *fa, la, ut*, qui précède. — Quand la préparation a plus de durée que la prolongation, il semble meilleur de la terminer par une note dont la valeur est égale à celle du retard et d'écrire l'harmonie du n° 3 de préférence à celle du n° 4.

Régulièrement la préparation se fait au temps faible, la prolongation, au temps fort qui suit. Au temps faible, il faut que l'harmonie des sons supplée à leur faiblesse pour les rendre saisissables ; au temps fort, leur énergie les rend suffisamment distincts, malgré les dissonances que produisent souvent les prolongations. — Une prolongation au temps faible paraît plutôt dire que les notes par lesquelles le nouvel accord est annoncé ne sont que de passage et que le premier est continué. On trouve cependant certaines harmonies, ainsi celle de la progression à quatre parties (n° 12) (voir progression), qui offrent une préparation au temps fort.

Quand la préparation est liée à la prolongation de manière à ne demander qu'une continuation et non une nouvelle émission du son, comme au n° 3 (ex. B), l'effet est plus doux. Cette forme préférable peut toujours être donnée aux prolongations dans la musique instrumentale, parce qu'il n'y a pas là des paroles qui exigent la division du son.

III. **Résolution.** — La *résolution* de la prolongation est le passage de la note prolongée à la note retardée. Elle se fait au temps faible, au second ou au quatrième temps dans la mesure à quatre temps. Elle se fait aussi au troisième temps. Dans ce cas, le premier et le second temps sont considérés comme formant un seul temps fort, le troisième et le quatrième un seul temps faible. Elle peut encore se faire au premier temps lorsque la prolongation a duré toute une mesure.

Cette résolution est mieux sentie quand la note sur laquelle elle se fait a une certaine durée, il n'est pas très rare cependant qu'elle se fasse sur une croche et même sur une double croche.

Habituellement elle a lieu avant la fin de l'accord dont elle a retardé une note. Elle peut aussi ne s'opérer qu'au moment où déjà cet accord fait place à un autre accord, comme au n° 1 (ex. C).

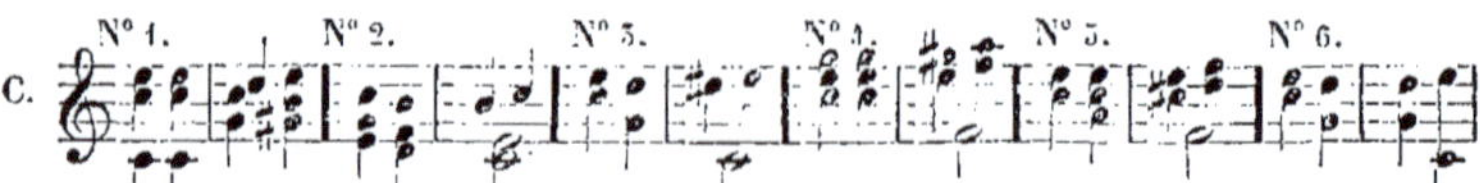

La règle générale rigoureuse est que cette résolution se fasse *en descendant par degrés conjoints*. Voici toutefois quelques exceptions. On peut résoudre par mouvement ascendant : 1° La sensible retardant la tonique (n° 2), à cause de la grande attraction qui existe de l'une à l'autre. 2° Toute note affectée d'une altération qui, dans la résolution ordinaire, lui commande de monter d'un demi-ton. La prolongation, n'enlevant pas cette tendance, doit la satisfaire (n° 3, ex. C). Ordinairement l'altération ne paraît qu'après la préparation, au commencement de la prolongation. 3° La tierce du ton retardant la quarte quand elle forme un intervalle de tierce avec une autre note qui, à raison d'une altération, doit résoudre sa prolongation en montant comme aux n°s 4 et 5. Dans ces cas, l'attraction ascendante que subit la note altérée annonce et fait désirer le mouvement ascendant de la tierce. 4° Quand la prolongation ne produit pas de dissonance, comme au n° 6, où *ré* monte légitimement à *mi*.

IV. **Notes qui peuvent être prolongées.** — Toute note qui se résoud en descendant ou même en montant si elle appartient à l'une des exceptions qui précèdent peut, si elle se termine au temps faible, former une prolongation au temps fort suivant. — Il y a quelques exceptions. On ne peut retarder la basse ou une des parties intermédiaires que d'autres parties répètent, *sans retard*, à l'octave supérieure.

Les n°s 1, 2 et 3 (ex. D) offriraient donc des prolongations défen-

dues. On les réprouve parce que cette résolution, qui se fait sur une note dont on entend déjà l'octave supérieure, n'est pas assez sensible, et qu'ainsi le mouvement de cette partie est trop peu saisissable (1). Elles deviendraient bonnes quand la partie supérieure serait aussi prolongée et qu'elle irait ainsi à la note retardée en même temps que la partie inférieure, comme aux n°s 4, 5 et 6. — Quand deux notes se résolvent sur l'unisson, on ne peut pas prolonger l'une seulement, comme au n° 1 (ex. E), parce qu'il en résulte un choc de mauvais effet

(1) Cette règle est donnée par les théoriciens comme rigoureusement obligatoire; cependant on trouve des musiciens qui l'on su violer avec bonheur, ainsi M. Gros, à la quatrième mesure de ce passage d'un offertoire :

Il faut bien dire qu'il n'en a violé que la lettre et non l'esprit. Le mouvement de la basse est parfaitement saisissable à cause de l'effet prédominant de ces broderies.

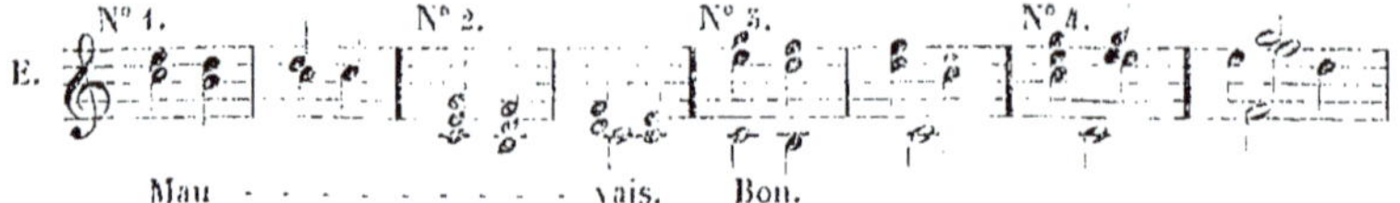

et une résolution peu sensible. S'il n'est pas impossible de trouver dans les bons auteurs des faits harmoniques pareils à celui du n° 2, il faut en conclure que cette musique est destinée à des voix inégales. Par elles, ces passages se transforment, comme au n° 3. La seconde devient neuvième et se résoud sur l'octave. Cette harmonie est régulière. — Les intervalles de septième et de neuvième sont toujours plus doux que ceux de secondes. Si la seconde résultant d'une prolongation est bien permise en elle-même, elle serait cependant trop dure quand la prolongation serait compliquée d'une dissonance naturelle, comme au n° 4. Il faudrait, dans ce cas, changer l'octave de l'une des notes, de *fa* ou de *mi*.

V. Quintes et octaves cachées par la prolongation. — La prolongation, relativement au mouvement bon ou mauvais des parties entre elles, est comme si elle n'était pas. Elle ne corrigera pas un mauvais mouvement de quinte ou d'octave, elle ne l'introduira pas dans l'harmonie, si déjà il n'existait pas avant elle. Il ne pourrait y avoir d'exception que pour certaines progressions, ainsi celles des n°s 9 et 15 (voir progressions à trois parties). Sans le retard, il y aurait là des quintes mauvaises.—Pour voir si le retard ne cache pas un mauvais mouvement, il faut examiner s'il existe dans l'harmonie sans prolongation. Les n°s 1 et 2 (ex. F) seraient donc vicieux, car en supprimant la prolongation on

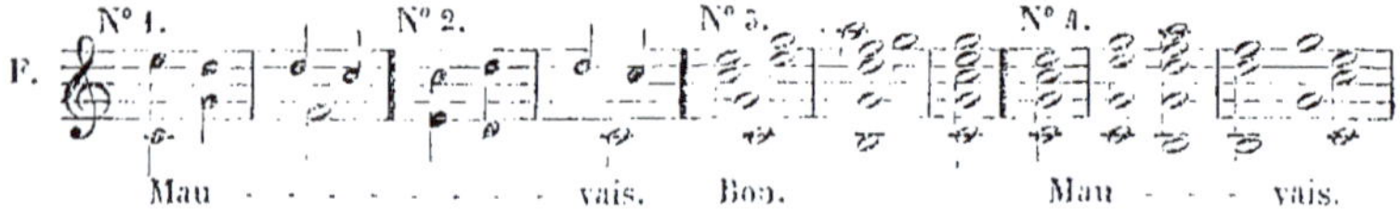

trouve dans le premier une quinte, dans le second une octave, par mouvement parallèle. Dans l'accord de neuvième du n° 3, la haute, par son mouvement *la sol*, ne formerait pas une mauvaise quinte cachée avec la partie intermédiaire *ré ut*, parce qu'elle arrive à *sol* au temps faible, au moment par là même où il n'est pas possible que les autres parties commencent à subir une prolongation : à cet instant donc *ré* est encore note réelle ; mais elle la formerait au n° 4 parce qu'on est dans la nécessité de reconnaître là une prolongation ; celle-ci enlevée, les mouvements *la sol* et *ré ut* sont simultanés.

On voit qu'il peut être bien important de connaître quand la prolongation dans tel cas existe ou n'existe pas. Elle existe, en général, toutes les fois qu'une note attaquée au temps faible est répétée au temps fort suivant pour se résoudre au temps faible qui vient ensuite.

VI. — **Différentes formes des prolongations.** — La prolongation peut prendre un grand nombre de formes différentes sans être changée dans son essence. L'ex. G offre les plus usitées. Tous ces n^{os},

à partir du n° 2 inclusivement, reviennent, pour l'harmonie, à la seconde mesure du n° 1. Ces formes peuvent s'employer dans toute prolongation.

VII. **Exemples de prolongations :**

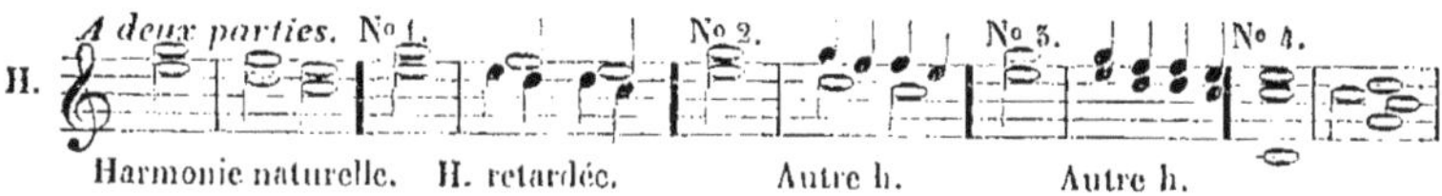

De ces trois n^{os}, le premier et le troisième seraient les meilleurs. Le n° 2, quoique régulier, offre peu d'agrément à cause du sens vague de la quarte produite par la prolongation. Cet effet n'est pas le même quand l'harmonie est à trois parties, comme au n° 4 (ex. H), parce que la note qui, par sa prolongation, forme une quarte avec la basse produit, une dissonance avec la haute. L'oreille connait dès lors la direction que cette note suivra.

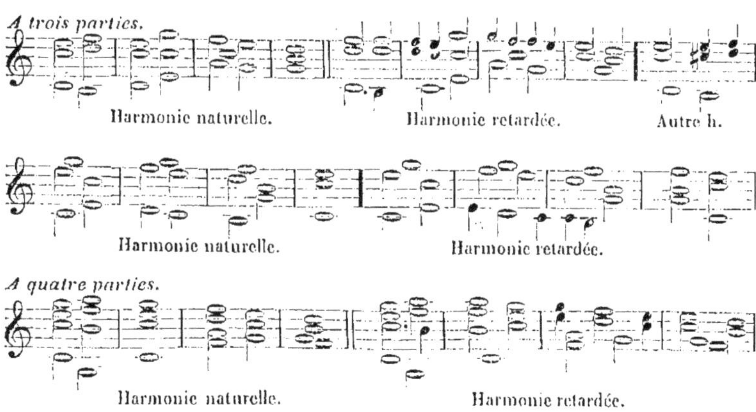

Chacune de ces prolongations peut substituer à sa forme classique l'une des formes de retard vues dans l'ex. G. — On comprend facilement que les prolongations sont une source inépuisable de bonne variété.

VIII. Prolongation et substitution combinées. — La prolongation de la tonique peut être combinée avec la substitution du sixième degré dans l'accord de dominante, quand la dominante et la sensible ne sont pas exprimées. Il en résulte l'accord (n° 5) de la classification de Reicha. (Chap. VIII. *Nombre des accords.*) — Les auteurs généralement le considèrent comme un accord primitif, seulement ils demandent que la dissonante en soit préparée. Mais une dissonance qui doit être préparée n'est autre qu'une prolongation. « Toute note prolongée qui « produit une dissonance, dit M. Fétis, représente une autre note « naturelle d'un accord, note qu'on doit retrouver en supprimant la « prolongation et qui doit être une consonnance. » — Voici comment M. Concone emploie et qualifie, dans ses différents états (ex. J), cette modification de l'accord de dominante :

I. N° 1. N° 2. N° 3. N° 4.

En *fa*. Etat direct (*peu usité*). 1er renvt (*usité*). 2e renvt (*très peu usité*). 3e renvt (*p. usité*).

Si l'état direct est peu usité, c'est en bonne partie à cause de la dureté de la quinte que forment la seconde et la sixte du ton, ici *sol ré.* Il est d'ailleurs difficile de la produire par un mouvement contraire bien saillant. En se portant à *la*, la basse redouble une partie et par là ne se fait qu'imparfaitement entendre. Elle paraît donc, en arrivant à *sol*, venir de *fa* et de n'avoir fait que se taire un moment. De là quelque apparence de mouvement parallèle. — La dureté de cette quinte frappe également lorsqu'elle est produite par des parties intermédiaires, comme au n° 2. Aussi l'effet est-il meilleur, au moins bien plus doux, lorsque, dans l'état direct, on laisse l'accord incomplet comme au n° 1 (ex. J) et

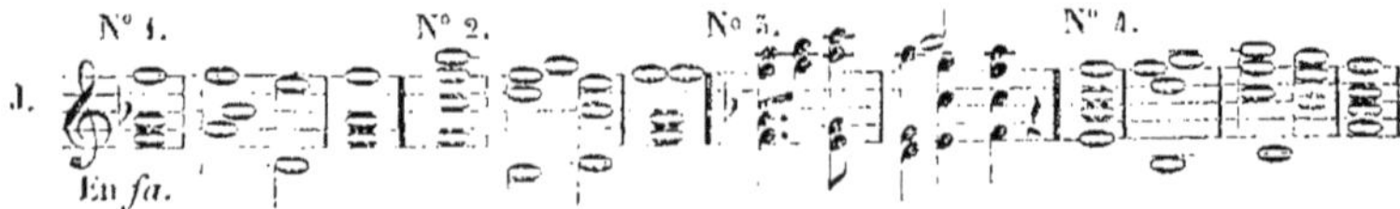

que, au n° 2 (ex. I), on fait de la quarte une quinte en changeant la position des parties comme au n° 2 (ex. J). Cette harmonie est bonne. On la rencontre souvent. L'harmonie du n° 3 de l'ex. I serait difficilement possible si la basse n'était pas préparée. Il en serait autrement si la seconde du ton était en même temps retardée par la tierce, comme au n° 3 (ex. K). Cette harmonie, qu'on trouve dans la *Passion* par J.-S. Bach, est parfaite.

Toutes ces observations ne sont que pour le mode majeur. Dans le mode mineur, l'état direct peut s'employer bien plus facilement parce que la quinte que forment la seconde et la sixte du ton est mineure. Il en est de même du second renversement, parce que dans ce mode la quarte que produit la basse, la sixte du ton, avec la seconde du ton, est majeure. — Cet accord dans le mode mineur, ainsi en *la* mineur, *si, ré, fa, la,* est appelé par beaucoup d'harmonistes *accord de septième mixte* parce que dans le mode majeur de même armature, ici dans le ton d'*ut*, il existe également, offrant exactement les mêmes notes. En *ut*, l'accord *si, ré, fa, la,* n'est que l'accord de dominante modifié par la substitution et le retranchement de la basse fondamentale *sol*. C'est pour cela qu'il est dit dans la classification de Reicha (n° 6) que cet accord peut être employé en *ut* majeur et en *la* mineur. La seule différence est que dans le mode majeur la dissonante *la* n'a pas besoin de préparation.

La prolongation de la tonique, quand elle se combine avec la substitution, se traite beaucoup plus librement qu'en toute autre circonstance, tant à cause de son fréquent emploi que de son analogie avec la quarte du ton, dissonante naturelle dans l'accord de dominante. On la prépare donc et on la rend dissonante également au temps faible et au temps fort. Souvent même, surtout dans les cadences finales, avant de la résoudre, on la fait de nouveau figurer comme consonnance (n° 4, ex. J). Cette élégante suspension peut avoir plus d'une mesure de durée. On verra, à la fin de ce chapitre, que cet accord, résultat lui-même d'une modification, peut encore être modifié de plusieurs manières et produire ainsi les deux derniers accords de la classification de Reicha.

IX. **Retard de la sixte d'un accord.** — Les auteurs qui ne voient dans l'accord qui précède qu'un accord de septième *dont la dissonante doit être préparée*, le placent non-seulement sur la seconde, mais aussi sur la tierce, la quarte et la sixte du ton. — On peut, à la vérité, produire, par des retards, des accords de septième sur tous ces degrés, comme dans l'ex. A, n°s 1, 2, 3, mais ils ne doivent être que de *tierce*

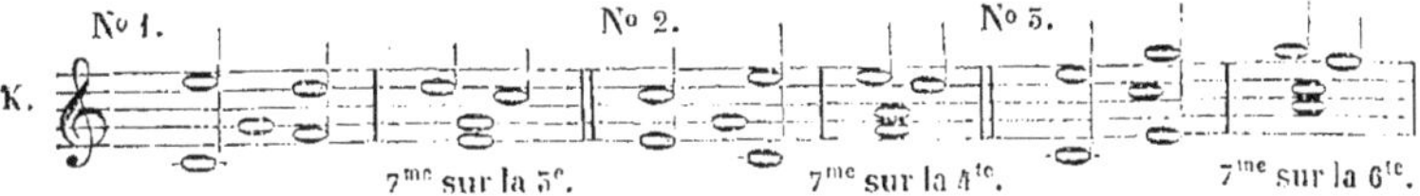

septième sans *quinte*. Les anciennes écoles ne les admettaient que sous cette forme. M. Fétis en explique la raison : « Une harmonie retardée, « dit-il, ne doit renfermer que les intervalles qui la composeraient s'il n'y

« avait pas de retard. Or l'accord de sixte n'étant composé que de « tierce et de sixte, la prolongation qui retarde cette sixte par la septième « ne doit présenter qu'un accord de tierce septième. » Ainsi l'harmonie des nos 1, 2 et 3 (ex. L), quoique permise par quelques harmonistes, doit être considérée, en principe, comme défectueuse.

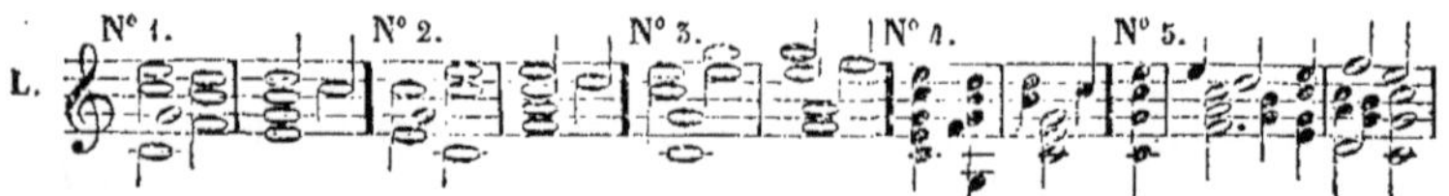

Si cette quinte, en se résolvant, au n° 1, par mouvement ascendant, ne viole pas les lois générales de la prolongation, puisqu'elle va de la sensible à la tonique, et s'il est possible de donner à la quinte du n° 2 la même régularité, sous ce rapport, par une altération accidentelle, l'effet n'en reste pas moins désagréable et la résolution peu sensible. Elle serait moins mauvaise si les deux parties étaient assez éloignées pour se résoudre, non plus à l'unisson, mais à l'octave l'une de l'autre.

Il faut bien comprendre que l'harmonie des nos 4 et 5 (ex. L) serait permise, parce que la prolongation, au n° 4, ne se fait plus sur un accord de sixte, mais sur un accord de quinte. La note *mi* n'étant pas basse sensible, la quinte *mi si* frappe moins. Le n° 5, exemple que donne et qu'explique M. Fétis, est permis, parce que ce n'est plus l'accord de tierce sixte modifié par le retard de la sixte qu'on a ici, mais l'accord de tierce, quinte, sixte, formé par le premier renversement de l'accord produit par la réunion de la substitution à la prolongation. — Il y a là deux retards qui sont préparés et résolus régulièrement. La seule différence est que la résolution n'est pas simultanée. Elle ne se fait, dans chaque prolongation, qu'après avoir été demandée par le sentiment de la dissonance. Il sera plus loin (*sixte augmentée*) question de ces deux prolongations dans le ton mineur.

Il ne faut cependant pas terminer ces explications sur l'emploi de la quinte dans l'accord de tierce sixte modifié par le retard de la sixte, sans faire remarquer l'harmonie d'un passage (ex. M) qu'on trouve dans le célèbre *Ave Verum* de Mozart. Il est bien difficile d'expliquer l'accord (*a*),

et surtout l'accord (*b*), autrement que par l'emploi de la quinte dans l'accord de sixte avec retard. Seulement au point (*a*) la quinte ne se

6

résoud pas sur la sixte; elle descend comme elle, et devient note étrangère en même temps que la partie supérieure devient note réelle.

X. **Accompagnement de certains degrés.** — Les explications qui précèdent fournissent de nouveaux moyens d'accompagner une gamme placée soit à la haute, soit à la basse.

La gamme mineure descendante, placée à la partie supérieure, peut facilement recevoir sous la septième et la sixte l'harmonie du n° **1** (ex. N). Mozart l'harmonise ainsi dans son *Requiem*. L'accompagnement

du n° **2** et du n° **3** serait également convenable. — Dans les deux modes, la gamme ascendante, placée au grave, peut recevoir sur son quatrième degré l'accord que produisent la prolongation et la substitution combinée (n° **1**, ex. O). Le même accord peut être employé dans son second

renversement sur le sixième degré de la gamme mineure descendante placée au grave. La plupart du temps on altère encore la quarte du ton comme au n° 2. Même avec cette altération, mais surtout sans elle, cet accord est irrégulier en ce que la prolongation n'est pas préparée dès que la basse descend par degré conjoint. Quoique vicieuse, cette harmonie, d'après M. Fétis, a été généralement adoptée, pour l'accompagnement de ce degré, dans ces conditions. On emploie aussi l'accord de tierce quinte sixte, comme au n° 3, quand la sixte est altérée.

XI. **Altérations non tonales.** — Les altérations non tonales sont d'un grand secours pour introduire dans l'harmonie des effets neufs et intéressants. Le principe qui doit diriger dans leur emploi est des plus simples. M. Fétis le formule ainsi : « *Dans toute succession ascendante* « *de deux notes séparées par l'intervalle d'un ton, la première peut* « *être élevée accidentellement d'un demi-ton par un dièse étranger à* « *la tonalité de l'accord, ou par la suppression d'un bémol* (n° 1, ex. P).

« *De même dans toute succession descendante de deux notes séparées*
« *par l'intervalle d'un ton, la première de ces notes peut être acci-*
« *dentellement baissée d'un demi-ton par un bémol étranger à la*
« *tonalité de l'accord, ou par la suppression d'un dièse* (n° 2, ex. P). » — La note altérée est préparée quand elle se trouve devant l'altération dans l'état exigé par le ton, sinon elle sans préparation. C'est une de ces dernières altérations qu'offre le n° 3. Elle n'a rien d'irrégulier en principe; cependant son emploi est bien moins fréquent que celui de l'altération préparée. Son effet a aussi beaucoup moins de douceur.

Quelquefois on fait d'abord entendre la note altérée, sans préparation, et immédiatement après, encore avant la résolution de l'accord, cette même note ramenée à l'état naturel comme au n° 1 (ex. Q). — Quand

l'altération se fait sur la tierce du ton comme au n° 2, elle est plus véritablement une substitution du mode. Cependant le mode nouveau ne doit pas pour cela être considéré comme établi. On peut donner à la tierce, dès qu'elle se présente ensuite, le même son qu'auparavant. — Par ces altérations, tous les intervalles augmentés ou diminués peuvent trouver place dans l'harmonie. Plusieurs, à cause de leur grande dureté, ne doivent pas être employés sans préparation, telles sont spécialement l'octave augmentée (n° 3), diminuée (n° 4), la seconde diminuée (n° 5) qui s'appellerait plutôt unisson augmenté, si ce mot pouvait être employé. Il y a dans cet accord beaucoup de dissonance; cependant il ne révolte pas absolument notre sens musical; il appelle à haute voix une résolution, il la fait trouver très douce quand elle arrive, voilà tout.

L'emploi de la tierce diminuée, comme au n° 1 (ex. R), est très rare.

En se produisant sur l'unisson, ces deux résolutions ne sont pas assez sensibles; mais on emploie fréquemment son renversement, la sixte augmentée (n° 2), quelquefois aussi cette même tierce devenue dixième par l'éloignement des parties, comme au n° 3.

Généralement, ces altérations n'influent en rien sur la qualité du mouvement des parties. Cependant lorsque la partie supérieure marcherait en suivant l'ordre chromatique, il serait bien difficile qu'on pût se permettre la quinte, d'accord de tonique à accord de dominante, comme au n° 4, quand l'harmonie ne serait d'ailleurs qu'à deux parties. — Dans les accords de tonique et de dominante, l'altération de la quinte de l'accord, en ton d'*ut*, de *sol* (n° 5) et de *ré* (n° 6), produit les accords n°s 10 et 11 de la classification de Reicha. — Voici deux exemples qui donneront quelque idée des modifications que les altérations non tonales peuvent introduire dans l'harmonie :

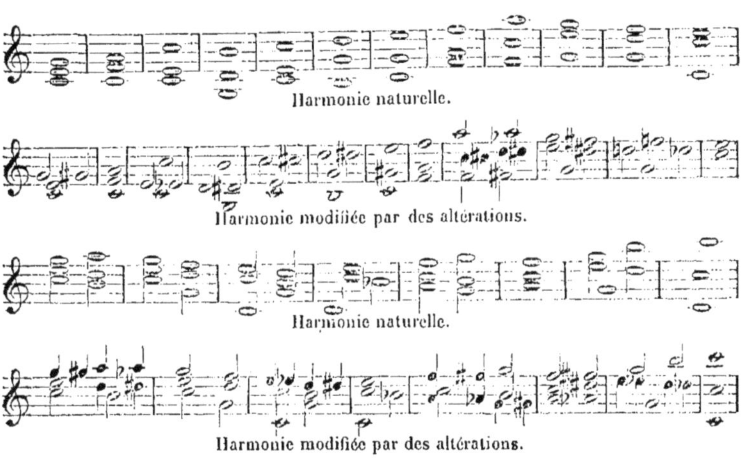

Plusieurs de ces intervalles sont très peu agréables ; c'est donc au goût et à l'expérience de surveiller l'emploi des altérations que permet la théorie.

XII. Accords de sixte augmentée. — M. Fétis fait remarquer que plusieurs accords différents peuvent, par l'effet des altérations, devenir accords de *sixte augmentée*. Malgré leur ressemblance, au moins dans cet intervalle, ils doivent toujours recevoir une résolution en rapport avec la nature de l'accord dont ils dérivent. — Il n'est pas question ici de l'accord de *sixte augmentée* formé par l'altération de la quinte de l'accord, dans le 3me renversement de l'accord de dominante : il se résoud simplement sur l'accord de tonique, avec cette spécialité qu'il met dans la nécessité de redoubler la tierce du ton (n° 1, ex. S). — L'accord

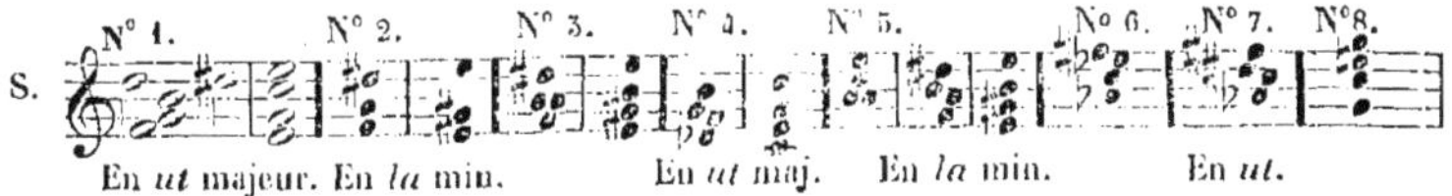

de *tierce sixte augmentée* se place spécialement sur la sixte d'un ton réellement mineur, ou annoncé pour un instant comme mineur. Il se résoud sur l'accord de dominante (n° 2). Si l'harmonie est à quatre parties, on redouble de la tierce, comme au n° 3. Ce redoublement peut se faire à différentes octaves. — Si l'accord est de *tierce quarte sixte*, il annonce, quand la dissonance n'est pas préparée, le second renversement de l'accord de dominante, accord altéré dans sa basse qui est la seconde du ton. Il se résoud sur l'accord de tonique de ce ton (n° 4). Il peut aussi très régulièrement, se placer sur la sixte d'un ton mineur et se résoudre sur l'accord de dominante. La dissonante est facile à préparer comme au n° 5. Dans l'un et l'autre cas, d'ailleurs, la résolution se fait avec le même mouvement dans chaque partie. — Si l'accord est de *tierce quinte sixte*, on peut le considérer comme résultant d'une triple altération de l'accord de *tierce quinte sixte*, sur le sixième degré d'un ton. On a vu (page 79) que ce second renversement de l'accord formé par la substitution et la prolongation combinées s'emploie difficilement à l'état naturel ; mais avec ces altérations, il est d'un bon effet. Quoique l'altération descendante de la sixte annonce ici le mode mineur, on l'emploie également dans le mode majeur. La quinte qu'il contient doit être considérée, quand le ton est majeur, comme une simple transformation, par l'écriture, de la quarte doublement augmentée dans sa haute et sa basse. Ainsi en supposant le ton d'*ut*, l'accord du n° 6 (ex. S) équivaut à celui du n° 7, il en a les attractions, ils demandent l'un et l'autre la même résolution, celle du n° 8. — On peut aussi lui donner la résolution du n° 1 (ex. T) : c'est celle qui lui est naturelle

en ton mineur. Dans ce cas, il faut considérer la quinte, non plus comme une transformation résultant de l'écriture, mais comme l'effet d'une nouvelle prolongation. Le n° 1 n'est que le n° 2 modifié par le retard de *ré*. Cet accord se résoud habituellement comme au n° 1. Quelquefois la prolongation qui produit la quinte fait sa résolution avant celle de l'accord, comme au n° 3. Il ne pourrait pas recevoir une résolution analogue à celle qu'on lui donne dans le mode majeur et produire l'harmonie du n° 4, car elle est tout à fait désagréable. Elle ne sera bonne qu'autant que l'on substituera le ton majeur, comme au n° 5. — Tous ces accords peuvent, par enharmonie, se résoudre de beaucoup d'autres manières. Ainsi l'accord *la* bémol, *ut*, *mi* bémol, *fa* dièse, équivaut exactement à *la* bémol, *ut*, *mi* bémol, *sol* bémol, accord de dominante en *ré* bémol : il pourra donc être suivi de l'accord de tonique en *ré* bémol.

XIII. Prolongation des altérations. — Les altérations non tonales peuvent toutes recevoir une prolongation. Les règles précédentes suffisent pour montrer comment elle doit se faire. Cependant M. Fétis trouve mauvaise la prolongation que l'on voit au n° 6. Ce retard forme un trait mélodique qui n'est bon qu'à la partie supérieure, comme au n° 7. — On doit se rappeler que, dans la prolongation des altérations non tonales, la préparation peut être faite aussi bien par la note existant encore à l'état naturel que par la note déjà altérée, et cela, dans l'altération descendante comme dans l'altération ascendante.

AIR PAR HÆNDEL

(LE MESSIE)

DUO DE MOZART

(LA FLUTE ENCHANTÉE)

CHAPITRE HUITIÈME

I. **Notes étrangères.** — Un accord offre souvent des notes qui, sans appartenir à ses harmoniques consonnantes ou dissonantes, ne blessent cependant pas l'oreille. On les appelle *étrangères*, par opposition aux *harmoniques* qui sont notes *réelles*. Les auteurs généralement énumerent six espèces de notes étrangères : les *notes de passage*, les *appoggiatures*, les *syncopes*, les *anticipations*, les *suspensions*, les *prolongations* ou *retards* et la *pédale*. M. P. Wolff compte une septième espèce : les *broderies ;* on peut en ajouter une huitième : les ***notes altérées non tonales***. Tout a été dit pour ce qui regarde les suspensions et les altérations non tonales. Voici quelques explications sur les six autres espèces.

II. **Broderies.** — Les notes étrangères forment une broderie quand elles sont placées entre les répétitions d'une même note réelle, et qu'elles en sont éloignées d'un ton au plus, comme aux nos 1, 2 et 3 (ex. A).

Toute note réelle a autour d'elle quatre degrés chromatiques avec lesquels elle peut former des broderies, comme on le voit par le n° 4. Le nombre de ces degrés pourrait même être porté à six quand on suivrait l'ordre enharmonique. — Il serait difficilement permis d'avoir à l'unisson deux parties dont l'une formerait une broderie pendant que l'autre continuerait la note réelle (n° 5). Plusieurs parties différentes peuvent offrir des broderies simultanées (nos 1, 2 et 3).

Dans le mode majeur, on brode souvent les harmoniques, comme au n° 6. Cet accord a quelque analogie avec l'accord de sixte augmentée. Il peut se pratiquer sur tous les renversements de l'accord de tonique. Les harmoniques de la tonique lui servent de point de départ et de point de retour. Il peut aussi donner lieu à des passages enharmoniques, et ainsi n'être pas suivi des harmoniques qui le précèdent.

III. **Notes de passage.** — On donne ce nom aux notes étrangères placées entre deux notes réelles dans une partie qui procède par degrés conjoints, comme au n° 1 (ex. B). La règle générale est donc qu'en mar-

B.

chant diatoniquement, on ne fasse pas deux notes de passage de suite. On les trouve cependant, et elles sont permises quand on descend de la première note d'un accord à sa quinte ou que l'on monte de sa quinte à la première note (n° 2).

« On ne peut jamais, dit A. Reicha, attaquer un accord avec une « note de passage, n'importe la partie où cette note se trouve. Une « pause de quelque valeur que ce soit ne pourra jamais la précéder, ni « la suivre immédiatement. Elle ne pourra jamais tomber par degrés « disjoints sur une autre note. »

Ce dernier point souffrirait une exception quand la note de passage serait combinée avec *l'appoggiature* (voir cette forme page 90), comme au n° 3 (ex. B). Ces passages reviennent exactement, pour l'harmonie, à ceux du n° 1 (ex. C).

C.

Les notes de passage ont quelquefois une durée égale à celle des notes réelles. Le plus souvent elle est moindre. Chérubini, dans un *Benedictus* (n° 2, ex. C), emploie des notes de passage dont la durée est de deux temps. — L'effet est meilleur quand les intervalles dissonants qu'elles produisent ont une certaine étendue.

Une seconde majeure et surtout une seconde mineure un peu prolongée, comme au n° 1, (ex. D) est d'une grande dureté. — Les notes

D.

de passage se placent au temps faible ou à la partie faible d'un temps fort. Il n'y a d'exception, suivant Reicha, que pour celles qui font partie d'une gamme accompagnée tout entière par un seul accord, comme au n° 2. Toutefois le n° 3 ne semble pas mauvais, bien que l'accord ne reste pas le même dans toute la mesure. — C'est la spécialité d'une note de passage de produire la dissonance au temps faible. Placée au temps fort comme au n° 4, elle annoncerait un retard, et l'oreille, de prime abord, attendrait le fait harmonique du n° 5.

M. P. Wolff, de Genève, dans son *Cours d'Harmonie élémentaire,* varie les notes de passage par des altérations chromatiques (ex. E, n°s 1 et 2), par des broderies (n° 3), par des répétitions alternatives de la note

réelle et des notes de passage (n° 4). Il les produit dans plusieurs parties à la fois sous forme de tierces plaquées (ex. F, n° 1), de tierces brisées (n° 2), de tierces brisées et brodées (n° 3), de sixtes plaquées

(n° 1, ex. G), de sixtes brisées (n° 2). Il y a, dans ces formes nombreuses

que peuvent prendre les notes de passage, une source abondante d'effets très intéressants.

IV. **Appoggiatures.** — On forme une *appoggiature* quand, en arrivant à une note réelle appelée ou acceptée par le sens, on fait entendre, comme en passant, la note qui, *habituellement*, est à une seconde en-dessus ou en-dessous de celle-là (n° 1, ex. H).

L'appoggiature a beaucoup de rapport avec le retard. Elle doit, comme lui, se faire au temps fort et se résoudre, quand elle est descendante, par un mouvement de seconde majeure, mineure ou diminuée ; par un mouvement de seconde mineure ou diminuée si elle est ascendante. On a dit *habituellement* parce que l'appoggiature peut aussi se résoudre par une septième une sixte, ou une quinte descendantes (n° 2). M. Concone veut qu'elle soit toujours préparée quand elle reçoit ces résolutions. — Dans toutes les autres circonstances, il n'est pas nécessaire qu'elle le soit. Le plus souvent cependant, elle est préparée d'une manière implicite en ce sens qu'elle appartient aux harmoniques de l'accord précédent ; ainsi au n° 1 (ex. H), *mi* appartient à l'accord de la première mesure. Mais ce n'est que le plus souvent, car (aux n°s 1 et 2, ex. I), il y a réellement appoggiature sans qu'on puisse reconnaître aucune préparation implicite, au moins dans le sens exposé précédemment.

L'appoggiature peut n'avoir qu'une courte durée (n° 3) ou se prolonger pendant plusieurs temps, comme dans ce passage d'un *Kyrie*, par Mercadante (n° 4, ex. I). Elle peut durer beaucoup plus longtemps que la note sur laquelle elle se résoud, ainsi que le montre ce même exemple.

L'appoggiature est spécialement mélodique. Ce n'est guère que simultanément avec la partie supérieure que la seconde partie ou même toutes les parties pourront la recevoir comme elle se trouve dans ce dessin de Mercadante (n° 1, ex. J). — Rossini, toutefois, dans un mottet, la place à la seconde partie seulement (n° 2, ex. J). Quoi qu'elle ne soit, dans ce passage, que la traduction libre d'un retard très régulier, avec croisement des parties, comme au n° 2, l'effet qu'elle produit est bien médiocrement agréable.

L'appoggiature est arrivée de nos jours aux faits les plus audacieux. Meyerbeer, dans *l'Africaine*, a écrit le passage n° 1 (ex. K). Cette appoggiature par un saut de septième majeure semble le dernier effort du genre. Rossini auparavant avait déjà écrit celles du n° 2 (ex. K), et celles

de l'ex. L. Elles ne sont pas sans audace et encore moins sans charmes.

— On comprend sans peine que l'harmonie plaquée, placée sous ces mélodies, offre la nature des accords et non la forme que l'auteur leur a donnée.

L'appoggiature est double quand, dans une même partie, elle touche successivement le degré inférieur et le degré supérieur (n° 1, ex M).

V. **Syncopes.** — « Les syncopes harmoniques sont, dit M. Wolff, un court retard des notes réelles ou des notes étrangeres. » Elles peuvent se faire par degrés conjoints (n° 2, ex. M) ou par degrés disjoints (n° 3).

VI. **Anticipations.** — On anticipe quand on fait entendre sur un accord une des notes de l'accord suivant (n° 1, ex. N). — Quoique

spécialement mélodique, l'anticipation peut avoir lieu dans toutes les parties à la fois, comme au n° 2. Elle doit être brève. — Elle se produit toujours au temps faible ou dans la partie faible d'un temps quelconque. Elle diffère essentiellement de l'appoggiature qui ne se produit qu'au temps fort ou à la partie forte d'un temps. Il n'est pas rare cependant de trouver des passages dans lesquels on peut reconnaître à volonté une appoggiature ou une anticipation, comme au n° 3. C'est au goût et à l'intention du compositeur de décider le choix. Dans ce n° il faudrait plutôt voir une anticipation ; ce sont donc les noires qui se trouveront réelles. Ce sont des anticipations également que l'on aurait au n° 4 (ex. N). Ce dessin reviendrait ainsi pour l'harmonie à celui du n° 1 (ex. O) et non à celui du n° 2, qui le traduit en supposant une appoggia-

ture. — On trouve dans une sonate de Hummel les passages n°s 3 et 4. Il faut dire cependant que l'on voit des dessins analogues à celui du n° 4 (ex. O) accompagnés comme appoggiatures. Haydn a écrit l'harmonie du n° 1 (ex. P). C'est surtout quand il en résulterait une suite de

quartes, comme au n° 2, qu'on ne pourrait voir là des appoggiatures.

L'anticipation, placée à une partie seulement, peut quelquefois faire pressentir des quintes cachées. Ainsi le n° 3 (ex. P) reviendrait facilement au n° 4 dont l'harmonie est des plus vicieuses. L'oreille oublie l'anticipation et songe à un retard. L'harmonie serait bonne, si la seconde partie faisait anticipation avec la première, s'en tenant ainsi toujours distante d'une sixte. — L'anticipation peut se combiner avec l'appoggiature de manière à produire des faits curieux, comme dans ce passage de Bellini, cité par M. Rahn, dans son *Journal de Composition musicale* (ex. Q).

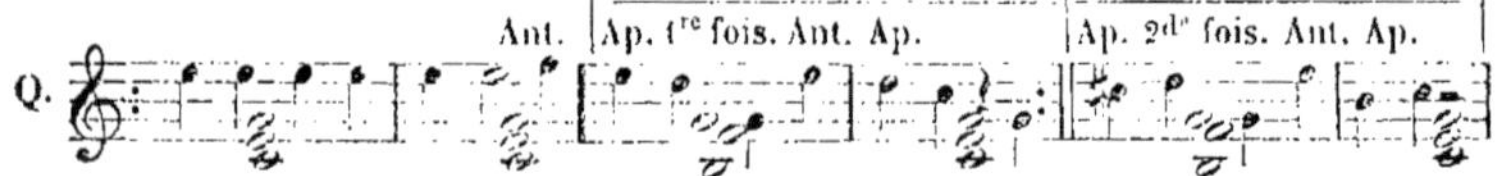

VII. **Pédale.** — La *pédale* harmonique est une basse que l'on continue pendant que les parties supérieures passent à différents accords dont elle n'est plus note réelle. Telle est (n° 1, ex. R) la note *ut* dans la

seconde et la troisième mesure. La pédale doit être la note la plus grave de l'harmonie. Elle doit commencer et finir sous un accord dont elle soit non-seulement note réelle, mais aussi basse fondamentale. La pédale qui, au n° 2, commence à la seconde mesure, est donc mauvaise; elle serait bonne si la basse continuait, depuis le commencement, la note *ut* sans monter à *sol*.

La pédale s'emploie sur la tonique et sur la dominante : sur la tonique pour établir le ton d'une manière plus évidente, sur la dominante pour annoncer et retarder en même temps la cadence. — On la prolonge à volonté.

Pendant qu'elle dure, on peut faire entendre tous les accords tant naturels qu'altérés d'une gamme. On peut aussi passer à d'autres tons, pourvu que la modulation soit passagère. — La pédale s'emploie spécialement dans la musique instrumentale. Elle peut cependant trouver place dans la musique vocale, surtout sur la tonique, au commencement d'un morceau, quand les parties supérieures sont assez intéressantes pour que l'auditeur désire n'être pas distrait par les mouvements de la basse, et que d'ailleurs le ton n'est pas encore suffisamment établi.

Cette continuation d'une note étrangère à différents accords qui se succèdent, se place également à l'aigu ou dans les parties intermédiaires. Elle prend alors le nom de *pédale intérieure* ou mieux celui de *tenue.* La tenue permet moins de variété d'accord que la pédale. Elle peut cependant exister dans des accords auxquels elle n'appartient pas régulièrement comme note réelle. Telle est la note *ut* dans ce passage d'un *Credo* de Rossi (ex. S). Le plus souvent, toutefois, elle reste note réelle,

de tous les accords comme la tonique *fa* dans l'ex. T.

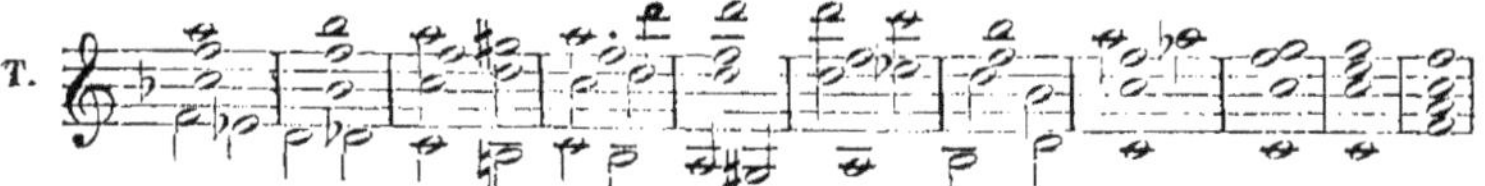

Quand on passe à des accords auxquels la tenue n'appartient pas, l'effet est bien plus doux, lorsque les parties marchent par degrés conjoints, comme dans l'ex. U. Elles paraissent ainsi n'offrir que des notes

de passage. Dans cet exemple, il serait mieux de ne pas laisser la tenue invariable jusqu'à la fin de la phrase, et de la terminer comme au n° 2.

A la pédale se rattache l'*ostinato* (l'obstiné), qui consiste dans un petit dessin que la basse répète coup sur coup, pendant que les parties supérieures passent à différents accords auxquels il n'appartient pas : Tel est, dans ce passage d'une sonate de Beethowen (ex. V), le dessin *sol, fa, mi, ré, ut.*

M. Fétis cite et blâme en même temps le passage (ex. X) que Beethowen

a écrit dans la symphonie pastorale. A la vérité, il y a dans l'entrée de la pédale, à la troisième mesure, sous une harmonie à laquelle elle n'appartient, une audacieuse violation des règles reçues ; cependant il faut reconnaître que c'est le génie qui l'a inspirée pour peindre, d'une manière frappante, le vague murmure des vents, des torrents et des cascades qui frappe sur les hautes montagnes.

VIII. Cadences. — Le mot *cadence* du latin *cadere*, *tomber*, désigne, dans son sens premier, un saut de quarte ou de quinte que fait la basse pour déterminer un repos appelé par le sens. Par extension, on a donné le nom de cadence au repos lui-même, et aussi aux ornements, *trilles* ou *cadences* pratiqués sur les notes qui précèdent le point de repos. Il n'est ici question que de la cadence considérée dans son premier sens. Elle peut être, suivant la nature et les circonstances du mouvement de la basse, *parfaite*, ou *imparfaite*, ou *plagale*, ou *rompue*.

IX. Cadence parfaite. — Cette cadence annonce un repos, *final* ou très important. Elle peut, à la rigueur, n'être formée que par le saut de quarte ascendante ou de quinte descendante fait par la basse, de la dominante à la tonique ; cependant elle annonce bien mieux encore un repos quand la basse, auparavant, arrive à la dominante en passant par la sous-dominante, comme aux n°s 1 et 2 (ex. Y). Cette forme de

cadence est considérée comme la plus conclusive. Les trois accords, de sous-dominante ou de dominante avec substitution et prolongation, de dominante et de tonique, appellent, une ou plusieurs fois, toutes les notes de la gamme. — L'effet est meilleur quand la basse, en arrivant à la dominante, reçoit d'abord l'accord de quarte sixte et tombe ensuite à son octave inférieure, quand arrive l'accord de quinte, comme au n° 1. La basse peut aussi arriver à la dominante en passant par la seconde du ton (n° 3), ou par la sixte (n° 4), ou par la quarte altérée d'une manière ascendante, etc.

Ordinairement, dans un repos final, la partie supérieure reçoit la tonique comme la basse. On peut à la rigueur lui donner la médiante ou la dominante, mais en s'arrêtant ainsi sur un accord en deuxième ou en troisième position, on fait moins sentir le repos final.

X. **Cadence imparfaite.** — La cadence imparfaite est un repos momentané sur la dominante. La basse peut se porter à cette note par tous les mouvements qui n'engendrent pas des intervalles vicieux. La partie supérieure exprime ordinairement la sus-tonique (n°s 1 et 2, ex. Z) ou la sensible (n° 3), quelquefois la dominante, comme au n° 4.

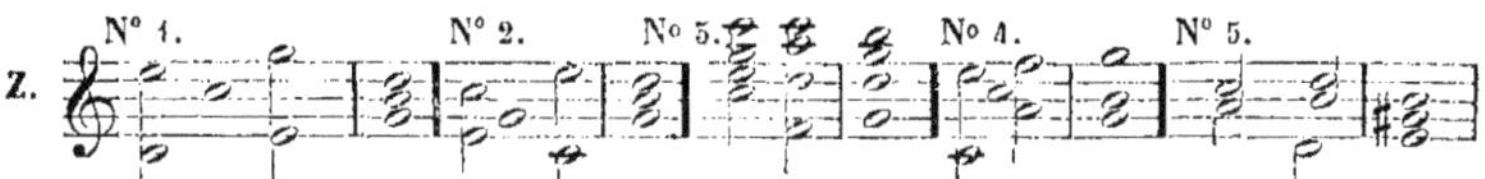

On peut, dans cet accord, exprimer la dissonante, et la donner même à la partie supérieure. Le sentiment de repos passager se trouve ainsi allié à celui d'une appellation énergique.

XI. **Cadence plagale.** — La cadence est plagale quand la basse n'annonce le repos final que par un saut, de la quarte à la tonique (n° 1, ex. A). Le dernier accord de tonique est ainsi précédé de l'accord

de sous-dominante. Cette cadence ne s'emploie que dans le style religieux, et encore s'y montre-t-elle assez rarement. Elle prend facilement les formes n°s 2 et 3. L'harmonie des n°s 4 et 5 semble moins concluşive.

XII. **Cadence rompue.** — Les auteurs donnent généralement le même sens aux expressions : *cadence rompue, cadence interrompue, cadence évitée, cadence d'ingano* (cadence par tromperie). Ils désignent par ces mots, la succession, dans une cadence parfaite annoncée et attendue, d'un accord quelconque autre que celui de la tonique avec cette note pour basse sensible, à l'accord de dominante, comme aux n°s 1, 2 et 3 (ex. B). Cette définition ne s'applique cependant qu'à l'in-

terruption harmonique ; car l'interruption mélodique peut exister même quand l'accord de tonique succède à l'accord de dominante (n° 4).

La variété des cadences rompues est immense. Le compositeur peut, en effet : 1° porter ou laisser la basse sur laquelle que ce soit des notes de la gamme enharmonique ; 2° considérer la note choisie, comme tonique, seconde, tierce, quarte, quinte, sixte ou septieme d'un nouveau ton et l'accompagner d'une maniere qui corresponde à cette qualité ; 3° lui donner, suivant le degré qu'il lui fait représenter, la variété d'accord que l'harmonie d'une gamme permet sur plusieurs de ses notes ; ainsi une sous-dominante peut recevoir l'accord de tierce quinte, ou de tierce sixte, une dominante, l'accord de septième ou de neuvième, etc. ; 4° l'accompagner avec des changements de positions dans les parties supérieures ; 5° la donner à un mode majeur ou à un mode mineur.

En comptant ces variétés, par la multiplication successive des nombres qui les représentent, on trouve des milliers de cadences rompues différentes, et encore ne tient-on pas compte des variétés que peuvent produire les retards et les altérations non tonales. — Beaucoup de ces interruptions, il est vrai, retombent les unes dans les autres ; plusieurs exigent telle position, tant dans l'accord qui les constitue que dans l'accord de dominante qui les précède, à cause des octaves et des quintes vicieuses ou trop dures qu'il faut éviter ; mais en restreignant le nombre, ces exceptions le laissent encore très grand. — Les interruptions peuvent être d'un emploi plus fréquent dans les compositions instrumentales. Il est fort avantageux de les étudier sur un instrument à touches, piano, orgue, etc., afin de se familiariser avec leur grand nombre et d'apprécier leurs effets. — Lorsque la basse doit se porter sur l'une des notes de l'accord de dominante et l'altérer, il ne faut pas exprimer cette note dans l'accord précédent, afin d'éviter une fausse relation.

La cadence interrompue peut ne constituer qu'un petit détour, après lequel on revient à l'accord de dominante pour interrompre encore ou terminer, comme elle peut être le point de départ d'une modulation fixe plus ou moins éloignée.

Voici quelques-unes des interruptions que l'on peut faire, sur la sixte, par exemple.

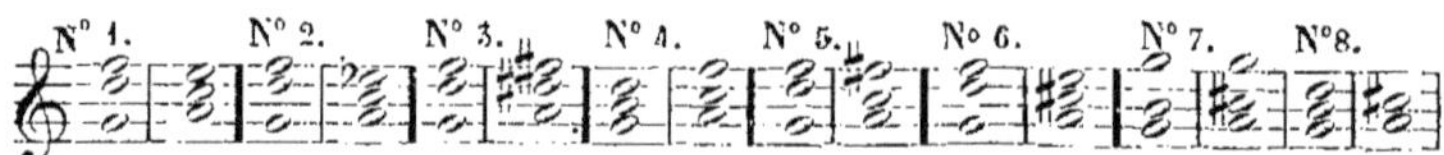

XIII. **Progressions.** — Comme on l'a vu précédemment, chaque degré d'une gamme veut son accord spécial, la tonique, l'accord de quinte, la tierce l'accord de sixte, etc. : ce n'est qu'avec cette harmonie particulière que les notes gardent leur caractère tonal et satisfont notre intelligence.

Toutefois, on peut mettre momentanément en oubli ce caractère, et placer un accord quelconque sur quel degré que ce soit, lorsqu'il résulte de la marche symétrique de toutes les parties, sans mouvements défendus de quintes ou d'octaves. Cette reproduction s'appelle *progression* ou *marche harmonique*.

Une progression est *modulante* quand des accidents annoncent successivement des passages à des tons différents, sinon elle est *tonale;* elle est *mélodique* ou *harmonique* suivant que l'intérêt consiste dans une partie seulement ou dans l'ensemble de plusieurs parties ; *dissonnante* quand elle contient des dissonnances tonales, *consonnante* dès qu'elles n'en présente aucune.

Le plus souvent, une progression ne se compose que de deux accords différents : il n'est pas impossible d'en employer davantage ; mais leur nombre doit toujours être assez restreint et leur retour assez rapproché pour que l'oreille soit vivement frappée par cette succession. Chacun des accords, la première fois qu'il paraît, doit être en rapport avec les exigences tonales de la basse, parce que nulle symétrie n'a encore fait oublier la tonalité.

La progression se termine quand on le veut. Le meilleur moment est celui où l'accord se trouve plus ou moins en rapport avec la tonalité, par l'effet du degré sur lequel il est arrivé. Ce rapport se rencontre toujours parfaitement, au moins lorsque la progression a parcouru une octave. Ces huit degrés diatoniques forment la plus grande étendue des progressions qu'offrent généralement les théoriciens. Les compositeurs se resserrent toujours dans des limites plus étroites.

Voici, pour compléter ces explications, les progressions les plus intéressantes que donnent les théoriciens : on n'en trouvera ici que la *clef*, le point d'interruption est laissé au goût de l'harmoniste.

CHOEUR DE GUERRIERS PAR SACCHINI

(OEDIPE A COLONE)

CHAPITRE NEUVIÈME

I. **Mélodie.** — Une mélodie est une suite de sons musicaux dont l'ensemble forme un sens ; ou comme l'a dit excellemment un Saint-Père : *une suite de sons qui s'appellent.* Cette attraction des sons voisins les uns des autres et cette convenance qui les unit ensemble, leur vient plus ou moins : 1° de l'accord unique auquel ils appartiennent : les harmoniques de la tonique, comme celle de la dominante, ont, en mélodie aussi, beaucoup de rapport entre elles ; 2° de la gamme unique dont ils sont les éléments ; 3° des valeurs de notes égales ou analogues ; 4° de la symétrie des intervalles ; 5° de l'affinité, dans les modulations, du ton dans lequel on passe, avec le ton précédent ou avec le ton principal ;

6° de l'unité de timbre : si parfaite que soit la liaison des dessins dans une phrase, ils paraîtraient souvent décousus s'ils étaient chantés par des voix différentes ; 7° de la symétrie des notes des temps forts ou des temps faibles entre elles ; 8° des cadences ou repos et des divisions symétriques qu'elles produisent.

Ces liens matériels, pour ainsi dire, ces traits d'union palpables doivent toujours exister d'une manière plus ou moins sensible dans une mélodie, cependant ils ne suffisent pas pour lui donner un vrai mérite, pas plus que suffit à un discours, pour qu'il soit éloquent, le parfait enchaînement de tous les mots dont il se compose. Il faut aux sons une liaison spirituelle qui résulte de leur expression générale pour rendre une même pensée ou plusieurs pensées relatives entre elles. — Les couleurs sont d'un bel effet, dans un tableau, dès qu'elles représentent parfaitement l'objet que le peintre avait en vue. On n'examine pas si une part égale a été faite aux plus éclatantes ; si elles sont disposées de manière à produire des contrastes frappants : on examine si l'image est naturelle, vivante, parlante pour ainsi dire, et dès qu'on a constaté ces qualités, on trouve qu'elles ont toute l'union, toute la symétrie, tous les rapports désirables. — Il en est à peu près de même pour les sons.

Mais cette idée secrète du compositeur, c'est à lui de la concevoir ; c'est à lui de former le tableau spirituel dont les sons formeront la reproduction. Ce travail ne peut pas, au moins dans un traité élémentaire, recevoir des explications, ni être l'objet de quelques préceptes. Aussi il ne sera ici question que des éléments de la mélodie considérés dans leur expression matérielle : dessins, rhythmes, etc. — Les mélodies vocales ont ordinairement moins de notes brèves et de successions rapides que les mélodies instrumentales.

II. **Intervalles mélodiques**. — Les anciens contrapuntistes bannissaient de leurs mélodies, pour difficulté d'exécution, la quarte, la sixte et la septième majeures, la septième mineure, tous les intervalles composés et généralement les intervalles augmentés ou diminués. Les compositeurs modernes sont moins rigoureux. Ils admettent sans difficulté la sixte majeure, la septième mineure et bon nombre d'intervalles diminués. Ils écrivent aussi la neuvième majeure ou mineure et la quarte majeure. Les intervalles augmentés sont rarement employés. — La difficulté ou la facilité d'un intervalle ne dépend pas seulement de sa nature, de son étendue plus ou moins grande, mais aussi de ses rapports avec les intervalles qui le précèdent. La symétrie peut rendre très facile un intervalle difficile.

III. **Cadences mélodiques**. — Le mot cadence se prend ici dans le sens de repos. Les repos, dans une mélodie, peuvent être marqués par une note plus longue que celle qui la précède, par un signe quelconque de silence et aussi par le retour des groupes de notes identiques ou semblables et par l'emploi de certaines formes, telle que l'appoggiature, etc. : ainsi aux points *a*, *b* et *c* (ex. A), on sent de suite qu'une

légère interruption est possible, quoique la note ne soit pas plus longue que celle qui la précède et que nul signe de silence ne s'y trouve exprimé.

On compte en mélodie quatre espèces de repos : 1° *le quart de cadence* : il se fait sur quelle note que ce soit de la gamme ; 2° la *demi-cadence* : on la forme peu souvent sur la tonique, difficilement sur la quarte ou la sixte, très facilement sur les autres notes ; 3° *le trois quarts de cadence* qui existe lorsque l'on fait une modulation passagère avec cadence, au ton majeur de la dominante et même au ton mineur de la tierce ou de la sixte quand le ton principal est majeur ; au ton mineur de la dominante ou au ton majeur de la tierce quand le ton principal est mineur : il ne serait peut-être pas impossible de faire des trois quarts de cadence à d'autres tons encore ; 4° la *cadence parfaite* : elle ne peut avoir lieu que sur la tonique d'un ton principal (ex. B).

Ces différents repos se connaissent non-seulement aux notes sur lesquelles ils se forment, mais aussi aux parties de mélodie entre lesquelles ils se trouvent ; le quart de cadence termine un *dessin*, la demi-cadence un *rhythme* ou *membre*, le trois quarts de cadence et la cadence parfaite, une phrase ou une période.

En principe général les temps forts sont préférables pour le repos. Le quart de cadence, toutefois, se fait assez souvent sur le temps faible ; la demi-cadence ne s'y fait que rarement. Le trois quarts de cadence et la cadence parfaite se font au temps le plus fort, au premier temps de la mesure. L'appoggiature ou le retard peuvent les porter au temps fort secondaire, au troisième temps dans la mesure à quatre temps ; il est bien rare qu'ils les portent au deuxième temps ; jamais ils ne les porteront au quatrième temps. — Quand la demi-cadence se trouve placée au temps faible, c'est ordinairement aussi par l'effet d'une appoggiature ou d'un retard. Les cadences aux temps forts conviennent aux vers masculins ; celles aux temps faibles, aux vers féminins, parce qu'elles ne font pas trop ressortir l'*e* muet de ces derniers. De là cette dénomination : *cadences masculines, cadences féminines*. — Ceux qui s'exercent pour les premières fois à composer placent facilement les repos au dernier temps de la mesure. On ne peut rien faire de plus désagréable pour le sentiment musical.

IV. **Ponctuation musicale.** — Les quatre repos que l'on vient de voir correspondent, avec une certaine exactitude, à ceux qu'indiquent grammaticalement les quatre signes de ponctuation : la virgule, le point et virgule, les deux points et le point. — Le point d'interrogation est exprimé plus ou moins parfaitement par toute forme, dessin, phrase, etc., qui, bien que suffisamment complète pour permettre un petit silence et un changement de timbre, manifeste cependant une suspension et appelle une terminaison. En harmonie, la résolution de l'accord de sixte augmentée sur la dominante l'exprime assez bien. — Les résolutions enharmoniques et les passages à des tons éloignés font l'effet du point d'exclamation.

V. **Dessin mélodique.** — On appelle *dessin* un ensemble de quelques notes entre lesquelles le sens ne peut permettre aucun repos. C'est essentiellement le repos qui distingue les dessins les uns des autres. On a vu comment il se manifeste.

Dans cet exemple C, au n° 2, la durée de la note *ut* devient assez

grande, comparativement, pour former un quart de cadence et diviser en deux dessins le dessin unique du n° 1.

Deux dessins sont identiques et forment ainsi la répétition l'un de l'autre, quand ils offrent une parité parfaite dans le nombre, la valeur et l'ordre de succession des notes et une grande analogie au moins, dans la direction suivant laquelle elles se meuvent, sinon ils sont différents. Dans l'exemple D, les dessins des n°s 1, 2 et 3 sont tous différents ; ceux

des n°s 1 et 4 doivent, d'après Reicha, être considérés comme identiques. — Les dessins peuvent se ressembler à mille degrés différents. Il sera souvent assez difficile et, heureusement, assez inutile de décider si plusieurs dessins sont ou ne sont pas identiques.

Pour former un dessin, il faut au moins deux notes d'une certaine durée. Les dessins les plus étendus ne vont guère au delà de deux mesures à quatre temps, surtout lorsque le mouvement est lent.

VI. **Rhythme. Membre.** — M. Fétis distingue le *rhythme*

phraséologique et le *rhythme de temps*. Il entend par ce dernier *la symétrie entre les valeurs de durée des sons*. Ces combinaisons de durée s'étudient spécialement dans une mesure. Voici les plus simples :

On peut, dans une phrase, changer le rhythme à chaque mesure, comme on peut le conserver longtemps identique. — Dans les rhythmes qui précèdent, les plus grandes durées sont aux temps forts : on peut les placer au temps faible et produire ainsi des *rhythmes syncopés*. Il faut de l'habileté pour combiner ces rhythmes avec les autres, sans nuire à la symétrie générale ; mais en eux-mêmes ils sont très expressifs. C'est en bonne partie du rhythme syncopé que vient le charme de cette phrase si connue de Bellini :

Les grands maitres ont tiré les plus beaux effets du rhythme syncopé.

Le *rhythme phraséologique* et le *membre* désignent un même objet, un fragment de mélodie terminé par une demi-cadence, ou s'il est à la fin d'une phrase, par une cadence parfaite. Il s'appelle *membre* quand on envisage en lui la nature, le nombre et la convenance entre eux des dessins qu'il contient, et aussi la place qu'il occupe dans la phrase ; *rhythme* quand on le considère sous le rapport du nombre des mesures qui le composent. — Le rhythme phraséologique et le rhythme de temps peuvent aller l'un sans l'autre ; souvent, toutefois, on les combine, tant en n'employant, dans plusieurs groupes de quelques mesures, qu'un seul rhythme de temps pour toutes, qu'en ne le donnant qu'aux mesures de même rang, tel rhythme à toutes les premières mesures, tel autre à toutes les secondes, etc. — Il y a des rhythmes phraséologiques de deux, de trois, de quatre, de cinq, de six et de huit mesures. On emploie de préférence les rhythmes pairs, et de préférence encore le rhythme de quatre mesures, appelé *rhythme carré* ; cependant ils peuvent tous, suivant les circonstances, être d'un bon effet.

Notre sentiment musical exige que la disposition des rhythmes soit symétrique. Elle l'est spécialement quand chacun est accompagné d'un ou même de plusieurs rhythmes de même étendue. Ce sont surtout les rhythmes courts, ceux de deux, de trois ou de quatre mesures, qui doivent ainsi s'accompagner réciproquement.

Le rhythme de cinq mesures s'emploie assez rarement, celui de six mesures, très souvent. C'est, suivant Reicha, un des meilleurs rhythmes après celui de quatre mesures; seulement pour qu'il produise un bon effet, surtout quand le mouvement est lent et la mesure étendue comme celle à quatre temps, il faut que des repos plus ou moins sensibles permettent de le diviser en deux ou trois parties, comme dans l'ex. E.

E. 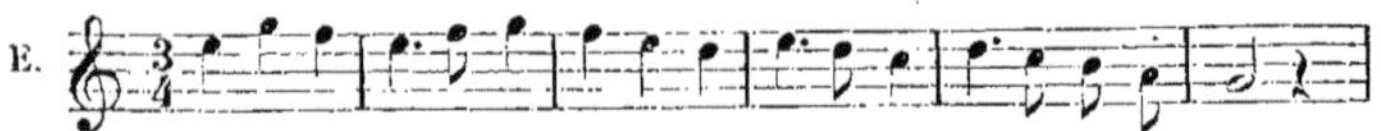

Dans ces mêmes conditions, le rhythme de huit mesures doit aussi être divisible en deux ou en quatre parties. — L'un et l'autre peut être employé seul ou avec son compagnon. Il en est de même pour le rhythme de cinq mesures. Le rhythme de sept mesures n'est pas usité.

Cette symétrie rigoureusement calculée est surtout pour les commençants. Les grands compositeurs l'ont quelquefois oubliée. Cependant ce n'est jamais cette absence qui a fait le mérite de leurs œuvres. Aussi retrouve-t-on généralement dans leurs meilleures productions une parfaite régularité de rhythme. — Les commençants ne sauraient mieux faire, dans leurs exercices, que de prendre, comme patron, un morceau bien composé et d'en reproduire les rhythmes. Cette donnée, quoique insuffisante pour leur faire produire une œuvre de génie, facilitera singulièrement leur travail et préviendra l'emploi de rhythmes boiteux.

En énumérant les mesures d'un rhythme, il faut toujours tenir compte de celle dans laquelle il se termine, si incomplètement remplie qu'elle puisse être. Il en est autrement de la mesure initiale; elle ne compte jamais lorsque le rhythme ne l'occupe pas au moins à moitié. Elle ne compte même pas, la plupart du temps, lorsqu'elle est occupée à moitié, dès que le rhythme se termine d'ailleurs au premier temps de la dernière mesure.

VII. **Rhythmes raccourcis ou allongés.** — Un rhythme peut, sans que la symétrie en souffre, se trouver raccourci, au moins en apparence, par la *supposition*. Elle existe lorsqu'une mesure appartient à deux rhythmes à la fois, comme dans l'ex. F. On voit facilement que la

F. 

quatrième mesure termine le premier rhythme et commence en même temps le second, il y a donc là une mesure supposée. La supposition se rencontre souvent dans les cadences interrompues (ex. F).

Il n'est pas rare qu'un rhythme ait reçu un prolongement artificiel et se trouve, en réalité, plus court qu'il ne paraît. Ce prolongement peut être produit : 1° par l'imitation d'un trait mélodique ; ainsi le rhythme n° 1 de l'ex. G peut être considéré comme étant de quatre mesures

parce que la troisième mesure est la reproduction de la deuxième. Bien souvent, toutefois, ces mesures répétées comptent comme les autres. On peut trouver facilement des rhythmes carrés dont les trois premieres mesures ne sont que la répétition ou l'imitation les unes des autres. Les répétitions laissent donc beaucoup au goût, sinon à l'arbitraire quand il faut déterminer la longueur d'un rhythme. — En harmonie, quand les parties entrent successivement, à la distance d'une demi-mesure, d'une ou même de plusieurs mesures, on peut souvent considérer pour déterminer le rhythme, laquelle des parties que ce soit. Cependant ces entrées successives, lorsqu'elles reviennent souvent, affaiblissent facilement le rhythme et engendrent l'obscurité ; il est donc bon, de temps en temps, de faire articuler un rhythme bien caractérisé tout entier, soit par une seule partie, soit par toute les parties à la fois.

Un rhythme peut être allongé en apparence ; 2° par l'*écho* : on appelle ainsi la répétition à l'unisson ou à l'octave d'une ou de plusieurs des dernières mesures d'un rhythme : dans l'ex. G, le n° 2 forme un écho du n° 1 ; ces deux n°s ne comptent que pour quatre mesures, quoiqu'on leur en trouve sept ; 3° par le retard de la cadence parfaite résultant d'un prolongement mesuré de la pénultième, comme au n° 3 (ex. G), ou d'un point d'orgue seul ou suivi de fioritures. Pour la même raison, il semble qu'on pourrait donner à la pénultième et à l'antépénultième note, une longueur quelconque, lorsque d'ailleurs le sentiment de la cadence finale est bien accentué.

Comme causes qui peuvent rendre régulier ou irrégulier le rhythme, il faut citer encore : 1° La préférence donnée à telle mesure : ainsi le n° 1 (ex. H), avec la mesure à deux temps, offre deux rhythmes de trois

mesures, on peut donc passer à d'autres rhythmes ; avec la mesure à quatre temps, comme au n° 2, on a un rhythme de trois mesures, qui semble demander un compagnon; 2° Le choix des notes. Il a, au n° 1 (ex I), un rhythme qu'on trouve difficilement, celui de sept mesures.

Au n° 2, ce même air, reproduit avec diminution de moitié dans la valeur des notes, revient à un rhythme carré.

Tous ces principes sur la symétrie mélodique demandent, dans leur application, un sentiment naturel du rhythme, car on peut écrire des mélodies pitoyablement rhythmées, sans en violer cependant aucun, de la même manière qu'après avoir assemblé, suivant les règles de la grammaire et de la versification, plusieurs lignes de douze syllabes, on peut n'avoir produit qu'une détestable poésie.

VIII **Phrase musicale.** — On a défini la phrase musicale : *une pensée dont toutes les parties sont si étroitement liées entre elles que, si on les considère séparées les unes des autres, elles restent dépourvues de sens.* Un grand nombre ont voulu l'assimiler à la proposition grammaticale formée d'un sujet d'un verbe et d'un attribut. S'il n'y a pas entre ces deux objets une ressemblance parfaite, il y a au moins une certaine analogie dont l'étude peut être avantageuse pour la connaissance de la phrase musicale. Cette dernière, comme la proposition grammaticale, forme un tout qui commence, progresse et se termine. Seulement les dessins ou membres dont elle se compose n'ont pas des qualités spéciales qui déterminent leur place comme les mots qui sont des *substantifs* ou des *verbes*, etc. ; ils n'ont pas non plus un sens rigoureusement défini ; c'est pour cela que, dans leur enchainement, une large part est faite au caprice, au goût et au génie. Ceux qui ont une ressemblance plus ou moins parfaite seront plus facilement acceptés par notre intelligence ; cependant elle peut aussi être vivement intéressée par des dessins qui se succéderont sans aucun rapport apparent. Le génie sait dicter de ces transitions. Au sentiment de surprise éprouvé à la première audition, succédera une satisfaction parfaite, et après qu'on les aura entendus plusieurs fois les uns à la suite des autres, ces dessins disparates sembleront n'avoir pu être créés que pour être combinés de cette manière. Dans le mottet de la page 72, par exemple, le dessin de la cinquième mesure, quoique bien différent de ce qui le précède, est, sous tous rapports, d'un bon effet. — Il faut bien du goût et de l'habileté pour faire heureusement ces assemblages. Le compositeur qui n'a pas encore une grande expérience fera mieux de s'en tenir modestement et prudemment aux successions soigneusement liées, faisant ainsi une place égale aux deux éléments de la bonne musique, l'unité et la variété.

C'est le précepte des anciens qui demandaient pour un chant la ressemblance dans la dissemblance, *similitudo dissimilium.*

IX. **Sujet, motif, thème.** — Ces mots désignent généralement la première phrase d'une composition musicale. Pour celle-là, on peut à la rigueur la former d'un même dessin répété ou de plusieurs dessins semblables ; mais on se ménage plus de ressources pour les développements lorsqu'on y fait entrer des dessins différents. L'oreille est d'ailleurs très disposée à les accepter. A un premier dessin, ainsi au dessin n° 1 (ex. J), on pourra, sans la blesser, faire succéder lequel que ce soit des

dessins de tous ces n^os^ et mille autres encore. L'artiste tirera ensuite plus ou moins directement de ce thème toutes les phrases de sa composition ; encore faudra-t-il qu'il la fasse bien étendue pour qu'il emploie tous ces éléments. — Le savant peut trouver la matière de plusieurs volumes dans une seule proposition, dans celle-ci, par exemple : *C'est Dieu qui a créé le monde.* Il y a là quelques idées qui en appellent un grand nombre d'autres : *Dieu,* son existence, sa nature, ses perfections, etc., etc., *qui a créé,* quand? dans quel but? comment? etc., etc., *le monde,* ses éléments, ses êtres différents : c'est d'une manière à peu près analogue que l'on peut faire découler toute une composition de la phrase première. — Il n'y a cependant rien d'absolu touchant le motif. Il sera souvent formé d'un dessin unique et pauvre en variété. La suite continuant à exprimer les mêmes sentiments de joie, de tristesse, de calme, de colère qu'il a réveillés, personne ne sera frappé d'un manque d'unité, lors même qu'il n'y aura pas des rapports matériels évidents entre la première phrase et toutes les phrases suivantes.

X. **Période.** — Il n'y a pas de règles bien précises pour distinguer, en musique, la phrase de la période. Reicha s'est peu occupé de la première ; aussi il appelle *période* tout membre ou tout ensemble de membres terminé par un trois quarts de cadence ou par une cadence parfaite. « Deux phrases de huit mesures chacune, dit M. Fétis, divisées en deux « membres de quatre, composent une période lorsque la première ne « présente pas un sens fini. » Dans l'exemple qu'il donne, la première phrase dont le sens n'est pas fini se termine par un trois quarts de cadence au ton de la dominante, la seconde se termine par une cadence parfaite. C'est là sans doute une belle forme pour la période musicale ; c'est la reproduction de la grande période oratoire ; il semble cependant que l'on doit également appeler période une suite nombreuse de membres, terminée par un trois quarts de cadence ou par une cadence parfaite. Les rhéteurs appellent périodique une phrase qui présente plus de quatre membres; ils reconnaissent ainsi que, si elle n'offre plus la stricte régularité de la période, elle en retient cependant la nature.

Une phrase peut n'avoir qu'un seul membre, telle est la phrase de l'ex. E (page 105), elle peut également se composer de deux ou trois membres. — On ne doit pas donner aux périodes une longueur de plus de six ou sept membres : il faudrait trop d'effort pour les comprendre. Dans un mouvement lent et avec la mesure à quatre temps, une période ne pourrait pas se prolonger au delà de quatorze ou seize mesures sans devenir obscure; si le mouvement est rapide, on pourrait aller jusqu'au double de cette longueur.

Pour une bonne période, il faut, d'après Reicha : 1° que les membres soient variés, de telle sorte qu'ils ne produisent point de monotonie; 2° qu'ils soient rendus bien distincts par les demi-cadences qui les séparent; 3° qu'ils soit homogènes, respirant les mêmes sentiments et offrant le même caractère; 4° que les demi-cadences ne soient pas exprimées par des notes ou des silences trop prolongés dans toutes les parties à la fois, ce qui ferait languir l'intérêt. Le passage suivant que l'on trouve dans l'oratorio : *Le Christ au Jardin des Olives*, par Beethowen, est un beau modèle de période.

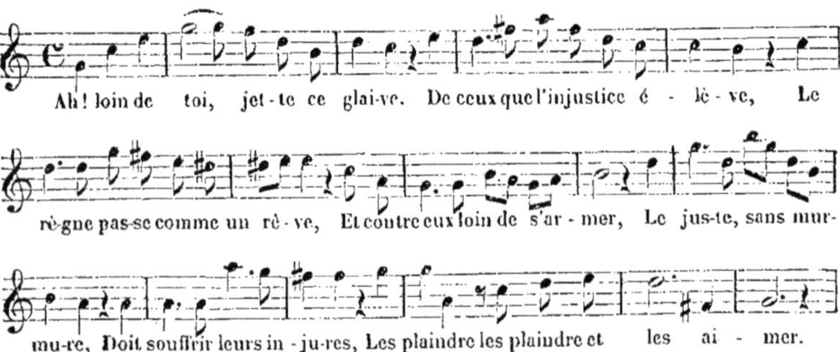

On peut toujours allonger une période en substituant une demi-cadence à la cadence parfaite. Bon nombre de mélodies ne se terminent pas sans avoir fait plusieurs cadences rompues : la conclusion finale se trouve ainsi plus parfaite, parce qu'elle a été plus clairement annoncée et plus longtemps désirée. — On trouve des mélodies de toutes longueurs. Les chansons populaires, les cantiques sont souvent d'une seule période. — Pour la manière dont elles doivent s'enchaîner et se succéder quand elles sont nombreuses, voir plus loin les *modulations* et les *coupes*.

XI. **Mélodie et harmonie.** — La mélodie est le plus simple et le plus naturel des moyens que nous offre l'art musical pour exprimer nos sentiments. Elle est probablement aussi ancienne que l'homme, non pas dans toutes les règles qu'elle suit aujourd'hui, mais dans son essence; aussi ancienne que la parole, dont elle n'est d'ailleurs qu'une des formes les plus expressives, car la parole d'un orateur dominé par un sentiment énergique se rapproche beaucoup d'une mélodie. — L'harmonie est moins dans la nature que la mélodie. Le sauvage, captivé de suite par cette dernière, sera effrayé par celle-là. On ne trouve nulle part, dans la création, des sons qui se combinent de manière à donner la moindre idée de nos accords. Aussi nos regles d'harmonie sont loin d'être anciennes. Les nombreux musiciens qui célébraient déjà, au temple de Jérusalem, l'éternelle bonté et miséricorde de Dieu, ne se réduisaient probablement pas à un constant unisson, mais les lois de leur harmonie nous sont inconnues : celles qui reglent la nôtre ne datent que de quelques siècles, et encore étaient-elles, au commencement, bien loin de ce qu'elles sont aujourd'hui.

Il est difficile de dire laquelle, en principe, est préférable de la mélodie ou de l'harmonie; les raisonnements des théoriciens ont laissé cette question encore indécise. A coup sûr, des accords qui n'offrent aucune trace de mélodie peuvent réveiller des idées et exprimer des sentiments, lorsque d'ailleurs ils sont habilements enchaînés, qu'ils offrent des rhythmes, des cadences, etc.; quelquefois cependant, peut-être même le plus souvent, l'harmonie n'est qu'un moyen et non un but; un moyen pour faire entendre plusieurs mélodies à la fois, si bien qu'elle est bonne, non pas à cause de ses qualités propres, mais à cause de ces mélodies qui, par elle, peuvent se faire entendre simultanément.

Le musicien doit s'exercer beaucoup à employer la mélodie et l'harmonie séparément, beaucoup plus encore à les combiner. — Il faut, pour l'harmonie, étudier sur des instruments à touches l'effet des accords permis et de leurs modifications, ainsi que celui des accords défendus, afin d'arriver à suivre, non plus la *lettre*, mais *l'esprit* des regles.

Depuis qu'elle s'est alliée à l'harmonie, la mélodie s'est enrichie d'un grand nombre de formes expressives et ingénieuses; elle s'est remplie d'artifices. Ceux qu'elle emploie de préférence consistent en retards, broderies, appoggiatures, etc. Elle s'efforce de donner le moins de temps possible aux notes qu'il faudrait nécessairement considérer comme réelles si on devait l'harmoniser; elle ne fait que les toucher d'un pied rapide et comme dédaigneux pour courir hors de l'harmonie et rentrer bien tard. Elle peut ainsi perdre quelque chose en gravité, mais elle gagne beaucoup en expression à cause des attractions qui résultent de ces formes.

XII. **Accompagnement d'une mélodie.** — Lorsqu'une mélodie est intéressante par elle-même, il faut, si on veut l'harmoniser, ne lui donner qu'un accompagnement très simple, afin de ne pas distraire l'auditeur. — Dans une composition instrumentale, on fait souvent frapper les basses sur la partie forte du temps et les autres parties d'accompagnement sur la partie faible, comme aux nos 1, 2 et 3 (ex. K). Ces for-

mes rendent bien sensible le mouvement, une des quantités essentielles d'une composition musicale, surtout lorsqu'elle est pour des instruments. Elles peuvent se pratiquer sur des instruments à touches. On y pratique aussi celles qui consistent à frapper successivement les notes de l'accord, comme aux nos 4 et 5. Ces dessins, formés des harmoniques d'un accord, s'appellent *arpèges* ; on peut les varier par des broderies, des notes de passage, etc. — Dans les compositions vocales, on accompagne quelquefois une mélodie par l'harmonie bourdonnante des bouches fermées. — Il est bon de donner à un accompagnement des notes brèves, là où celles de la mélodie sont longues, afin de maintenir le mouvement. Ceci, toutefois, ne s'appliquerait pas au cas où l'accompagnement n'est formé que par deux parties dont l'une fait la tierce ou la sixte en-dessous de la mélodie, pendant que l'autre se repose sur une basse plus ou moins *continue*. — Si la mélodie est intéressante, il est bon que la seconde partie ne change pas sans nécessité son intervalle de tierce contre celui de sixte et réciproquement, afin de moins distraire. Lorsque ce changement est devenu inévitable, on le fait de préférence aux repos, quarts de cadence, etc.

Il est rare, surtout dans les compositions pour voix égales, qu'on doive faire entendre ces longues mélodies qui, se trouvant assez intéressantes par elles-mêmes, ne demande qu'un accord plaqué de la plus grande simplicité. Autant vaudrait les donner en *solo*. Quant à ces mélodies composées d'abord pour être entendues sans accompagnement et harmonisées ensuite par un musicien quelconque, elles auront nécessairement perdu en valeur dans cette transformation, à moins que ce travail n'ait été une véritable composition avec développement. Il ne fait pas blâmer le goût de leur auteur en admirant son génie. S'il les a destinées à être entendues seules, on doit supposer en général que c'est dans cet état qu'elles peuvent produire le plus d'effet.

Reicha fait remarquer que l'harmonie doit toujours laisser aux cadences mélodiques leur caractère. En supposant donc que le n° 1 (ex. L) est le début d'une mélodie, l'harmonie en est vicieuse parce qu'elle

place la formule de la cadence parfaite sous un repos mélodique qui est à peine une demi-cadence. Les nos 2 et 3 n'offrent plus cette disconvenance entre l'harmonie et la mélodie.

XIII. **Mélodies en unisson.** — Dans les chœurs, on peut facilement employer de temps à autre des unissons. On les place de préférence sur ces points où la mélodie exprime les harmoniques d'un ou de plusieurs accords. L'harmonie serait là sans intérêt. Dites par un ensemble de voix, ces harmoniques deviennent très expressives; de plus elles forment un contraste frappant avec l'harmonie qui a précédé ou qui suivra. — On peut, pour ces unissons, ramener insensiblement, dans un même membre, et sans repos, toutes les parties aux mêmes notes, ou les faire commencer à l'unisson pour les diviser ensuite dans leur marche, ou bien encore faire dire à l'unisson un dessin ou un membre, etc. Il faut de préférence faire commencer et finir l'unisson sur les notes principales qui reçoivent sans peine des redoublements. Ces combinaisons, placées à propos, peuvent être d'un très bel effet. On ne saurait trop s'exercer à les employer, surtout dans les compositions à ressources limitées, comme celles destinées aux voix égales.

XIV. **Mélodies dialoguées.** — Une mélodie peut tirer un grand intérêt de la variété des timbres, qu'en disent différentes parties. Pour que les changements de voix produisent une conversation et non une suite des sons dépourvus de rapports, il faut qu'ils se trouvent à un repos d'un quart de cadence au moins. La conversation est plus intéressante quand ces finales sont très attractives et appellent vivement un repos; plus intéressante encore lorsque les successions se font à des intervalles de plus en plus restreints jusqu'à ce qu'on arrive au chant simultané. — Il peut être avantageux de faire croiser quelquefois les parties supérieures. Ces timbres différents, qui dominent tour à tour, produisent de la variété. Quand le croisement se fait entre les parties inférieures, la partie qui devient la plus grave doit être bonne basse, harmoniquement parlant.

XV. **Exercices sur la mélodie.** — A. Reicha, dans son *Traité de Mélodie*, se plaint vivement, et à juste titre, du peu de temps que mettent les musiciens à s'exercer dans la mélodie. Pour opposer le remède au mal, en tant qu'il vient du défaut de direction, il indique, dans une suite de propositions, les différents points sur lesquels il est bon d'appliquer ses études. Voici substantiellement le travail qu'il propose : 1° Créer des phrases et des périodes avec des sons déterminés. J.-J. Rousseau, avec trois notes seulement, *sol, la, si,* a composé cette belle mélodie :

2° créer des phrases et des périodes avec un seul dessin ; 3° s'exercer avec les différents rhythmes ; 4° faire des morceaux mélodiques en modulant aux différents relatifs ; 5° s'exercer dans les périodes mélodiques en accourcissant une période, en l'allongeant, en enchaînant plusieurs périodes entre elles et faisant un heureux mélange de périodes longues et courtes ; 6° varier ou broder une phrase, un motif, une période ; on emploie pour cela les notes de passage, les appoggiatures et toutes les ressources qu'on verra plus loin au point *variations* ; 7° composer des mélodies dans les différentes coupes ; on verra les plus classiques : il peut être fort avantageux d'étudier dans des compositions de mérite l'ordre et l'enchaînement des mélodies et de s'efforcer de reproduire ces coupes ; 8° accompagner une mélodie avec le moins de changements d'accords possible ; 9° chercher une mélodie sur une harmonie donnée ; 10° dialoguer la mélodie.

XVI. Développement mélodique d'un motif. — On peut, avec un seul motif, former de nombreuses périodes mélodiques. Il faut pour cela considérer les dessins et les traits différents dont il est formé. On voit que ce motif :

en offre dix-huit parfaitement distincts. La période suivante :

est formée des trois premiers seulement. On pourrait facilement en tirer d'autres périodes encore. Il y a donc dans tout ce motif des éléments suffisants pour vingt périodes. On les formera en répétant ces dessins, en les imitant, en intervertissant l'ordre de leur succession, en les disposant en progressions, etc. On pourra les placer de toute sorte de manières, les transposer, etc., sans altérer leur variété et leur unité.

CHAPITRE DIXIÈME

I. **Modulations**. — Les modulations sont d'une grande importance dans la composition musicale. Souvent le mérite principal d'un œuvre viendra en bonne partie de leur à propos et des contrastes qu'elles produiront. Ce serait se tromper, toutefois, que de les croire indispensables : des compositions, même d'une certaine étendue, qui n'offriront pour toute modulation que des repos bien passagers à deux ou trois tons relatifs, peuvent avoir tout l'intérêt désirable ; les imitations de toute espèce, les dialogues, les successions d'unissons et d'accords, etc., le donneront suffisamment. — Les modulations sont donc bonnes en elles-mêmes ; il est généralement avantageux de les employer, mais à cette condition qu'on le fera toujours avec sobriété. La multiplicité des modulations ne produira jamais cette musique pure et suave, qui touche l'âme doucement, la captive et l'élève sans la distraire violemment, ni la fatiguer par des émotions incessantes. — Beaucoup de mélodies modernes offrent trop de modulations.

II. **Ordre modulatif**. — On entend par ces mots la succession suivant laquelle les différents tons relatifs ou non relatifs doivent prendre place dans une composition. « Dans les compositions antérieures au « XVIIIe siècle, et surtout dans celles d'un style sévère, dit M. Concone, « la modulation se bornait en général au parcours des tons relatifs. De « nos jours, voici quels sont, à notre avis, les tons que l'usage a consacrés « comme les plus rapprochés d'un ton primitif. »

A la 5te, mode maj. — A la 6te, mod. min. — A la 4te, mod. maj. — A la 3e, m. min. — A la ton., m. min. — A la 6te min., m. maj. — A la 3e min., m. maj. — A la 2de, m. min.

A. 1. 2. 3. 4. 5. 6. 7. 8.

En *fa* majeur.

Cet ordre est exact généralement ; toutefois, il l'est à des degrés différents suivant qu'il s'entend de la facilité du passage ou du séjour dans ces tons, ou du retour de là au ton principal. Et même il faut nécessairement faire une exception pour le n° 1 de l'ex. B. C'est à la fin de l'exemple qu'il a sa vraie place. Sans doute il n'est pas difficile de passer d'un ton mineur au ton majeur de même tonique ; mais il ne reste pas moins vrai que cette modulation se fait assez rarement. — Parce que la nomenclature de l'ex. B est plus restreinte que celle de l'ex. A, il ne faudrait pas croire que le ton mineur a, pour la modulation, moins de portes ouvertes que le ton majeur, car il en a au contraire bien plus, à cause de ses trois intervalles de seconde mineure. On peut de *ré* mineur passer plus ou moins directement à tous les tons auxquels on passe de *fa* majeur.

III. Comment on module. — Cette question en soulève deux autres : quel est l'accord qui forme le point de départ dans le ton que l'on quitte? quel est l'accord qui doit former le point d'arrivée dans le nouveau ton? Ce point de départ, c'est un accord quelconque de dominante, de tonique, etc., direct ou renversé, naturel ou altéré de toutes les manières possibles. Le point d'arrivée est invariablement l'accord de dominante du nouveau ton. Il peut être direct ou renversé. Quand l'accord de tonique du nouveau ton lui a succédé, on a une modulation ***indiquée.*** Elle sera ***établie*** fixe ou passagère quand, à ces accords, on aura fait succéder une cadence parfaite, suivant la forme la plus conclusive. — Quelquefois cette cadence se fait de suite au moment de la modulation avant que l'accord de dominante et celui de tonique se soient fait entendre; il résulte de cela une *ellipse.* — L'ellipse musicale consiste, en harmonie, dans le retranchement d'un ou de deux accords qu'il faut rétablir pour ramener une succession aux principes généraux. Ainsi dans l'ex. C., nos 1 et 2, on doit nécessairement, d'après Concone, reconnaître

comme sous-entendus les accords écrits entre les blanches. On forme bien souvent des ellipses en faisant succéder à un accord de dominante l'accord de tonique d'un autre ton. Quelquefois même on va, comme au n° 3, d'un accord de tonique à un autre plus ou moins éloigné, pour revenir ensuite directement au point de départ. Ces transitions, qui ne sont pas des modulations proprement dites, peuvent être employées très avantageusement sous des notes d'une grande durée. On peut faire jouer aux notes au moins six rôles différents, les considérant successivement comme tonique, tierce et quinte d'un accord majeur et d'un accord mineur. Ce procédé offre une grande ressource, dans le plain-chant, pour varier l'accompagnement des longues dominantes des psaumes.

IV. **Modulations par enharmonie**. — Pour passer à des tons éloignés, on peut souvent recourir à l'enharmonie. On considère pour cela certaines notes sous un nom nouveau, et on leur donne, en conséquence, les résolutions inattendues qui sont en rapport avec ce nom. Si l'on considère, par exemple, l'accord *ut, mi, sol*, sous la forme *si* dièse, *mi, sol*, on peut lui faire succéder l'accord *si* dièse, *ré* dièse, *fa* dièse, puis l'accord en *ut* dièse mineur. L'accord de septième de dominante peut donner lieu, par sa quinte majeure *sol, si, ré*, à des enharmonies analogues; par sa septième mineure, il revient à un accord de quinte sixte augmentée et se résoud sur la quarte diésée qui devient ainsi dominante. Réciproquement, l'accord de quinte sixte augmentée revient à un accord de dominante. — L'accord de septième diminuée, en *la* mineur, *sol* dièse, *si, ré, fa*, peut recevoir, outre sa résolution naturelle sur l'accord de tonique en *la* mineur, les résolutions enharmoniques des n°s 1, 2 et 3 (ex. D). Et comme cet accord, produit par la

substitution dans l'accord de dominante, n'emporte pas essentiellement avec lui le mode mineur, car c'est la tierce du ton qui caractérise le mode, et qu'il s'emploie aussi dans le mode majeur, il pourra se résoudre en *ut* maj., en *mi* bémol maj., en *fa* dièse maj. et en *la* maj. En outre, puisqu'il n'offre ni quinte, ni octave juste, on peut lui faire succéder chromatiquement, et par mouvement parallèle, un ou plusieurs accords de même nature (n° 4). Ainsi qu'on le voit, au quatrième accord les notes reviennent les mêmes qu'au premier; mais ces trois accords n'offrant aucune note commune ouvrent chacun une entrée dans quatre tons majeurs et dans quatre tons mineurs tous différents. Par là, en moins de rien, on se trouve dans lequel que ce soit des vingt-quatre tons musicaux. Il y a donc dans cette enharmonie une immense ressource. — Les différentes altérations accidentelles des accords, tant dans leur état naturel que dans les modifications enharmoniques, peuvent aussi servir pour accomplir ou faire pressentir des modulations.

L'enharmonie est un procédé dont on ne se servait guères avant la fin du XVIIIe siecle. Ce serait un grand abus de la prodiguer, surtout dans les compositions vocales, parce qu'elle engendre souvent des successions trop difficiles. Dans la musique instrumentale, spécialement sur les instruments à touches, elle peut conduire à de beaux effets.

V. **Quand faut-il moduler à tel ton?** — La réponse dépend de beaucoup de circonstances, spécialement de la longueur du morceau. Une composition d'une seule période, en *ut* majeur, par exemple, ne pourra gueres qu'indiquer une modulation en *ré* mineur. A partir d'*ut* il est facile d'entrer dans ce ton, facile d'en sortir, difficile de s'y arrêter. Peut-être ne serait-il pas impossible d'annoncer à la fin, dans une cadence rompue, *la* mineur ou *fa* majeur.

Si l'on a deux périodes, la terminaison de la première pourra être en *ut;* le plus souvent, toutefois, elle sera en *sol,* quelquefois en *mi* mineur; elle pourrait même être en *mi* avec *fa* naturel, ce qui ferait de *mi* non plus une tonique, mais une dominante : la cadence serait ainsi à la dominante de *la* mineur. Pour arriver en *sol,* on pourra passer par des modulations indiquées en *la* mineur, en *ut* mineur, en *mi* bémol majeur, etc. Tous ces détours ne feront point oublier le ton de la dominante *sol :* l'oreille ne sera satisfaite qu'au moment où il sera annoncé et établi. — Apres ce trois quarts de cadence, on pourra revenir immédiatement en *ut*, surtout si l'on doit reprendre le motif. Il sera mieux de revenir par les harmoniques, de la dominante, de suite ou après quelques modulations indiquées. Ces harmoniques *sol*, *si*, *ré*, *fa*, appelleront vivement le ton d'*ut*; on ne le quittera plus que par des modulations indiquées.

A trois périodes, on pourra moduler aux tons déjà cités. On pourra de plus faire appartenir la seconde période presque tout entière à un ton étranger, tel que *fa* majeur, *mi* bémol majeur, et la terminer dans ce ton. Meyerbeer fait ici finir en *la* mineur une phrase dont le corps

est en *ut* majeur ton principal. Hændel, voulant exprimer un grand sentiment de joie, termine en *fa* majeur une période dont le corps est en *ut* majeur ton principal. On trouve peu de ces terminaisons.

Toutes ces explications regardent en général les modulations qui ne se produisent que sur la fin d'une phrase ou d'une période. Pour celles que l'on fait au commencement, elles peuvent se produire ainsi; après un repos sur la tonique, en supposant *ut* majeur, on passera immédiatement en *sol* majeur, en *la* mineur, en *fa* majeur, en *ut* mineur, en *mi* mineur, en *mi* bémol majeur, etc. — En principe général, la modulation qui s'accomplit insensiblement en même temps que la période tend vers sa fin est plus intéressante que celle qu'on détermine comme d'un seul coup en se jetant dès le commencement dans un ton étranger.

Dans une composition dont le ton principal est mineur, ainsi en *la* mineur, à une seule période on pourra indiquer une modulation en *ut* majeur et même en *ré* mineur. Si l'on a deux périodes, la première se terminera le plus souvent en *ut* majeur, quelquefois en *mi* mineur, ou même elle se terminera à *mi* dominante et non tonique : on aura ainsi après un accord de sixte augmentée, l'accord *mi*, *sol* dièse, *si*, et non l'accord *mi*, *sol*, *si*, qui indiquerait le ton de *mi* mineur. Avec plus de deux périodes, on se jettera dans les autres tons qui se rapprochent de *la* mineur et aussi dans ceux qui se rapprochent d'*ut* majeur.

Dans une composition étendue, il y a nécessairement des tons qui deviennent principaux par l'effet d'une modulation fixe. La modulation pourra rayonner autour de ces tons à peu près comme autour du ton principal primitif. Il sera bon cependant de le rappeller quelquefois incidemment. — Ce ton, au commencement, peut être quitté bien vite, même sans avoir reçu une cadence parfaite; une demi-cadence suffit pour lui dire adieu ; mais à la fin, on doit le faire entendre longuement.

Dans le corps d'une longue composition, quand l'oreille s'est familiarisée avec un grand nombre de tons, on peut faire des modulations entre des tons qui sont loin d'être relatifs. Boëly, dans un *offertoire*, par une suite de modulations dont chacune n'a que deux temps pour s'accomplir, passe en *sol* majeur, en *fa* majeur, en *mi* majeur, en *ré* majeur et en *ut* majeur. Mozart offre des successions analogues dans son *Requiem*.

VI. Retour au ton principal. — On a vu comment se fait le retour quand la modulation n'a été que passagère. Lorsqu'elle a été fixe et de longue durée, on annonce le retour au ton principal en venant se reposer sur son accord de dominante. Ce repos suspensif se fera quelquefois par un trois quarts de cadence à la dominante, comme au n° 1 (ex. E), ou par un quart de cadence résultant de l'accord de dominante

à l'état dissonant, comme au n° 2 ; le plus souvent, par une demi-cadence, comme au n° 3. On suppose ici que *ut* est le ton principal auquel il faut revenir. On peut facilement dans la demi-cadence altérer le *mi*, comme au n° 4 : le sentiment de repos devient plus accentué. On pourrait même, avant cette demi-cadence, faire entendre le ton d'*ut* mineur que cette altération indique à peine ; mais ce devrait être bien brièvement, car si on le continuait, de manière à l'épuiser, pour ainsi dire, le repos à la dominante n'appellerait plus seulement *ut* majeur, mais aussi, et même spécialement, *mi* bémol majeur. C'est pour cette raison qu'on peut également appeler *ut* majeur en s'arrêtant quelque temps en *la* mineur pour faire ensuite une demi-cadence ou un trois quarts de cadence à la dominante de ce ton. Cette suspension appelle *la* mineur ou *ut* majeur ; le premier ayant été assez entendu, l'oreille préfère le second.

Pour revenir à un ton mineur principal, on fait une demi-cadence ou un quart de cadence sur son accord de dominante avant de l'avoir beaucoup fait entendre lui-même. — Les auteurs regardent comme très important que ce retour définitif soit facile et naturel. La composition est là comme un voyageur qui a quitté sa patrie dans sa jeunesse et y rentre dans l'âge mûr, triomphant et riche pour le reste de ses jours. Il a pu subir bien des luttes, se livrer à de rudes travaux et beaucoup souffrir, mais à ce moment du retour, il veut absolument ne respirer qu'aisance et satisfaction, car il est arrivé à cette période de la vie pour laquelle il a constamment fait des économies, et il compte la passer dans le repos et le contentement. Ainsi la modulation peut être dure et étrange dans le cours d'un morceau ; mais pour le retour, elle doit être douce et coulante. Ce qui suit forme la partie fortunée de la composition : tout ce que l'on a écrit de plus intéressant dans les différentes modulations y est redit dans le ton principal.

Une note tenue et répétée avec affectation prend un caractère de dominante ou même de tonique. Elle devient surtout évidemment dominante quand elle forme un dessin avec les notes placées en-dessus et en-dessous d'elle à la distance d'un demi-ton, comme dans l'ex. E qui précède (n° 5), *mi* avec *fa* et *ré* dièse. Cette note s'étant fait reconnaître dominante annonce par là même les tons de *la* mineur, *la* majeur, *ut* majeur et même *mi* mineur. Ce moyen qui donne le caractère de dominante à une note est d'un emploi très facile.

Tout ce qui précède touchant la modulation sera encore éclairci et complété par ce que l'on verra sur les *coupes*.

VII. **Idées musicales.** — « Nous appelons *idée* en musique, dit « A. Reicha : 1° un motif naturel et franc, ou même simplement un trait « de chant ; 2° une courte phrase harmonique qui se laisse facilement « retenir en l'exécutant ; 3° la réunion d'un chant et d'une harmonie de « quelques mesures qui fixe l'attention des auditeurs, quoique ce chant « et cette harmonie, isolément pris, soient peut être assez insigni- « fiants.

« Enfin, nous appelons *idée* en musique, tout ce qui parle plus ou « moins à notre sentiment, tout ce qui flatte notre oreille, tout ce que

« nous retenons facilement, tout ce que nous nous rappelons avec plai-
« sir, tout ce que nous désirons entendre encore après l'avoir entendu
« déjà, tout ce qui présente à notre imagination une image quelconque,
« tout enfin ce qui intéresse le sentiment. — Parmi les idées musicales
« il y en a qui sont courtes, d'autres qui sont de moyenne longueur
« et d'autres encore que l'on peut appeler longues ; on peut les classer
« sous ce rapport à peu près en idées de deux jusqu'à vingt-quatre me-
« sures.

« Un morceau de musique de deux ou trois cent mesures peut nous
« intéresser depuis un bout jusqu'à l'autre ; dans ce cas, il est composé de
« différentes idées, de phrases et de périodes liées entre elles comme
« elles le sont dans un discours oratoire. — Les idées musicales se
« divisent en outre : 1° *en idées Mères* ; une idée mère est celle qui
« est la plus étendue, la plus complète, la plus importante dans un
« morceau : par exemple, le début d'une symphonie, d'une ouverture,
« doit être une idée mère ; 2° *en idées accessoires* ; une idée acces-
« soire est courte, le plus souvent incomplète ; les idées accessoires se
« placent entre les idées mères : elles servent de liaisons entre différents
« tons comme entre différentes idées plus importantes ; 3° *en phrases ;*
« une phrase est un membre d'une période, et souvent aussi une idée
« accessoire ; 4° *en périodes* ; une période est un sens musical terminé
« par une cadence parfaite : une idée mère doit former une période
« qui peut être plus ou moins longue ; 5° *en idées dont l'intérêt est*
« *uniquement mélodique* ; une idée de ce genre peut être idée mère ou
« idée accessoire ; 6° *en idées dont l'intérêt est purement harmo-*
« *nique ;* une idée de ce genre ne peut être qu'une idée accessoire et
« non une idée mère ; 7° *en idées qui tirent* leur intérêt *de la réunion*
« *de l'harmonie avec la mélodie ;* cette sorte d'idée peut être employée
« soit comme idée mère, soit comme idée accessoire. »

On comprend facilement que le mot idée ne se prend pas ici dans le même sens qu'en littérature ; il ne désigne pas la perception d'un objet, mais la forme que prend l'expression d'un sentiment. En littérature, quels que soient les termes employés, l'idée reste la même dès qu'ils rappellent le même objet ; en musique l'idée change avec l'expression, quoique le sentiment exprimé n'ait pas changé. Deux dessins ou deux phrases qui réveillent au même degré la joie ou la douleur constituent deux idées différentes dès que l'ordre de succession, la valeur des notes, etc., ne sont plus identiques.

Tous les grands compositeurs offrent un caractère spécial dont on trouve au moins quelques traces dans la manière dont ils expriment les sentiments même les plus différents. L'un est toujours plus ou moins simple, naïf, dans ses idées ; un autre, noble, majestueux, solennel ; un autre encore, énergique, pathétique, etc. Ces différences viennent de l'éducation qu'ils ont reçue, des circonstances dans lesquelles ils ont passé leur vie, et bien plus encore de leur naturel ; car, en musique aussi, le style c'est l'homme. — Le plus beau talent est celui qui sait prendre tous les tons, et offrir tous les caractères suivant les circonstances.

VIII. **Développement des idées.** — « Développer ses idées, ou « en tirer parti (après les avoir fait précédemment entendre), c'est, dit « encore A. Reicha, les présenter sous différentes faces, les combiner de « plusieurs manières intéressantes, produire enfin des effets inattendus « et nouveaux sur des idées connues d'avance.

« Un développement, ajoute-t-il un peu plus loin, dépend pour une « bonne part de la nature des idées : si elles sont ternes, communes, sans « attrait et insignifiantes, elles fourniront facilement des développements « qui auront les mêmes vices. Il est possible aussi de manquer totalement « un développement, quoique ce soit avec de fort bonnes idées, « faute de talent de la part du compositeur : il faut *autant de génie* « pour faire de beaux développements que pour créer des idées neuves « et saillantes. Un développement d'une grande étendue ne peut avoir « lieu que dans des morceaux d'un mouvement accéléré, dans les « *allegro* et dans les *presto*. Dans les *adagio* et les *largo*, les dévelop- « pements sont toujours beaucoup moins considérables à cause du « mouvement de ces morceaux. Dans les *andantes* il peut être un peu « plus étendu.

« Quant à l'utilité et à l'importance du développement, il suffit de « remarquer qu'il est le plus bel ornement d'un morceau de musique. « Une quantité prodigieuse de morceaux, dont les idées sont heureuses, « ont cessé depuis longtemps de nous intéresser, parce que les auteurs « de ces productions ne savaient tirer aucun parti de leurs idées. C'est « ce développement qui imprime aux morceaux un cachet qui peut « les rendre constamment intéressants et les préserver de l'oubli. « Ensuite, comment créer un *grand morceau* de musique sans le « secours du développement, et sans savoir tirer un parti avantageux « de ses propres idées? dans ce cas il ne reste donc d'autres moyen que « d'entasser idées sur idées, ou de répéter avec une continuité monotone « quelques idées, sans nulle autre modification que la transposition : « l'un et l'autre sont de mauvais moyen. Une grande quantité « d'idées différentes qui se succedent sans relâche ressemble à un « bavardage insignifiant. Il existe beaucoup de productions où un déve- « loppement d'idées ne trouve pas de place, comme dans des airs, les « nocturnes, dans une quantité de morceaux pour la danse, etc.; « mais aussi ces productions sont-elles envisagées, avec juste raison, « comme des ouvrages purement de mode, qui, après quelque temps « de vogue, disparaissent pour toujours.

« Le développement se fait : 1° au moyen de la transposition des « phrases (qui sont souvent des parcelles d'idées principales); 2° au « moyen de la progression ; 3° au moyen de l'imitation qui peut deve- « nir un canon de quatre à huit mesures ; 4° en dialoguant avec deux ou « trois phrases ; 5° en ajoutant un contre-sujet en contre point double « et en tirant parti de ce contre point au moyen de la répercussion. « On peut ajouter à cela les deux moyens suivants : 6° en variant les « idées ou les phrases, soit mélodiquement seulement, soit harmoni- « quement seulement, soit en changeant, non pas les accords, mais le « *dessin* des parties accompagnantes ; soit enfin par une autre distribu- « tion des parties seulement, en serrant ou en élargissant l'harmonie ; « 7° en changeant l'ordre des idées et des phrases, comme par exemple « si, après avoir entendu l'exposition des idées dans l'ordre 1, 2, 3, 4, « on changeait cet ordre dans le développement en 2, 1, 4, 3, ou en « 4, 1, 3, 2, etc. *Abréger* les idées longues, *allonger* les idées cour- « tes, *moduler* adroitement et souvent, *accompagner une idée par* « *l'autre* (quand cela se peut), *promener* une idées dans les différentes « parties, tout cela est du ressort du développement, pourvu que l'on « produise de l'effet. Enfin, le véritable développement est une combi- « naison quelconque des idées musicales. En changeant les idées, il « faut changer le développement, en modifiant autrement les ressources « ou les moyens ci-dessus indiqués (qui sont toujours les mêmes) par « de nouvelles combinaisons.

« L'art du compositeur consiste donc principalement dans la création « des idées et dans leur développement.

« Chaque fois qu'on fait entendre pour la première fois une idée, on « l'expose. Une exposition heureuse est souvent le fruit du hasard, « d'une inspiration momentanée, de la chaleur ou de l'effervescence « de la jeunesse ; mais pour bien développer ses idées, il faut être « maître expérimenté, adroit et habile.

« Avant de faire le développement, on *notera* les idées ou les « phrases à développer, qui se trouvent dans l'exposition, en formant « un petit tableau.

« On cherche ensuite ce que l'on peut entreprendre avec ces idées ; et « l'on indique en abrégé cette nouvelle matière, en faisant un autre petit « tableau. Ces deux opérations faites, on cherche l'ordre dans lequel « cette matière devra se présenter avec plus d'effet. Quand la matière « est trop abondante, ce qui peut souvent arriver selon la nature et la « quantité des idées à développer, on en supprime ce qui est le moins « intéressant, ou bien on la divise en deux, trois ou quatre parties, en « n'employant d'abord qu'une partie, plus tard qu'une seconde, plus « tard encore une troisième, etc. En interrompant de la sorte cette « matière divisée en plusieurs parties, on fait alors entendre ses idées

« sans être développées, comme dans l'exposition, sauf qu'elles peuvent
« se reproduire dans un ton différent : dans ce cas on peut aussi parfois
« introduire quelques nouvelles idées accessoires, pourvu qu'elles ne
« fassent pas disparate avec les autres idées du morceau.

« Il y a plusieurs manières d'exposer ses idées avant de les dévelop-
« per : 1° on les expose toutes de suite sans développement, comme
« par exemple dans la première reprise d'un premier morceau de qua-
« tuor ou de symphonie : dans ce cas elles sont enchaînées de manière
« à former un discours musical régulier, qui commence par la tonique
« et termine dans le ton de la dominante. Le développement se fait
« alors dans la seconde partie ; 2° ou l'on expose une idée que l'on
« développe de suite, comme par exemple dans les airs variés dans le
« genre de Haydn ; 3° ou bien encore, on expose une idée suivie de son
« développement; puis on introduit une nouvelle idée que l'on dé-
« veloppe également de suite ; puis on fait de même avec une troisième
« idée, etc. Cette manière pourrait servir à créer des *andante*,
« des *adagio*, des *menuets*, dans les quatuors et dans les sym-
« phonies, etc. — Pour parvenir à développer facilement et avec intérêt
« ses propres idées, il faut : 1° être maître de l'harmonie à deux, à trois
« et à quatre parties; 2° savoir manier avec adresse au moins le contre-
« point double à l'octave; 3° avoir une grande facilité à moduler;
« 4° s'exercer fréquemment sur des progressions pour en trouver de
« saillantes ; 5° développer souvent une idée (en s'exerçant) et chercher
« à en tirer tout le parti possible ; 3° apprendre à faire toute sorte de
« combinaisons ingénieuses avec deux, trois ou quatre idées; 7° étudier
« par des analyses fréquentes la manière dont Mozart et surtout Haydn
« ont développé leurs idées. »

On voit que Reicha, dans ces excellents préceptes, a surtout en vue les grandes compositions instrumentales. La musique vocale, sans exclure le développement, ne lui offre pas en général une aussi large place, parce que les moyens, la variété des timbres, l'étendue des octaves, etc., sont plus restreints. D'ailleurs les paroles s'opposent souvent à bon nombre de combinaisons, parce qu'elles formeraient des contre-sens ou des répétitions ridicules. C'est pour cela que, dans le début d'une composition de musique vocale, les idées ont moins besoin d'être distinctes. Il est souvent mieux que celles qui succèdent immédiatement aient des traits de ressemblance dans leurs dessins ; elles offrent ainsi quelques traces du développement; l'oreille souffrira facilement qu'on ne lui en offre pas d'autres, parce qu'elle a senti de suite cet heureux assemblage d'unité et de variété, qui est un des principaux effets du développement.

IX. **Coupes.** — Ce mot désigne ici des cadres de compositions musicales. Tout compositeur peut, à la vérité, former son cadre et son ordre modulatif; cependant lorsque l'œuvre doit être d'une grande étendue, il est difficile qu'il trouve rien de mieux que certaines coupes consacrées par l'expérience des grands maîtres. Quoique ces coupes servent surtout pour les longues compositions instrumentales, telles que symphonies, etc., leur connaissance est avantageuse dans quel œuvre que ce soit, parce qu'elle répand un grand jour sur l'ordre modulatif. Les coupes principales sont : 1° la *grande coupe binaire;* 2° la *coupe ternaire; 3° la coupe de rondeau.*

Voici quelques-unes des explications que donne Reicha sur chacune de ces coupes : 1° *Coupe binaire.* Cette coupe est appelée binaire parce qu'elle se divise en deux parties principales; la première sert à l'exposition des idées inventées, la seconde à leur développement et à leur transposition. Le premier motif doit être une idée mère, de huit à vingt-quatre mesures. Il doit former une période complète et se terminer à la tonique. Voici l'idée mère par laquelle débute Beethowen

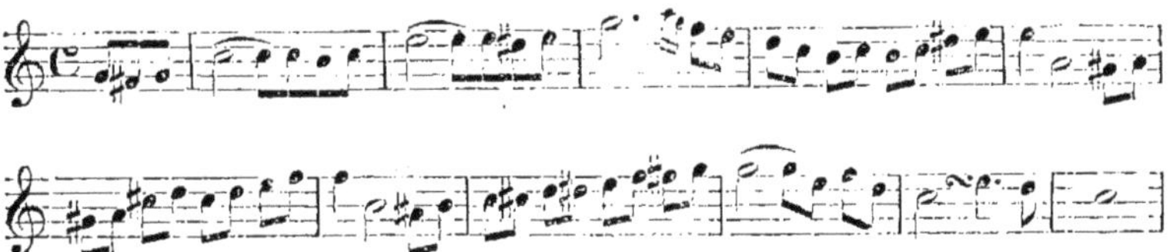

dans son grand septuor. Souvent le premier motif se répète; dans ce cas il ira se reposer, la première fois, par un trois quarts de cadence, en *sol* majeur ou en *mi* mineur, ou même en *la* mineur. On peut encore, après ce repos et avant la reprise, faire entendre quelques brièves idées; puis tout se termine à la tonique.

Mais la première partie ne finit pas là, il lui faut encore une idée mère dans le ton de la dominante. — Pour que ce ton soit amené plus naturellement, on forme avec des idées accessoires un *pont* de huit à trente mesures. Il peut parcourir différents tons, offrir différentes idées ; on n'exige de lui qu'une chose, qu'il vienne se terminer sur l'accord de dominante du ton de *sol, ré fa* dièse *la ut.* On expose ensuite une idée mère dans ce ton de *sol*, et après avoir prolongé l'exposition par différentes idées accessoires et différentes modulations, on termine finalement en *sol.* C'est la première partie.

On peut commencer la seconde partie en attaquant de suite ou après une brève modulation, lequel que ce soit des tons suivants, *sol* majeur, *sol* mineur, *ré* majeur, *mi* mineur, *ut* majeur, *mi* bémol majeur, etc. Elle ne se compose que d'idée déjà entendue que l'on développe de diverses manières. On y module assez pour ne pas rester plus de huit mesures de suite dans le même ton. On évite le ton d'*ut* majeur parce qu'il est réservé, ainsi que celui de *sol* parce qu'il est usé ; on vient finalement s'arrêter sur l'accord de dominante d'*ut*. — Ce qui suit est une seconde section de la seconde partie. On commence par le motif initial. S'il est long, on l'accourcit ou bien on en transpose une partie en *fa* majeur ou à d'autres tons. On peut reproduire le pont, mais dans d'autres tons et avec différents enchaînements, de manière à revenir encore finalement se reposer sur l'accord de dominante du ton d'*ut* pour préparer l'entrée de la seconde idée mère. Enoncée en *sol* la première fois, elle se dit ici en *ut* ; on transpose généralement ainsi tout ce qui était en *sol* comme elle, et après divers développements, on termine par une coda intéressante.

Si le ton principal est *la* mineur, la première idée mère se terminera en *ut* majeur, la seconde, en *mi* mineur. La première section de la seconde partie pourra commencer dans un des tons *ut* majeur, *ut* mineur, *sol* majeur, *fa* majeur, *fa* mineur, *la* mineur. On arrête cette section sur la dominante de *la*. Dans la seconde section, on mettra souvent en *la* majeur le premier motif exposé en *la* mineur. Si ce changement de mode l'altère trop sensiblement, on la commence par le second motif principal. On sera généralement dans cette section en *la* majeur ou en *la* mineur.

Le *Kyrie* de la messe de St-François de Sales, composée pour trois voix égales, offre un exemple de la coupe binaire abrégée. Seulement le premier motif va se terminer au ton de la dominante, il n'y a donc pas de pont pour arriver au second motif.

Piu lento.
e - - - - - le - - - i - son
ff
p
- son e - - - - le-i-son e - le - - i - son. Chris -
e - le - i-son e -
- te, e - - le - i - son e - - le - i - son. Chris - te, e-le - i - son e - le - i -
- le - i-son. Chris - te, e-le - i - son e - le - i - son. Chris - te, e - le - i -
f
p
- son. Chris - te, e - le - i-son e - le - i - son. Chris - te, e-le-i - son
- son e - le - i - son e - le - i - son. Christe, e - le - i-son e - le - i
f
p
e - le - i-son e - le-i-son e - le - i - son e-le - i - son e - le - i - son.
- son e - - - le - i-son. Andante. Ky -
Ky - ri - e, e - le - i - son
- ri - e, e - le - i - son. Ky - ri - e, e - le - i - son. Ky-ri - e, e - le - i -
e - le - i - - son e - le - i-son. Ky - - - - - -
- son e - le - i - son e - le - i - son. Ky - ri
f
p
- ri - e, e-le - i - son e - le - - i - son. Ky - ri-e, e - le - i - son

2° *Coupe ternaire.* Elle se divise en trois parties à peu près d'égale longueur : 1° On expose des idées en ***ut***, on module passagèrement et on termine en ***ut*** : on peut, suivant le mouvement, écrire ainsi de vingt à cinquante mesures; 2° on passe sans liaison dans un autre ton, en *fa* ou ***sol*** majeur ou même en ***ut*** mineur ; on y expose des idées, on module passagèrement et on termine dans ce ton : la longueur de cette partie doit être égale à celle de la première : si l'on avait *la* mineur pour ton principal, la seconde partie serait en ***ut*** majeur ou en *fa* majeur ; 3° on rappelle en ***ut*** les idées de la première partie, puis on développe les idées des deux parties précédentes. Cette partie devient ainsi plus longue que les autres.

3° *Coupe de rondeau :* 1° motif en un majeur : il doit avoir une certaine étendue : on peut faire deux ou trois reprises, on termine en ***ut***, puis on expose quelques idées assez brèves en ***sol*** majeur ou en *la* mineur; 2° on reprend le premier motif en l'accourcissant s'il est long, et après avoir terminé en ***ut*** on fait une exposition d'idées en *fa* majeur, on la termine en venant se reposer sur l'accord de dominante du ton d'***ut*** ; 3° on revient au motif et l'on agit exactement comme dans la seconde section, à part cette circonstance que c'est en ***ut*** mineur qu'on fait la nouvelle exposition ; 4° on reprend le motif initial tout entier, puis l'on transpose en ***ut*** toutes les idées les plus saillantes exposées dans les autres tons. Le motif initial doit revenir de temps à autre au milieu de ces développements.

X. **Variations.** — Les variations d'une phrase harmonique ou mélodique se font en général, dit A. Reicha : 1° en brodant ou en fleurissant
« un motif sans toucher à l'harmonie ; 2° en changeant les dessins d'ac-
« compagnement sans toucher ni aux accords, ni au chant ; 3° en chan-
« geant les accords seulement; 4° en changeant à la fois les accords
« et les dessins d'accompagnement, mais sans altérer le chant; 5°
« en variant en même temps le motif et les dessins d'accompagnement,

« mais sans changer les accords; 6° en variant en même temps le chant, « les dessins d'accompagnement et les accords. »

Dans l'exemple qui suit, tous les numéros sont des variations des quatre premières mesures. On pourrait les multiplier beaucoup plus encore en employant des broderies, des appoggiatures, des arpèges plus brefs, etc.

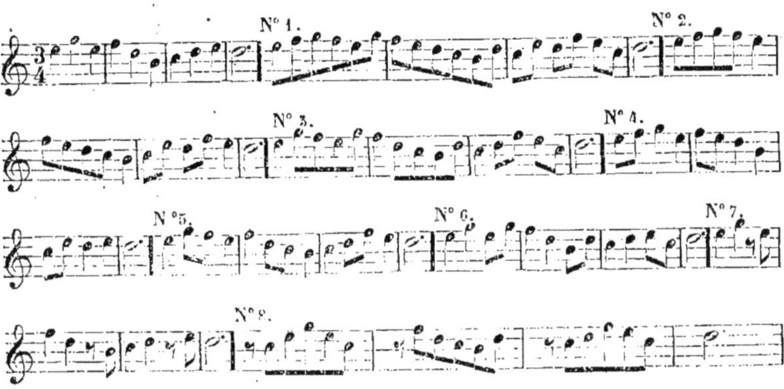

Il y a des compositions qui prennent le nom spécial de *variations*. Elles débutent généralement par un thème de vingt à trente mesures : il pourra offrir huit mesures avec cadence à la tonique, huit mesures avec cadence à la dominante, puis huit mesures avec cadence à la tonique. On le reproduit ensuite coup sur coup dans des variations de plus en plus compliquées.

XI. **Introduction. Prélude.** — *L'introduction* est comme un préambule que l'on place en tête d'une composition. Elle a pour but de préparer l'auditeur à bien en saisir même les premières notes, en l'engageant au silence et au recueillement. Elle peut n'offrir que deux ou trois mesures, comme elle peut être beaucoup plus étendue. Elle ne demande aucun plan, aucun ordre. On la termine ordinairement en venant se reposer sur l'accord de dominante du ton principal.

Le *prélude* est généralement moins grave que l'introduction ; il offre plus d'unité, parce qu'il se compose, la plus part du temps, d'un dessin plus ou moins varié que l'on reproduit dans différents tons et qui passe dans différentes parties.

XII. **Coda.** — On appelle *coda* la partie finale d'une composition. Sa longueur et l'importance qu'elle doit avoir dépendent surtout de l'étendue du morceau. Dans les compositions brèves, elle est souvent à peine sensible, parce que l'on comprend facilement l'arrivée du repos; mais dans les grandes compositions, après que l'oreille a perçu un grand nombre d'idées différentes et qu'on s'est promené dans beaucoup de tons, il faut des accents plus forts pour fixer l'idée du ton principal, et avertir en même temps que les développements vont être terminés. C'est la coda qui produira cet effet. On doit pour cela rappeler ce que le morceau a offert de plus énergique et le mettre en progressions brèves, en successions rapides et serrées ; on devra employer aussi des cadences rompues, des altérations non tonales, etc. L'auditeur, en recevant ainsi comme l'essence la plus pure des principales idées énoncées, comprend qu'il ne pourra rien trouver de meilleur dans tout ce qui précède ; il entrevoit le repos, il l'accepte et même le désire pour ne pas rester plus longtemps sous l'empire de ces violentes attractions.

XIII. Action du génie. — Pour produire des œuvres musicales remarquables, il faut nécessairement deux aptitudes, l'une naturelle, l'autre acquise. Leur ensemble s'appelle en général *talent*. La première prend le nom spécial de *génie* quand elle est portée à un degré supérieur. Les compositeurs qui créent avec toute la force d'un génie puissant paraissent peu souvent. Ce n'est pas cependant que le génie soit bien rare ; on a dit, sans grande exagération, qu'il court les rues ; mais ce qui est rare, c'est l'union du génie avec la connaissance des règles de l'art musical, de ses ressources et de ses mystérieuses lois. Le manque de temps, de constance, de maîtres ou de bons traités, tout conspire pour la rendre difficile. Sans la science, cependant, le génie reste nécessairement improductif; c'est une force, énergique si l'on veut, mais aveugle : elle ne peut rien créer.

L'aptitude naturelle, plus ou moins rapprochée du génie, se manifeste, suivant A. Reicha : « 1° par une grande passion pour la musique ; 2° par « un besoin impérieux de créer, c'est-à-dire de composer et de faire « valoir ce que l'on a fait ; 3° par une grande facilité de concevoir les « idées musicales et de les réaliser ; 4° par un sentiment vif et profond « pour cet art. » — Voici d'excellentes réflexions que fait le même auteur, dans son *Traité de Haute Composition*, sur la manière dont opère le génie :

« Cette faculté que l'on nomme vulgairement *génie* est accompagnée « de phénomènes remarquables, sur lesquels une longue expérience « nous a fourni les éclaircissements suivants, qui peuvent rendre service « aux jeunes artistes.

« 1° Quand la faculté de créer est dans sa pleine activité, les idées « abondent avec une facilité inconcevable, mais non toujours dans l'ordre convenable. Dans ce cas, il est bon, pour n'en pas perdre une partie, de les noter brièvement, ou plutôt de les indiquer seulement, sur « une ou deux portées, sauf à choisir plus tard ce qui convient le plus, « et à y mettre l'ordre nécessaire. Les idées que l'on trouve de cette « manière sont ordinairement des diamants bruts qu'il faut polir en-

« suite. Lorsque l'âme est ainsi dans cette disposition, un feu électrique « circule dans les veines et l'imagination est comme si elle était em- « brasée, on se croit transporté dans des régions inconnues à soi-même ; « le bonheur dont on jouit alors ne se laisse point exprimer. Il est im- « possible de se faire une idée juste de cet état de l'âme si on ne l'a « point éprouvée par soi-même.

« 2° La faculté de créer ne se manifeste pas toujours avec la même « force. J'ignore les véritables causes de cette variété qui nécessairement « doit influer sur la matière créée, en la rendant plus ou moins neuve, « plus ou moins originale, plus ou moins intéressante.

« 3° La faculté de créer ne peut s'acquérir ni par le travail, ni par « le temps ; mais elle est susceptible, comme toutes les autres facultés « morales et physiques, d'un grand développement, d'un perfectionne- « ment remarquable par un exercice constant et rarement interrompu. « Elle agit ordinairement très faiblement dans l'origine, ou bien elle « s'annonce avec une impétuosité extrême et opère d'une manière très « déréglée. En cet état primitif, elle ne présente que des idées imparfaites, « sauvages et incohérentes. Il serait dangereux de rester longtemps de « suite dans cette situation, ou de la provoquer trop souvent ; car « il pourrait en résulter l'habitude d'une création confuse et tout à fait « désordonnée. Le remède que j'ai employé contre cette impétuosité « dangereuse m'a réussi. Pour calmer l'effervescence d'une imagination « par trop ardente et qui était presque toujours accompagnée de maux « de tête, j'ai pris la résolution d'étudier la géométrie et particulière- « ment l'algèbre, sans discontinuer cependant de pratiquer mon art. Au « bout de quelques années, mon imagination devint plus réglée, plus « docile et plus propre à produire : les accidents fâcheux dont elle était « accompagnée dans l'origine disparurent.

« 4° Il est à remarquer qu'à force de composer on peut acquérir une « routine qui donne la facilité de travailler lors même que la véritable « faculté de créer est en repos. Mais, dans ce cas, les productions de- « viennent d'une nature bien inférieure ; le compositeur rentre dans la « classe ordinaire : seulement il reste un harmoniste habile s'il possède, « dans la perfection, cette partie de l'art.

« 5° La faculté de créer n'est pas toujours en activité : elle exige, « comme toutes les autres facultés, qu'on la laisse reposer. Ces repos « demandent plus ou moins de temps, selon qu'elle a été plus ou moins « fatiguée. Durant le temps de ces repos, elle se fait, se rafraîchit, pré- « pare de nouveaux matériaux et acquiert de nouvelles forces. Lors- « qu'elle est dans son état naturel de repos, il est dangereux de la for- « cer d'agir. Aussi éprouve-t-on de la peine, dans ce cas, à la mettre en « activité ; ce qui est un avertissement certain que son temps d'action « n'est pas encore venu : dans le cas contraire, un besoin impérieux de

« produire stimule le compositeur, son imagination s'échauffe, et l'ins-
« piration créatrice s'empare de lui. Ces temps périodiques que la
« la faculté de créer exige pour se remettre, et qui durent quelquefois
« quinze jours, trois semaines, un mois et plus, alarment, désolent
« dans l'origine, c'est-à-dire avant qu'on ne soit convaincu de leur
« utilité et de leur nécessité. On s'imagine alors que la nature nous a
« refusé les qualités nécessaires à un compositeur. Haydn conseillait de
« mettre à profit ces temps de repos, non pas pour composer, mais
« pour étudier les différentes branches de l'art, en faisant des exercices
« pour s'entretenir dans le travail.

« 6° Il est également dangereux de forcer la faculté de créer, et de
« rester en permanence lorsqu'elle s'y refuse et exige du relâche. On
« est souvent puni de n'avoir point voulu lui accorder ces repos ; et la
« punition peut devenir si sévère, qu'elle force l'artiste de cesser ses
« travaux pendant un temps considérable. Haydn est devenu la vic-
« time d'une pareille imprudence : dix ans avant sa mort, après avoir
« fini son oratorio *la Création du Monde*, qui l'avait déjà beaucoup
« fatigué, il entrepris immédiatement après son second oratorio, *les*
« *Quatre Saisons*. La faculté de créer, fatiguée à l'excès, disparut tout
« à coup et ne lui permit plus de s'occuper le reste de ces jours. Il était
« hors d'état de pouvoir, ni combiner, ni lier deux ou trois idées musi-
« cales, ce qui le rendit inconsolable pendant tout le reste de sa vie.

« 7° Il arrive aussi quelquefois que la faculté de créer s'annonce
« spontanément et cesse quelques instants après. Il est difficile de donner
« une raison de ce phénomène. Ce fut de la sorte qu'elle abandonna
« Haydn après lui avoir fourni les quatre premières mesures de sa sym-
« phonie en *sol* mineur ; et ce ne fut qu'au bout de quinze jours qu'il put

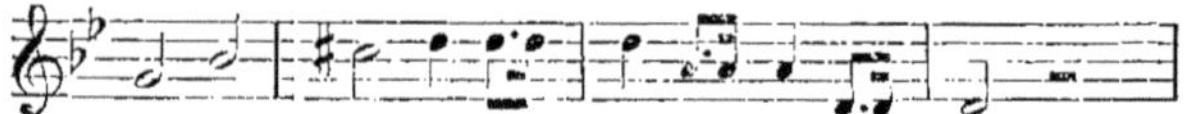

« trouver une suite à ce début, et continuer le morceau. La même chose
« peut arriver à d'autres ; mais ce qui peut réussir souvent dans des cas
« semblables, pour trouver une suite à ses idées, c'est de *répéter conti-*
« *nuellement, et sans distraction, les premières idées trouvées.* —
« Lorsque la faculté de créer manifeste naturellement son activité, on
« peut souvent l'entretenir en cet état durant un temps assez considé-
« rable ; dans ce cas, il faut éviter les distractions fortes et longues, et
« travailler tous les jours.

« 8° Quantité de choses influent plus ou moins désavantageusement
« sur la faculté de créer : un caractère triste et sombre, le dégoût, des
« chagrins, un climat froid et nébuleux, une constitution trop délicate,
« des occupations qui n'intéressent point l'âme, des excès de différents

« genres, des circonstances malheureuses, etc. Toutes ces causes peuvent
« l'affaiblir considérablement et même la détruire.

« 9° La faculté de créer diminue le plus souvent en force, en activité
« et en énergie avec l'âge. Cependant, nous avons quelques exemples
« du contraire qui sont assez frappants. Haydn a composé ses meil-
« leurs ouvrages entre 50 et 64 ans ; Hændel a fait son *Messie* à 80 ans ;
« Gluk avait près de 50 ans quand il conçut ses opéras pour la scène
« française. Cette faculté est plus ou moins forte, plus ou moins active
« et reste plus ou moins en vigueur chez les uns que chez les autres. Elle
« existe aussi bien pour la poésie, la peinture, la sculpture et l'élo-
« quence que pour la musique. C'est à elle que les artistes célèbres doi-
« vent leur gloire, et c'est par elle que les siècles de Périclès, d'Au-
« guste, de Léon XII et de Louis XIV furent illustrés. »

Tous les grands compositeurs étaient persuadés que la faculté créatrice peut emprunter quelque activité à des objets étrangers à l'art musical. Pour la stimuler dans son action et augmenter ses forces, les uns s'abandonnaient à la contemplation des grandes vérités religieuses, d'autres recherchaient les spectacles variés et grandioses de la nature, d'autres enfin lisaient l'Ecriture-Sainte, ou les ouvrages des SS. Pères, ou les grandes épopées d'Homère, de Virgile, d'Ossian, etc. — Ainsi tout ce qui frappe, étonne, touche ou enflamme les âmes, tout ce qui élève l'homme, l'ennoblit et le perfectionne, tout cela perfectionne aussi et féconde le génie.

CHAPITRE ONZIÈME

I. Contrepoint. — C'est à l'église que se firent entendre les premiers essais d'harmonie connus. Ils ne se composèrent d'abord que de la reproduction exacte, à la quarte ou à la quinte et à l'octave supérieures, d'un air de plain-chant placé à la basse, comme dans cet exemple :

C'est là l'ensemble de tous les vices capitaux connus dans notre système harmonique : l'octave, la quinte et la quarte par mouvement semblable : avec notre éducation et nos habitudes, il y a de quoi supplicier le tympan. « Cependant, nous croyons, dit M. Félix Clément, qu'on « pourrait tirer grand parti de cette harmonie si on l'employait dans « certaines conditions, puisqu'elle existe encore dans l'orgue. Ce qu'on « appelle le plein jeu offre des successions de quartes et de quintes qui « ne choquent nullement, parce que le son fondamental domine et que « ces intervalles lui donnent de la plénitude sans en altérer l'intonation. « Or ce qui a lieu dans le plein jeu de l'orgue peut être reproduit par « les voix si on a soin de maintenir les mêmes proportions. Nous en « avons fait l'essai de la manière suivante : douze voix chantaient à l'u- « nisson la mélodie d'un introït ; deux voix seulement suivaient ce « chant à la quinte supérieure, et deux autres voix doublaient le chant « à l'octave. C'était une véritable diaphonie qui, loin de produire une « cacophonie, a paru d'un très bel effet aux personnes qui l'ont entendue. « Il est évident que cet effet n'était pas de la même nature que ceux de « l'harmonie moderne ; mais on s'est accordé à le trouver saisissant de « grandeur et de majestueuse gravité. »

A la diaphonie succédèrent bientôt des compositions dans lesquelles le plain-chant, placé à telle ou telle partie, était accompagné par différents airs qui l'imitaient plus ou moins. Ces œuvres offrant les notes (les points), non plus comme dans toute mélodie, les unes à la suite des autres, mais les unes à côté, en face des autres, furent pour cela appelées *contrepoints*. Encore aujourd'hui, c'est à des compositions analogues que s'applique le même nom. Elles doivent se borner à un nombre très restreint d'accords naturels, et offrir, dans une de leurs parties, un air donné. Il s'appelle *plain-chant* : le plus souvent d'ailleurs, il est emprunté aux anciens chants de l'église. On donne à toutes ses notes une valeur uniforme de quatre temps au moins.

On voit, par ce qui précède, que le mot contrepoint s'applique à la fois à certaines compositions et au système suivant lequel elles sont écrites. L'étude du contrepoint n'est guère aujourd'hui qu'un exercice ; on le recommande pour devenir capable d'apprécier les beautés fécondes qui se trouvent dans les œuvres des plus célèbres contrapuntistes, et aussi pour se familiariser avec les inépuisables ressources de l'harmonie, en l'étudiant restreinte à un petit nombre d'accords. — Mozart avait sérieusement étudié le contrepoint. L'Académie musicale de Bologne ne le reçut dans son sein qu'après avoir examiné le beau contrepoint qu'il fit en une demi-heure, sur l'antienne de *Magnificat* du quatorzième dimanche après Pentecôte.

Dans le contrepoint on n'admet absolument que l'accord de quinte et son premier renversement, l'accord de sixte. Le premier se place sur la tonique, la quarte et la quinte; le second, sur la tierce et la septième : la seconde et la sixte reçoivent l'un ou l'autre. Ces accords ne peuvent être modifiés que par de brèves anticipations, par des notes de passage et par des prolongations rigoureusement préparées. — Dans une même partie, on ne doit employer comme intervalles mélodiques, que des secondes, des tierces, des quartes et des quintes justes, des sixtes mineures et des octaves : les altérations non tonales, les sauts de sixte majeure et de septième sont prohibés. Les fausses relations résultant du contact de la quarte et de la septième doivent être soigneusement évitées : il en est de même pour celles que produiraient les altérations. Il faut éviter les répétitions de formes semblables, comme *ut mi, ré fa, mi sol,* ainsi que les suites de notes qui font entendre successivement tous les intervalles d'un accord, comme *ut, mi, sol, ut :* ces formes n'offrent pas assez de ressources pour la variété de l'harmonie qui est l'âme du contrepoint. — Pour produire cette variété avec ce petit nombre d'accords différents, il faut passer tour à tour par tous les mouvements permis, des consonnances parfaites, quintes et octaves, aux consonnances imparfaites, tierces et sixtes. On ne doit pas faire plus de deux ou trois tierces de suite par mouvement parallèle : cette reproduction serait encore moins permise pour les sixtes. Un contrepoint doit commencer et finir par les consonnances parfaites.

Les théoriciens généralement étudient d'abord le contrepoint à deux parties, puis le contrepoint à trois, à quatre parties, etc. : chacun de ces contrepoints se divisent encore en cinq espèces, le contrepoint: 1° de note contre note; 2° de deux notes contre une ; 3° de quatre notes contre une; 4° le contrepoint syncopé; 5° le contrepoint fleuri. Si cette classification est bien loin de comprendre toutes les subdivisions des valeurs des notes, ainsi trois notes contre une, etc, elle ouvre cependant à l'étude et à l'exercice un champ très suffisant.

II. **Contrepoint à deux parties.** — 1° *Note contre note.* Les explications qui précèdent apprennent tout ce qui le regarde.

On peut voir par là que, dans un contrepoint, il n'est question ni de rhythmes, ni de phrases symétriques, ni même de cadence dans la basse pour annoncer la fin du morceau. Cette cadence serait d'ailleurs impossible quand le plain-chant est à la partie inférieure, parce que, la plupart du temps, son mouvement final est de la seconde à la tonique. Il peut aussi se terminer en montant de la sensible à la tonique. Dans l'exemple qui précède, chacune des parties peut être considérée comme plain-chant et être harmonisée par différents contrepoints.

2° *Deux notes contre une.* Quoiqu'elle soit à quatre temps, chacune des mesures de ce contrepoint peut être considérée comme divisée en deux parties égales ; la première forme le temps fort, la seconde le temps faible. Le temps fort ne reçoit que des consonnances parfaites ou imparfaites ; le temps faible peut recevoir des dissonances comme la seconde, la septième, et aussi des intervalles regardés comme dissonants dans le contrepoint, tels que la quinte mineure et la quarte majeure : seulement c'est en marchant par degrés conjoints qu'on doit attaquer et quitter ces intervalles. Ainsi les résolutions du n° 1 seraient

vicieuses. Celles du n° 2 seraient permises, quoique ce retour d'une note étrangère à la note réelle qui précède, comme au point *a*, offre peu d'élégance et qu'il y ait une grande dureté dans les successions *b* et *c*, successions que ne tolérerait pas la musique moderne. Souvent, pour plus de variété, on ne fait commencer le contrepoint qu'au second temps.

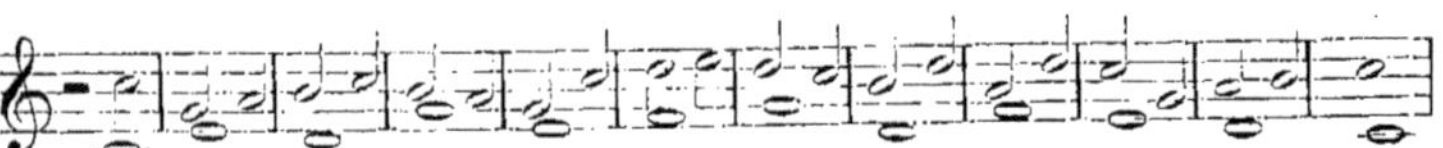

Le même plain-chant à la partie supérieure.

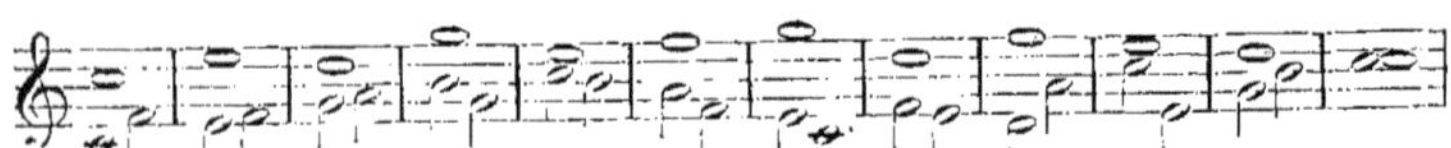

3° *Quatre notes contre une.* Les règles précédentes touchant les notes étrangères subsistent ici. La première note de chaque mesure doit être une consonnance ; chacune des autres notes peut être une dissonance, pourvu qu'elle se trouve entre deux consonnances.

4° *Contrepoint syncopé.* Il ne se compose que de syncopes dont la valeur est de quatre temps, et qui commencent au troisième temps de chaque mesure. Lorsque, au premier temps de la mesure, elles deviennent dissonantes par le mouvement du plain-chant, elles doivent se résoudre régulièrement en descendant par degrés conjoints : la quarte elle-même est assujettie à cette résolution. Il faut se rappeler ici tout ce qui a été dit au chapitre VII touchant les quintes et les octaves cachées par la prolongation. — Le plus grand mérite de ce contrepoint est de présenter de longues suites de syncopes descendant par degrés conjoints et formant des prolongations. Pour sa régularité, il est indispensable de le faire commencer au troisième temps, deux temps après le plain-chant.

5° *Contrepoint fleuri.* Il se forme des contrepoints précédents combinés avec goût et de manière à produire du mouvement. La syncope formant retard peut prendre laquelle que ce soit des différentes formes de la prolongation. Les croches ne doivent pas être trop multipliées, parce qu'elles nuiraient à la gravité nécessaire. Quand on y emploie la blanche pointée, il faut que le point se trouve au premier temps de la mesure, comme au n° 1. Cette forme serait mauvaise si le point

formait le troisième temps, comme au n° 2 : elle est trop pesante pour le mouvement que ce contrepoint exige. Il n'en serait plus de même quand le point serait remplacé par une note, comme au n° 3.

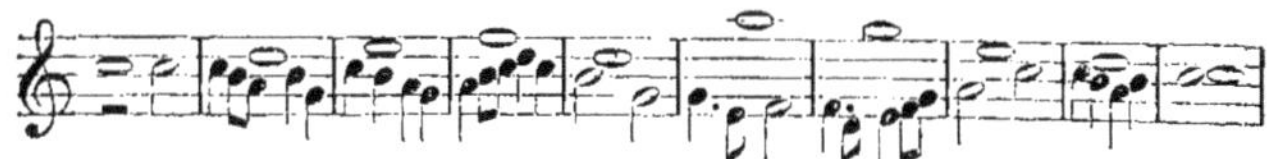

III. Contrepoint à trois parties. — Un grand mérite dans ce contrepoint consiste à concilier ces deux choses : la plénitude à peu près constante de l'harmonie avec le mouvement naturel et varié des parties. L'accord pénultième doit toujours être complet. Au début, on peut remplacer une harmonie complète par les consonnances parfaites *ut, sol, ut.*

Voici de courts exemples de chacune des espèces de contrepoint à trois parties :

1° Note contre note.

2° Deux notes contre une.

3° Quatre notes contre une. En *mi* mineur.

4° Contrepoint syncopé. En *fa* majeur.

5° Contrepoint fleuri. En *fa* majeur.

IV. **Contrepoint à quatre parties.** — Dans ce contrepoint les accords doivent toujours être complets. La quatrième partie redouble la basse ou la tierce des accords, de préférence à la quinte ou à la sixte. — Voici, sur chacune des espèces de contrepoint à quatre parties, des exemples pris au hasard par ceux que donne M. Fétis, dans son *Traité du Contrepoint*. Les deux parties intermédiaires écrites en clef d'*ut*, suivant l'ancienne coutume, sont ici, pour plus de facilité, transposées en clef de *sol* ou de *fa*.

On comprend de suite que ces noires sans queue, qui occupent toute une mesure, représentent la valeur d'une ronde.

1° Note contre note.

2° Deux notes contre une. Transposé en *fa* majeur.

3° Quatre notes contre une.

4° Contrepoint syncopé.

5° Contrepoint fleuri.

On peut varier d'un grand nombre de manières les exemples à trois ou à quatre parties qui précèdent, en combinant diversement les différentes espèces de contrepoint. A trois voix, on donnera simultanément aux deux parties qui n'ont pas le plain-chant, le contrepoint de deuxième, de troisième ou de quatrième espèce, ou bien on donnera à l'une le contrepoint de deuxième espèce et à l'autre celui de troisième espèce, etc. On voit facilement que, dans le contrepoint à quatre parties, le champ ouvert à la variété des combinaisons est bien plus large encore.

Il n'est pas absolument défendu, dans ces combinaisons, de produire simultanément plusieurs notes étrangères à l'harmonie, mais il faut veiller qu'elles n'engendrent pas des chocs trop durs.

Les auteurs offrent aussi des contrepoints à cinq, six, sept ou huit parties. Un bon nombre des compositions de Palestrina sont à plus de quatre parties. Dans ces grandes harmonies, il est rare que les voix se fassent entendre toutes à la fois. Pour éviter les successions vicieuses, on les fait procéder par mouvement oblique ou contraire. Les compositions à huit parties sont habituellement divisées en deux chœurs qui se font entendre en alternant ou en formant des dialogues, jusqu'au moment décisif où ils se font entendre simultanément, en produisant une harmonie réduite plus ou moins rigoureusement à quatre parties.

Ces explications et ces exemples ont peu d'étendue ; ils suffisent cependant pour donner une idée exacte de cette branche importante de l'art musical. Ceux qui voudraient approfondir la belle science du contrepoint pourront recourir aux traités spéciaux, surtout au *Traité du Contrepoint et de la Fugue*, par F.-J. Fétis.

V. **Imitation.** — On appelle *imitation*, en musique, ***la reproduction d'une idée musicale, faite par une partie autre que celle qui vient de l'énoncer.*** Cette idée peut se composer d'une gamme ou même d'une partie de gamme, d'un ou plusieurs dessins, d'une phrase, etc. Sa reproduction dans la même partie qui vient de l'énoncer serait, non pas une imitation, mais une répétition si les notes restaient les mêmes, une transposition si elles étaient différentes. On dit cependant aussi d'une partie qu'elle s'imite, quand les premières idées prêtent à celles qui les suivent quelques éléments plus ou moins reconnaissables. — L'idée musicale qui doit être imitée s'appelle ***antécédent;*** sa reproduction, ***conséquent.***

VI. **Différentes imitations.** — On envisage spécialement dans une imitation la distance du grave à l'aigu qui existe entre le début de l'antécédent et du conséquent, et la manière dont ce dernier reproduit les intervalles et la physionomie de celui-là. Considérée sous le premier point de vue, l'imitation peut être ***à la seconde,*** ou ***à la tierce,*** ou ***à la quarte,*** ou ***à la quinte,*** ou ***à la sixte,*** ou ***à la septième*** inférieures ou supérieures : on imite aussi à l'unisson et à l'octave. — Dans cet exemple A, au n° 1, l'imitation est à la septième, au n° 2 à la sixte, au n° 3 à la quarte inférieures.

Les imitations à la seconde, à la quarte, à la quinte et à la septième, sont préférables aux autres, au moins à celles qui sont à la tierce ou à la sixte, parce qu'elles favorisent davantage la variété de l'harmonie, en faisant entrer le conséquent par un accord différent de celui auquel appartient le début de l'antécédent. Cependant le mérite d'une imitation ne dépend pas, en général, du degré auquel elle s'est faite, mais de l'éclat avec lequel elle fait ressortir ce qu'il y a de plus expressif dans l'antécédent, et aussi de l'intérêt des combinaisons harmoniques ou mélodiques auxquelles elle donne lieu. — L'entrée du conséquent peut être plus ou moins rapprochée de celle de l'antécédent, suivant la volonté du compositeur.

L'imitation est *régulière* quand les intervalles mélodiques de l'antécédent sont reproduits dans le conséquent avec leur même qualité, majeurs ou mineurs, sinon elle est ***irrégulière :*** cette qualification ne détermine pas essentiellement une imperfection, mais seulement un caractère. Les imitations à la quarte ou à la quinte peuvent seules être régulières lorsque le motif parcourt un certain nombre de degrés et que le conséquent ne module pas. Les imitations n°s 1 et 2 de l'ex. A sont irrégulières; l'imitation n° 3 est régulière. — Régulière ou irrégulière, l'imitation est *parfaite* quand les intervalles de l'antécédent, la durée des notes, la direction suivant laquelle elles se meuvent et leur place dans la mesure, se trouvent exactement conservées dans le conséquent; *imparfaite* lorsque même un seul de ces caractères ne s'y trouve plus. On compte un grand nombre d'imitations imparfaites : 1° *l'imitation en augmentation :* le conséquent double, quadruple, etc., la valeur des notes de l'antécédent (ex. B, n° 1); 2° *l'imitation en diminution* : le

conséquent abrége de la moitié, des trois quarts etc., les notes de l'antécédent (n° 2); 3° *l'imitation par mouvement contraire* : tous les intervalles de l'antécédent changent dans le conséquent la direction suivant laquelle ils se sont produits (n° 3); 4° *l'imitation rétrograde :* le conséquent commence par la fin de l'antécédent, et le reproduit ainsi comme à reculons (ex. C, n° 1) : cette imitation peut être par mouve-

ment semblable ou contraire, elle peut être en augmentation ou en diminution; 5° *l'imitation à contre temps :* les notes placées au temps fort dans l'antécédent se trouvent au temps faible dans le conséquent, ou réciproquement (n° 2).

VII. **Canon.** — Ordinairement le conséquent n'imite que les premières mesures de l'antécédent; il forme ainsi une imitation périodique; quelquefois il le reproduit tout entier, l'imitation est alors *canonique* et la composition ou le passage prend le nom spécial de *canon*. Le canon est *terminé* ou *fini* quand le conséquent arrive au repos final en même temps que l'antécédent, et laisse pour cela les dernières mesures de celui-là sans les imiter. Il est *perpétuel* lorsque, arrivé à la fin de l'antécédent, on reprend de suite au commencement, pendant que le conséquent se termine pour être aussi immédiatement recommencé. C'est de cette nature que sont les *canons de société*. Ils se forment de deux ou trois dessins qui appartiennent tous à un seul et même accord, et qui passent successivement dans toutes les parties par une imitation à l'unisson. Ils se terminent quand le rire, l'épuisement ou le dégoût le commandent. Rien n'est plus facile que d'improviser des canons de ce genre, même à vingt ou trente parties.

Le canon perpétuel est *circulaire* lorsqu'il parcourt successivement douze tons différents, passant pour cela d'un ton relatif à un autre, comme dans l'exemple D.

Les canons peuvent être produits par laquelle que ce soit des différentes espèces d'imitations. — C'est à l'aide surtout des imitations imparfaites que les compositeurs créaient autrefois les canons *énigmatiques* qu'ils s'envoyaient en défi. La difficulté portait sur la solution du canon, c'est-à-dire sur l'indication de l'imitation qu'il fallait employer pour que ce petit air envoyé pût former un canon à un ou plusieurs conséquents. Cet air formait un canon *clos*. Le canon était ouvert quand il était écrit en partition, offrant explicitement l'harmonie pour laquelle il avait été composé. Cette solution était, il est vrai, indiquée par une sentence placée en tête du canon; mais le sens de cette sentence était toujours des plus obscurs. M. Fétis, dans son *Traité du Contrepoint*, donne la solution de plusieurs de ces canons; il cite en même temps et explique le sens donné à bon nombre de ces sentences, toujours écrites en latin et naïvement empruntées, pour la plupart, à l'Ecriture-Sainte : *Clama, ne cesses* (parle, ne te lasse pas); *otia dant vitia* (l'oisiveté produit des vices), le conséquent ne doit faire aucun des repos de l'antécédent : *et sic de singulis* (et ainsi pour chacune), le conséquent doit donner à toutes ses notes la valeur de la première note de l'antécédent; *ostende mihi faciem tuam* (montrez-moi votre face), le conséquent reproduit l'antécédent par une imitation rétrograde, etc.

Les imitations offrent une inépuisable ressource au compositeur, tant pour la mélodie que pour l'harmonie. Il doit seulement veiller qu'elles ne détruisent le rhythme et ne rendent le style vague et pesant. — Dans la mélodie, ce sont surtout les imitations imparfaites qu'on peut employer, parce qu'elles concilient mieux entre elles la ressemblance et la dissemblance. — Dans l'harmonie, pour imiter, on écrit d'abord tout l'antécédent jusqu'au point ou doit entrer le conséquent, puis on écrit tout ce dernier, et on donne à la continuation de l'antécédent des notes qui soient en accord avec lui. Ainsi dans l'ex. E, on a composé d'abord le

n° 1, puis la partie inférieure du n° 2, ne songeant qu'à imiter exactement le n° 1 ; puis la partie supérieure du n° 2, qui se plie et s'adapte à l'harmonie exigée par la partie inférieure; ensuite la partie inférieure du n° 3, ne cherchant qu'à reproduire la partie supérieure du n° 2, puis la partie supérieure du n° 3, etc. — Les imitations peuvent se faire à plusieurs parties. On conçoit facilement que la difficulté augmente avec leur nombre, surtout lorsqu'elles sont canoniques et qu'elles se font à plusieurs degrés différents. — On trouve dans Palestrina jusqu'à trois imitations canoniques qui se poursuivent simultanément; et cependant l'une est à la quarte, l'autre à la quinte, l'autre à la septième : ce sont là des prodiges de science, d'habileté et même de bonheur.

VIII. Contrepoint double. — Le mot *contrepoint double* désigne, non plus uniquement cette harmonie ancienne qu'on a étudiée précédemment, mais une harmonie quelconque qui peut être renversée sans devenir vicieuse. Ce renversement se fait en transportant soit la partie grave à l'aigu, soit la partie aiguë au grave. Généralement ce déplacement est d'une octave, il est aussi quelquefois d'une dixième ou d'une douzième; de là le contrepoint double *à l'octave*, *à la dixième*, *à la douzième*. Quelques auteurs parlent aussi du contrepoint *à la neuvième*, *à la onzième*, *à la treizième*, *à la quatorzième;* tous cependant conviennent de la parfaite inutilité de ces combinaisons : il en est de même pour le contrepoint par mouvement rétrograde, par mouvement contraire, etc. Le contrepoint double à l'octave peut seul être d'un emploi très fréquent dans la musique moderne. — Une harmonie qui peut être renversée s'appelle *modèle;* sa reproduction dans un nouvel état forme le *renversement*. — Le mot contrepoint double désigne à la fois, chez quelques auteurs, une harmonie renversable quelconque et une harmonie renversable qui n'est qu'à deux parties seulement. Dans ce dernier sens, il est opposé aux mots : contrepoint *triple*, contrepoint *quadruple*, qui s'appliquent à une harmonie à trois ou à quatre parties, régulière dans quel renversement que ce soit. « Le principe fondamental de tous les « contrepoints possibles, dit A. Reicha, est que chaque partie puisse faire « basse correcte contre toutes les autres. » Les contrepoints à plus de deux parties dans lesquels cette loi n'est pas observée sont *conditionnels*, c'est-à-dire qu'ils ne sont bons contrepoints qu'à la condition de n'être pas pratiqués dans tous leurs renversements. Souvent un contrepoint peut être régularisé par une basse ajoutée : ainsi dans l'ex. F, le renver-

sement, vicieux au n° 1, ne l'est plus au n° 2, parce que la quarte juste, *sol ut*, a cessé d'être intervalle principal.

Le contrepoint double offre de riches éléments. En faisant passer tour à tour les différentes parties au grave et à l'aigu, il permet de produire une grande variété d'effets mélodiques et harmoniques, sans recourir à des idées nouvelles. — Le renversement peut, en principe, se faire soit dans le ton du modèle, soit dans un autre ton; toutefois, dans la musique vocale, on ne le fait souvent qu'après avoir modulé, parce que, en se produisant dans le premier ton, le renversement mettrait le contrepoint hors du diapason des voix. — Quand les parties, dans le modèle, sont distantes de plus d'une octave, on ne peut obtenir le renversement qu'en changeant l'octave de chacune des parties. On change aussi quelquefois, dans les contrepoints à la dixième ou à la douzième, l'octave de la partie qui est censée rester immobile, afin d'empêcher par là un trop grand éloignement des parties.

IX. **Contrepoint double à l'octave.** — Pour faire un contrepoint renversable à l'octave, il faut éviter dans l'harmonie : 1° une ou plusieurs quartes par mouvement semblable, parce que leur renversement produit des quintes; 2° le retard des parties supérieures dont l'octave inférieure est exprimée sans retard, parce que la basse ne peut pas recevoir ces prolongations; 3° l'accord de quinte juste qui, dans son renversement, devient accord de quarte : il serait permis cependant lorsqu'il se trouverait placé dans les circonstances où la basse peut faire une quarte juste avec une des parties supérieures; 4° le croisement des parties qui fait que l'harmonie reste la même dans le renversement; 5° toute dissonance non préparée, à part celle que peuvent produire les notes de passage et l'accord de dominante.

Le contrepoint renversable à l'octave offrira donc, la plupart du temps, des accords incomplets et, par là même, beaucoup de redoublements, lorsqu'il sera à trois ou à quatre parties. Dans le contrepoint triple, on pourra faire les redoublements qu'on voit au n° 1, ex. G, ou

G. N° 1. N° 2. N° 3.

disposer les parties différentes, comme au n° 2. Dans le contrepoint quadruple, on les redoublera surtout, comme au n° 3 :

1° *Contrepoint double à l'octave.* — Voici (ex. H.) un contrepoint

à deux parties, donné par A. Reicha. « Il n'est pas difficile, dit cet

« auteur, de trouver le premier sujet ou la partie supérieure pour un « contrepoint quelconque. Chaque phrase d'un chant naturel et franc, « chaque trait mélodique de quelques mesures peut servir à un premier « sujet. » En lui donnant un accompagnement dans lequel seront évités les intervalles cités plus haut, on aura créé le contre-sujet. On peut, d'après M. Fétis, changer un contrepoint à l'octave à deux voix, en contrepoint à l'octave à trois ou quatre voix, en ajoutant au-dessus de chaque voix une autre partie à la tierce. — Il faut pour cela composer le contrepoint d'après ces règles : 1° éviter toute espèce de dissonance ; 2° ne se servir que de la tierce, de la sixte et de l'octave ; 3° ne faire ni deux tierces ni deux sixtes consécutives ; 4° n'employer que les mouvements contraires ou obliques. L'exemple I (n° 1), du même auteur, se trouve

dans ces conditions et peut recevoir les additions du n° 2.

2° *Contrepoint triple à l'octave.* — L'exemple J, de Reicha, offre

un contrepoint de cette espèce. Cette harmonie est régulière. Elle le sera dans lequel que ce soit des renversements. — Il est facile de créer un contrepoint triple bien intéressant. On prend pour cela un chant très simple de huit à dix mesures au plus, un morceau de plain-chant, si l'on veut, et l'on crée deux contre-sujets. Ils devront différer du sujet, différer l'un de l'autre le plus possible, afin qu'on les distingue facilement dans l'harmonie et que le contrepoint soit plus varié. Pour augmenter cette variété dans l'unité, on fera commencer le premier contre-sujet, un soupir, une pause, une mesure, deux mesures même après le sujet. Le second contre-sujet ne viendra que plus tard, parce que l'harmonie à deux parties est déjà bien capable de captiver, au moins un moment ; il n'entrera donc que bien près de la fin, lorsque le contrepoint doit produire son plus brillant effet et se terminer de suite pour ne pas déchoir. Les trois parties finissent en même temps. En créant le premier contre-sujet, il faut ne le pousser que jusqu'à l'arrivée du second contre-sujet, et de là les créer tous deux simultanément, pour avoir moins de peine à les concilier entre eux.

3° *Contrepoint quadruple à l'octave.* — On le crée comme le contrepoint triple. On peut aussi, en le cherchant, faire d'abord une harmonie en accords plaqués qui n'offre que les intervalles permis dans le contrepoint à l'octave; on varie ensuite plus ou moins chaque partie par des répétitions, des notes de passage, des silences, etc., et le contrepoint est écrit. C'est encore A. Reicha qui donne le contrepoint quadruple suivant. — Cette espèce de contrepoint a le grand inconvé-

nient d'empêcher constamment la plénitude de l'harmonie qui serait cependant si facile, eu égard au nombre des parties; c'est pour cela que, même à quatre parties, on emploie plus volontiers le contrepoint triple avec une partie d'accompagnement. — Ce dernier contrepoint et le contrepoint double offrent des ressources inépuisables. Un contrepoint triple, qui n'aura que huit mesures, en occupera quarante-huit pour se produire dans tous ses renversements. Qu'on les sépare par différents développements, par des imitations, des progressions, etc., etc., on arrivera facilement à un long morceau d'une grande variété et d'une unité parfaite.

X. **Contrepoint double à la dixième, à la douzième.** — Les deux lignes de chiffres qui suivent :

1, 2, 3, 4, 5, 6, 7, 8, 9, 10.
10, 9, 8, 7, 6, 5, 4, 3, 2, 1.

montrent ce que deviennent les intervalles, par le renversement à la dixième; la tierce est transformée en octave, la sixte en quinte; il ne faut donc employer ces intervalles que par mouvement contraire ou oblique dans le modèle. On doit éviter aussi dans ce contrepoint le retard de la sixte par la septième, parce qu'il devient retard de la quinte par la quarte. — Pour le contrepoint à la douzième, un tableau pareil à celui qui précède, fait voir que la sixte devenant septième doit être préparée dans le modèle. La tierce reste tierce ou devient dixième, elle peut donc être employée par mouvement semblable. La prolongation de la neuvième est encore défendue parce qu'elle produit le retard de la quinte par la quarte. — Ces deux contrepoints sont surtout avantageux comme exercice : en pratique, il est difficile qu'on en tire des effets bien remarquables.

CHAPITRE DOUZIEME

I. **Fugue.** — On appelle *fugue* une composition musicale dans laquelle un sujet passe sans cesse d'une partie à l'autre suivant certaines règles. Les parties, en le produisant successivement, semblent se chasser et se poursuivre tour à tour; de là le mot fugue, du latin *fuga,* fuite. — Les règles de la fugue ont été pressenties et fixées définitivement par les grands maîtres de l'Italie, surtout par Clari, Stephani et Alexandre Scarlatti. Elle forme le cadre de développements le plus large et le plus complet possible; transformé en fugue, un petit motif peut former un morceau très long et très intéressant en même temps.

On peut distinguer trois parties dans une fugue : l'exposition, le nœud et le dénouement : c'est la division du drame avec lequel la fugue a beaucoup d'analogie. — L'exposition se forme de l'énonciation du sujet et de sa réponse, du contre-sujet et de sa réponse; cette énonciation doit être faite par toutes les parties successivement.

II. **Sujet.** — On appelle *sujet* le motif qui offre les éléments de la fugue, et doit passer, sous toutes les formes, d'une partie à l'autre. Il communique par là ses qualités à la fugue. « Un sujet vigoureux dit « A. Reicha, donnera de l'énergie à la fugue; un sujet original la ren- « dra neuve; un sujet gai lui communiquera sa légèreté; un sujet gra- « cieux peut la rendre gracieuse elle-même. — Le sujet doit être court « pour que les auditeurs puissent le saisir et le retenir sur le champs : « il ne doit pas surpasser huit mesures dans l'allegro, et quatre mesures « dans le mouvement lent. Il n'a parfois que cinq ou six notes, renfer- « mées dans deux mesures. Il est important qu'il renferme un trait de « chant franc qui se grave dans la mémoire et reste dans l'oreille. Les « sujets dans le genre du plain-chant sont rarement heureux et sont peu « intéressants. »

Le sujet commence ordinairement par la tonique ou par la dominante; il peut cependant aussi commencer par la tierce. Il est bon qu'il contienne beaucoup d'éléments et de dessins différents; on trouve ainsi plus de ressources quand on le décompose. Il se termine ordinairement par une modulation; c'est à la dominante qu'elle se fait invariablement : d'*ut* majeur on module à *sol* majeur, de *la* mineur à *mi* mineur. Le sujet peut, à la rigueur, moduler en venant seulement se reposer sur la tonique ou la tierce de ces tons, sans faire entendre la note altérée qui leur est spéciale ; cependant la modulation est mieux affirmée quand il contient cette note caractéristique. Quelquefois la modulation est faite, non pas par le sujet, mais par sa coda. On donne ce nom à deux ou trois notes qui sont placées après le sujet, lorsque déjà il a un sens complet. La coda convient surtout aux sujets de plain-chant.

III. **Réponse du sujet.** — Il est très important de bien faire la *réponse du sujet*. Celui, dit A. Reicha, qui ne sait pas faire une réponse régulière est réputé ne pas savoir faire une fugue. Elle consiste dans l'imitation du sujet, commencée à la quarte ou à la quinte et changée plus ou moins vite en imitation à la quinte ou à la quarte, pour venir finalement s'arrêter sur l'accord de tonique du ton principal. Dans l'ex. A,

le n° 2 contient la réponse du n° 1. Le changement du degré de l'imitation dans le cours de la réponse s'appelle *mutation*. Il faut toujours au moins une mutation dans la réponse ou dans sa coda pour rentrer dans le ton principal au lieu de l'en éloigner d'avantage en passant à la dominante du ton de la dominante. Souvent on fait plusieurs mutations pour que la réponse altère moins, sinon la physionomie, au moins le sens du sujet.

Lorsque le sujet fait entendre dès le commencement les deux notes principales du ton, la tonique et la dominante, la réponse peut se faire de deux manières, et la fugue, suivant qu'on aura choisi l'une ou l'autre, sera *tonale* ou *réelle*. Dans une fugue tonale, on répond invariablement à la tonique par la dominante, et à la dominante par la tonique, comme dans l'ex. B, pour le moins au commencement de la réponse. Il résulte

de là que le ton primitif se trouve immédiatement rétabli par le retour de sa tonique et de sa dominante : de là probablement le nom de fugue tonale. Dans la fugue réelle, au contraire, la réponse entre par le ton de la dominante, son début n'est que la transposition pure et simple du sujet dans ce ton, le premier, le second, le cinquième degré du ton principal est reproduit par le premier, le deuxième, le cinquième degré du ton de la dominante, et à l'endroit seulement ou le sujet a passé à la dominante, la réponse revient à la tonique en formant une mutation. Tout donc ce qui est en *ut* dans le sujet se trouve en *sol* dans la réponse, et tout ce qui est en *sol* dans le sujet, revient en *ut* dans la réponse. — Il y a des sujets qui demandent nécessairement une réponse de fugue réelle, ce sont ceux qui ne font pas entendre à leur commencement les deux notes, soit les *cordes* principales du ton; et tous peuvent la recevoir. — En principe, ce n'est jamais parce qu'elle sera tonale ou réelle qu'une fugue sera bonne ou mauvaise. La fugue tonale et plus spécialement la fugue moderne : il n'est pas sûr qu'elle soit toujours aussi facilement énergique et éclatante que la fugue réelle.

La réponse, dans la fugue réelle, ne reçoit ordinairement qu'une mutation ; dans la fugue tonale, elle en reçoit généralement autant qu'il y a de passages de la tonique à la dominante. — Voici, pour diriger dans l'application de ces données générales, quelques règles extraites substantiellement des préceptes que donne M. Fétis : 1° quand le sujet va diatoniquement de la tonique à la dominante, on répond, dans la fugue *tonale*, en répétant la dominante (ex. C, n° 1), et réciproquement, quand

le sujet répète la dominante avant de monter diatoniquement à la tonique, on va, dans la réponse, diatoniquement et sans répétitions, de la tonique à la dominante ; 2° quand le sujet descend diatoniquement de la dominante à la tonique, on répète la tonique dans la réponse (n° 2 ex. C), et réciproquement ; 3° quand la dominante se porte sur la tierce par un mouvement de tierce descendante, on répond par un mouvement de seconde, de la tonique à la sensible (n° 1 ex. D), et réciproquement ;

4° lorsque la dominante monte diatoniquement à la tonique, on répond par un mouvement de tierce, de la tonique à la tierce (n° 2 ex. D), et réciproquement ; 5° lorsque la tonique se porte sur le quatrième degré par un mouvement de quarte ascendante, on répond par un mouvement de quarte ascendante, de la dominante à la tonique (ex. E). On voit par

ce fait que, si la dominante et la tonique doivent se reproduire réciproquement, ce n'est pas là cependant leur fonction exclusive; la dominante doit souvent répondre à la seconde du ton, la tonique souvent aussi à la quarte du ton.

Les règles qui précèdent trouvent surtout leur application au commencement et à la fin de la réponse; dans le corps de la réponse on les oublie souvent pour ne pas donner lieu à d'incessantes mutations; ainsi dans l'exemple F, la première réponse qui n'a que deux mutations est bien préférable à la seconde qui en subit quatre.

Dans le mode mineur, il est essentiel de répondre au demi-ton qui se trouve de la seconde à la tierce, par celui qui se trouve de la quinte à la sixte, et réciproquement. — Au saut de la dominante à la sensible, on répond par le saut de la tonique à la quarte altérée. (n° 1 ex. G), —

Pour les sujets chromatiques comme celui du n° 2, on les considère d'abord dans leurs notes naturelles seulement, et on forme leur réponse comme s'ils n'en offraient pas d'autres; on place ensuite les altérations là où se trouvent des intervalles d'un ton, comme dans la réponse du n° 3, ex. G. Ce sujet serait cependant de ceux auxquels va mieux une réponse de fugue réelle; une réponse tonale l'altère trop profondément. — M. Fétis appelle *irrégulières* ces fugues dont le sujet, dès le début, marche ainsi diatoniquement de la tonique à la dominante. On leur donne de préférence une réponse de fugue réelle qui marche diatoniquement de la dominante à la seconde; seulement, il est nécessaire qu'ils ne soient pas bornés à ce trait mélodique; il faut que ce début ait une suite pour qu'à l'aide d'une mutation, on s'arrête, non pas à la seconde, mais à la tonique du ton principal. Aussi dès que le sujet n° 2 reste limité à ces quatres mesures, il ne peut pas recevoir une réponse autre que celle du n° 3, à part peut-être celle du n° 4.

On peut voir que, pour bien répondre il ne suffit pas de la connaissance des règles, il faut un goût, un tact naturel qui les applique plus ou moins strictement suivant la nature des sujets. Tous les motifs possibles, à la rigueur, peuvent recevoir une réponse régulière et par là même devenir sujet de fugue; quand Mozart, dans ses improvisations sur le piano, ne savait plus que faire d'une idée longuement développée, il en formait une fugue qu'il faisait entendre de suite; cependant il y a des sujets qui sont bien préférables pour la perfection avec laquelle ils se laissent reproduire par la réponse. Il y en a d'autres qui peuvent recevoir plusieurs réponses toutes admissibles. Il est toujours facile de se ménager une bonne réponse en choisissant un sujet qui la facilite, ou si déjà il est choisi, en le modifiant d'une manière insignifiante ; ainsi en plaçant des répétitions sur les notes qui seront disputées par deux degrés dans la réponse, ou près desquelles se feront les mutations, afin que de ces deux notes, la première soit sur un degré, la seconde sur une autre, et qu'ainsi la réponse ne brise pas le mouvement diatonique, dès que d'ailleurs elle se fera en élargissant, et réciproquement.

Lorsque l'on trouvera une modulation passagère dans le corps du sujet, on devra la reproduire, en traitant à cet endroit le sujet comme pour une réponse de fugue réelle. — Voici quelques exemples pour compléter ces explications. Ils sont pris parmi ceux que A. Reicha offre en si grand nombre.

On produit la réponse au moment où le sujet se termine. Quelquefois, suivant les facilités harmoniques du sujet, elle commence avant même qu'il soit terminé, comme dans l'ex. II ; d'autres fois, au moment même ou

il fait entendre sa dernière note, ou même après qu'elle est terminée, parce qu'elle est encore incompatible avec la première note de la réponse, après donc seulement que le sujet, par une coda plus ou moins longue, est venu offrir à la réponse la note harmonique qu'elle attend.

Souvent le sujet, même dans la fugue à deux parties, est accompagné, dès sa première énonciation, par un contrepoint double renversable à l'octave, appelé *contre-sujet*. Le contre-sujet doit se terminer quelque peu avant la réponse, et laisser ainsi un intervalle entre elle et lui, afin qu'elle soit mieux remarquée quand elle entre. Ce repos plus ou moins prolongé doit être fait, pour la même raison, dans tout le cours de la fugue, par toute partie qui va faire entendre le sujet ou la réponse. — Le *contre-sujet* doit être aussitôt reproduit par la partie qui a énoncé le sujet, et accompagner ainsi la réponse en produisant avec elle la première harmonie renversée à l'octave. Si le sujet a été énoncé sans contre-sujet, la première partie doit également accompagner la réponse en formant avec elle une harmonie renversable. Un contre-sujet doit moduler et subir des mutations comme le sujet.

IV. **Exposition.** — L'énonciation du sujet et de sa réponse ne forme encore qu'une partie de l'exposition. Il faut qu'après un petit divertissement sans modulation, la partie qui a fait la réponse reprenne le sujet accompagné par le contre-sujet : la première partie prend ensuite la réponse. Quelquefois après un petit divertissement, on reproduit encore le sujet et la réponse, mais on fait passer la réponse la première; elle prend ainsi une apparence de sujet, et le sujet, une apparence de réponse. Cette dernière énonciation forme la contre-exposition. Il y a beaucoup de fugues dans lesquelles elle n'existe pas.

« En Allemagne, dit M. Fétis, quelques compositeurs ne font pas le « renversement du sujet et de la réponse; après la première audition de « ceux-ci, ils modulent aussitôt par une épisode et font entendre le sujet « dans un autre ton; mais la méthode italienne est préférable : 1° parce « qu'elle établit mieux le ton principal; 2° parce que l'audition alter- « native du sujet et de la réponse dans les deux voix est plus conforme « au reste du plan de la fugue, qui est fondé principalement sur le ren- « versement. »

La fugue à trois parties peut être à un sujet et un contre-sujet, ce que les auteurs désignent généralement, quoique improprement par l'expression *à deux sujets*; ou bien à un sujet et deux contre-sujets, soit *à trois sujets*. Elle est à deux sujets lorsqu'il n'y a au commencement qu'une partie qui accompagne le sujet principal; à trois sujets quand le sujet est accompagné par les deux autres parties, produisant un contrepoint triple à l'octave.

Dans l'exposition d'une fugue à trois parties, en désignant par *a* la partie qui énonce le sujet, par *b* la partie qui l'accompagne en contrepoint, par *c*, celle qui reste silencieuse, on a cet ordre : on fait accompagner *a* par *b*, *c* prend la réponse en même temps que *a* fait entendre le contre-sujet exprimé par *b*; *b* forme une harmonie non renversable et se tait vers la fin de la réponse pour reprendre le premier sujet dont *a* fera la réponse : cette reprise est souvent précédée d'un divertissement de quelques mesures; après elle vient un divertissement plus long, puis *c* reproduit le sujet et *b* la réponse. Souvent on place cette dernière fois la réponse avant le sujet, de manière à former une contre-exposition. — La fugue à quatre parties peut être à deux ou à trois sujets, elle ne sera jamais à quatre sujets, parce qu'il serait ridicule de faire entendre continuellement l'harmonie pauvre du contrepoint quadruple quand on a tant de ressources pour produire des accords complets.

V. **Nœud de la fugue.** — Il se compose spécialement : 1° *d'épisodes* ou *divertissements* ; 2° de modulations à différents tons dans lesquels on reproduit le sujet et sa réponse, tant sous leur forme première que sous d'autres formes, ainsi par mouvement contraire, ou même en augmentation, en diminution, etc.; 3° de *strettos*. Les modulations et les strettos ne sont pas précisément des parties de la fugue, ils ne sont que des *formes* que prennent les pensées.

1° *Episodes*. On a vu que l'exposition déjà demande quelques épisodes, mais elle les veut courts et sans modulation ; ceux du nœud de la fugue peuvent avoir plus d'étendue et moduler. « Ils se composent, dit « M. Fétis, de progressions harmoniques simples et d'imitations. Les « progressions harmoniques sont composées d'un trait de mélodie « quelconque montant ou descendant progressivement, et accompagné « d'un trait qui n'a de rapport avec lui que par l'harmonie. » — Les progressions peuvent également être modulantes ou unitoniques. Les imitations progressives ou non progressives doivent être parfaites et généralement renversables à l'octave. — Ce ne sont pas des dessins quelconque qui peuvent être pris pour matière des épisodes ; il faut qu'ils appartiennent au sujet ou au contre-sujet, ou que, sans leur appartenir strictement, ils aient avec eux la plus grande ressemblance ; c'est à cette condition seulement que la fugue peut remplir son but, qui est de produire avec quelques dessins des effets nombreux et variés.

On peut faire entendre dans la fugue des notes plus longues que celles qui se trouvent dans le sujet ou le contre-sujet, on n'en peut jamais faire entendre de plus brèves. Il faut cependant que les grandes durées des notes ne se produisent pas dans toutes les parties, de manière que plusieurs temps de suite ne soient pas frappés. En règle générale, chaque temps doit être annoncé au moins par une partie, afin que le mouvement se maintienne.

2° *Modulation*. L'exposition établit très suffisamment le ton principal ; dès qu'elle est terminée, il faut moduler. Quoique la modulation principale de la fugue puisse à la rigueur se faire à un ton relatif quelconque ; une fugue en *ut* majeur modulera ordinairement en *la* mineur, ou en *fa* majeur, ou en *sol* majeur. La modulation à ce dernier ton est plus douce que les autres, parce qu'il a déjà été entendu passagèrement dans l'exposition. — La fugue en *la* mineur modulera spécialement en *ut* majeur. Une fugue d'une certaine étendue pourra moduler passagèrement aux tons qui diffèrent par deux accidents du ton principal. — La modulation ne se fait souvent qu'à un ton principalement ; c'est à partir de là, qu'on rayonne dans différents tons par des modulations passagères. Pour plus de variété, il faut s'efforcer de suivre chaque fois, dans le retour, une route nouvelle. Dans ces modulations, on peut quelquefois faire entendre le sujet et sa réponse tout entiers parce que le ton nouveau leur donne un nouvel intérêt.

3° *Strettos.* Le mot stretto signifie resserrement. Ce resserrement consiste à commencer la réponse avant que le sujet soit arrivé à la fin, et plus tôt qu'on ne l'avait commencée dans l'exposition ; les entrées successives sont ainsi rapprochées. Il y a des sujets qui les permettent sans subir eux-mêmes des modifications ; les strettos qui se font dans ces conditions sont préférables à tous les autres : on peut toujours les prévoir et se les ménager plus ou moins en choisissant le sujet. Si le commencement de la réponse est incompatible, pour l'harmonie, avec la partie du sujet qui n'est pas encore entendue, on modifie cette dernière à l'arrivée de la réponse et le sujet reste ainsi tronqué, Cependant cette modification ne doit pas se faire au temps même de l'entrée de la réponse, encore moins doit-elle précéder cette entrée; si donc le sujet n'offre aucune note qui soit harmoniquement compatible avec la réponse, les strettos seront impossibles. On pourrait, dans ce cas, pour les rendre possibles, faire la réponse à la quinte du ton au lieu de la faire à la quarte. On peut aussi, bien souvent, les rendre possibles par la contre-exposition.

Avec un sujet long, on peut faire plusieurs strettos séparés entr'eux par des épisodes. Il faut toujours placer d'abord ceux qui rapprochent le moins l'entrée de la réponse, de celle du sujet : le plus resserré vient le dernier.

Un sujet bien court ne fournira qu'un stretto, mais on pourra l'employer plusieurs fois avec différentes modifications, en changeant les parties qui le produisent, en variant l'harmonie, etc. — Les strettos se placent sur la fin du nœud quand l'oreille commence à désirer des effets autres que ceux produits par les épisodes de toute espèce, les modulations et les répétitions ou les imitations du sujet et de la réponse dans ces différents tons.

VI. **Dénouement de la fugue.** — Les derniers strettos peuvent déjà être considérés comme faisant partie du dénouement de la fugue. Quelquefois on la termine avec eux. Bien souvent cependant, avant ou après le dernier stretto, on place un canon de huit à seize mesures; il peut être produit par un nombre plus ou moins grand de parties et à différents degrés; il est ordinairement à l'octave. A ce moment on doit être rentré dans le ton primitif depuis quelque temps déjà ; mais ce retour n'a pas été marqué, comme dans les autres compositions, par un repos de toutes les parties, par la reprise du motif initial. etc. ; il peut donc rester quelque incertitude sur sa fixité. Pour la faire cesser, on place une pédale sur la dominante du ton principal. Cette audition prolongée de la basse affirme le ton très clairement et très fortement. Après cela on termine au plus tôt, afin de ne pas détruire, par une continuation d'un intérêt décroissant, le bel effet de tout ce qui a précédé.

Tel est le cadre général de la fugue. Quant à la manière de le remplir, chaque compositeur a la sienne spéciale qui dépend de l'expérience qu'il a déjà acquise, de ses habitudes de la nature du sujet, etc. Pour s'affermir dans ce genre de composition, dit Chérubini, il faut examiner et analyser beaucoup de fugues des meilleurs auteurs. — Voici, pour rendre plus sensibles toutes ces explications, une fugue à deux parties, composée par Chérubini.

Sujet au ton mineur de la sixte.
Réponse.
Coda.
Sujet au ton mineur de la seconde.
Dessin du sujet imité.
Dessin du contre-sujet imité.
Dessin du sujet imité à la seconde.
Stretto.
Dessin du contre-sujet imité.

Reproduction du premier stretto.
Dessin du contre-sujet imité.
Sujet par mouvement contraire.
8va
loco.
Second stretto.
Sujet en réponse.
Reproduction du second stretto.
Sujet par mouvement contraire.

C'est là le genre de fugue moderne. Dans le temps où les lois de la fugue furent déterminées, elle se mouvait dans un cadre bien plus restreint, et les modulations en étaient absentes; c'est pourquoi elle s'appelait fugue du ton; le sujet et la réponse ne s'étendaient guère au-delà d'une octave; ils avaient ainsi chacun l'étendue d'une quarte ou d'une quinte. Ces fugues avaient une certaine analogie avec les compositions fuguées de Palestrina. La fugue moderne a reçu la modulation, mais on ne l'a pas encore divisée en phrases, en rhytmes, etc. Une fugue formée d'un certain nombre de périodes bien distinctes, serait il semble, bien préférable à cette suite de sons où rien ne commence ni ne finit.

VII. **Genre fugué.** — « Le genre fugué consiste, dit A. Reicha, dans la « matière fuguée employée plus ou moins dans les différents morceaux « de musique où il ne s'agit pas d'une fugue régulière. La matière fuguée « consiste en général : 1° en imitations de tous genres; 2° en expositions « de fugues; 3° en strettos; 4° en canons de différentes espèces; 5° en « développements partiels d'un sujet; 6° en répercussions d'un contre- « point quelconque. » — La matière fuguée peut être employée avec grand avantage dans toute espèce de composition. La fugue est une œuvre dont le plan est tracé d'avance; son cadre est immuable; la matière fuguée laisse le génie libre; elle est toujours facilement neuve et intéressante. Haydn ne fit pas de fugues, mais, dans toutes ses compositions, il employa plus ou moins la matière fuguée; c'est pour cela qu'elles sont constamment douces et pleines de charmes.

CHAPITRE TREIZIÈME

I. **Plain-chant.** — Le plain-chant est la plus ancienne musique connue; son allure est grave et modérée, de là son nom. C'est l'église qui a formé cet inestimable répertoire. Plusieurs tons des psaumes sont, d'après saint Clément d'Alexandrie, ceux-là même qui retentissaient dans le temple de Jérusalem; saint Ambroise, saint Grégoire, les moines, etc. composèrent ou recueillirent successivement les autres pièces de cette grande collection.

Les sons du plain-chant furent primitivement figurés par les lettres A, B, C, D, E, F, G; a, b, c, d, e, f, g. A représentait notre *la* grave placé au-dessous de la portée en clef de *sol*. On ajouta plus tard, à cette série, le *gamma* des Grecs, pour exprimer le *sol* grave employé quelquefois dans le second ton ; de là le nom de *gamme* donné à l'ensemble des signes musicaux. Chacun de ces signes avait un nom spécial qui rappelait sa plus ou moins grande élévation : *a* s'appelait la *mèse* (le signe du milieu); c'est probablement en souvenir de l'attention donné autrefois à cette note, qu'aujourd'hui encore on ajuste les diapasons au ton de *la*.

Comme ces lettres n'indiquaient que l'élévation des sons, on les accompagna bientôt de signes appelés *neumes*, destinés à partager les lettres en groupes pour former des phrases distinctes. Pendant quelque temps, les neumes furent même substitués aux lettres; de là une grande obscurité dans les signes des sons; de là ces dix années d'études nécessaires pour apprendre à chanter convenablement. La tradition était presque tout, quand Gui d'Arezzo, au XIe siècle, imagina de placer les neumes sur une portée à quatre lignes. Bientôt il les remplaça par des points, ensuite par des notes carrées auxquelles il donna les noms *ut, ré*, etc., empruntés à la première strophe de l'hymne de saint Jean-Baptiste : *ut* queant laxis *re*sonare. Plus tard on créa pour la musique des signes nouveaux, les blanches, les rondes, etc., et l'on ajouta une ligne à la portée. La notation du moine Gui d'Arezzo fut cependant conservée pour le plain-chant. C'est depuis quelques années seulement, qu'en beaucoup d'endroits, elle a été remplacée par la portée et la notation musicales. Cette innovation a suscité de nombreuses réclamations; il est difficile cependant de ne pas la considérer comme une grande amélioration, puisqu'elle facilite beaucoup la lecture du plain-chant en l'affranchissant de nombreux changements de clefs.

II. **Tons du plain-chant.** — Les tons du plain-chant sont au nombre de huit. Les tons impairs, le premier appelé *dorien*, le troisième, *phrygien*, le cinquième, *lydien*, le septième, *mixolydien* dits *authentiques*, furent introduits ou conservés seuls dans l'Eglise par saint Ambroise qui les choisit entre les quinze tons des Grecs. C'est le pape saint Grégoire qui, plus tard, alla prendre à la même source pour les introduire à l'Eglise, les quatre tons plagaux : le 2me ton, appelé *hypodorien*, le 4me, *hypophrygien*, le 6me, *hypolydien*, le 8me, *hypomixolydien*. Il ne faudrait pas voir dans ces emprunts à la musique des Grecs, des faits en contradiction avec l'affirmation de saint Clément d'Alexandrie touchant l'origine des tons des psaumes, car ce Père de l'Eglise nous dit que les Grecs avaient formé leurs tons d'après les éléments de la psalmodie des Hébreux. On le croit facilement, quand on considère que ces derniers chantaient déjà avant que la Grèce eut fait parler de sa civilisation. D'ailleurs, de nombreuses relations durent exister entre la Judée et la Grèce. Au premier livre des Machabées, chap. XII, v. 20, le roi de Sparte, Arius, écrit au grand-prêtre Onias : « Il a été trouvé, dans un écrit touchant les La-« cédemoniens et les Juifs, qu'ils sont frères et qu'ils descendent tous « d'Abraham. »

La tradition a qualifié ainsi les huit tons du plain-chant : le 1er, grave; le 2me, triste; le 3me, mystique; le 4me, harmonieux; le 5me, joyeux; le 6me, pieux ; le 7me, angélique; le 8me, parfait. Les tons du plain-chant ont quatre notes finales différentes seulement, *ré, mi, fa, sol;* chacune sert pour un ton authentique et un ton plagal : *ré* pour le 1er et le 2me ton, *mi* pour le 3me et le 4me, etc.

Une composition de plain-chant ne s'étend pas régulièrement au-delà d'une octave. L'exemple A offre les limites entre lesquelles elle peut se mouvoir dans les différents tons.

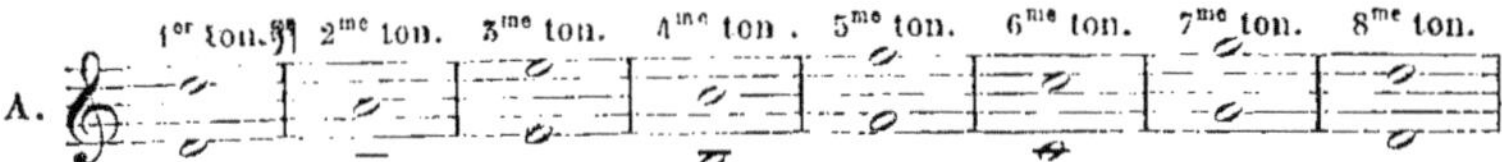

On voit par là que, dans les tons authentiques, la composition est placée entre la note finale et son octave supérieure, et dans les plagaux, entre la cinquième note du ton authentique de même finale et son octave inférieure. Certains morceaux vont quelquefois jusque sur le degré placé immédiatement en dessus ou en dessous de cette note. Ces tons n'offrent aucun ordre commun dans la disposition de leurs tons et de leurs demi-tons; ils constituent ainsi autant de modes différents. Ils prennent, chacun dans son espace, les tons et les demi-tons suivant l'ordre de la succession *ut, ré, mi, fa,* etc. Quelquefois cependant *si* est bémolisé ou *fa* est diezé, surtout pour éviter la quarte majeure *fa si*. Bon nombre de musiciens ont rejeté ces altérations de *fa* pénultième, au nom des traditions du plain-chant ; mais il est bien loin d'être prouvé qu'elles ne se faisaient pas au temps de saint Grégoire. Certainement, *fa* naturel pénultième, dans le huitième ton, blessera toujours l'oreille, dans les cas au moins où *si* a été entendu naturel peu auparavant. — Une composition de plain-chant ne commence pas essentiellement par la tonique ou finale, la tierce ou la quinte, et cette dernière n'est pas dominante dans tous les psaumes. — Le premier et le deuxième ton sont plus ou moins parfaitement en *ré* mineur ; le troisième et le quatrième, en *mi* mineur ; le cinquième et le sixième, en *fa* majeur ; le septième et le huitième, en *sol* majeur.

III. Accompagnement du plain-chant. — Le plain-chant, sur l'orgue, peut être placé à la partie inférieure ou dans l'intérieur de l'harmonie ou à la partie supérieure. C'est cette dernière place qu'on lui donne ordinairement, parce que là, il ressort davantage, et que d'ailleurs l'accompagnement en est plus facile en même temps qu'il aide et dirige mieux les voix. — On a publié un grand nombre de méthodes pour accompagner le plain-chant en quelques jours d'étude ; mais cette science hâtée sera toujours bien pauvre auprès de celle que donne la connaissance de l'harmonie et du contrepoint, complétée encore par quelques remarques sur les spécialités des différents tons. — On doit en général donner au plain-chant une harmonie consonnante ; les dissonances naturelles de l'accord de dominante ne seront bonnes que dans les circonstances où la phrase appartient à un ton musical bien caractérisé, ou bien à la fin des phrases, quand l'effet bruyant est mieux permis. Cependant l'effet de la dissonnante ne sera pas mauvais, lorsqu'elle se produira par degrés conjoints, et que, n'étant pas constituée par la note du plain-chant, elle se trouvera dans l'intérieur de l'harmonie. Pour les dissonances préparées, résultant d'un retard, on fera bien de les multiplier le plus possible.

Habituellement l'accompagnement du plain-chant se fait à quatre parties ; la main droite tient la note du plain-chant et les deux notes de l'accord qui sont immédiatement en dessous de celle-là ; la main gauche fait la basse fondamentale de l'accord, sauf les rares circonstances où elle se place sur la tierce de l'accord pour éviter des mouvements vicieux ou compléter l'harmonie. Cette basse peut être redoublée, comme au n° 1 (ex. B)

ou simple comme au n° 2. Quand on veut rendre l'accompagnement plus doux et même plus élégant, on ne donne qu'une note à la main droite avec le plain-chant, comme au n° 3, la main gauche touche alors autant que possible la note qui complète régulièrement l'harmonie. Ce mode d'accompagnement est préférable à tout autre, mais il demande une certaine habileté. — Bon nombre d'artistes, en harmonisant un morceau de plain-chant, s'écartent le moins possible de la tonalité musicale à laquelle il appartient ; ainsi dans le premier ton ils n'emploieront en principe que les accords naturels en *ré* mineur, considérant *sol* comme quarte, *la* comme quinte, etc. Pour apprendre cet accompagnement, il suffit d'étudier les gammes harmonisées que l'on a vues page 53 et 54. Cette harmonie conserve mieux à chaque ton du plain-chant son caractère spécial, elle a quelque chose de plus classique et de plus austère ; cependant elle offre une certaine dureté dans les accords mineurs dont le plain-chant forme la quinte. L'effet est bien plus agréable quand on considère cette note comme la tierce d'un ton majeur; *la, si, mi,* comme les tierces des tons majeurs de *fa*, de *sol* et d'*ut*, plutôt que comme les quintes des tons mineurs de *ré*, de *mi* et de *la*. Toutefois il faut excepter les dominantes des psaumes; on peut facilement les faire figurer de temps en temps comme quinte d'un accord mineur, pour rompre la monotonie. Quand les accords sont majeurs, cette dureté est beaucoup moins sensible; ainsi dans le cinquième ton, *ut* n'offre pas trop de dureté avec l'accompagnement *fa la ut*.

Dans les tons du plain-chant, la dernière note du morceau doit en général être considérée et accompagnée comme tonique; il en est de même de toute note sur laquelle se fait un repos un peu marqué. Il résulte de là des modulations nombreuses; on peut se trouver amené successivement et en peu de temps dans les six tons relatifs, *ré* mineur, *mi* mineur, *fa* majeur, *sol* majeur, *la* mineur et *ut* majeur. Ces modulations n'ont rien de choquant, parce que le ton principal se trouvant annoncé d'une manière vague, leur contraste est peu sensible. Souvent d'ailleurs elles ne se font pas d'une manière régulière, parce que le plain-chant offre des notes qui ne sont pas en rapport avec le ton musical dans lequel il passe cependant. Ainsi, dans le premier et le second ton, la note *ut*, n'étant jamais diésée même quand elle se résoud sur *ré*, ne peut pas recevoir l'accord de dominante du ton de *ré* mineur, *la*, *ut* dièse, *mi*. On rencontre une irrégularité analogue dans le *fa* et le *ré* naturels du troisième et du quatrième ton, analogue encore dans le *fa* naturel du septième et du huitième ton.

On peut voir que toutes ces irrégularités tombent sur la seconde et sur la septième du ton musical, notes qui font toutes les deux parties de l'accord de dominante. — Lorsque ces notes se rencontrent suivies d'un repos important, final ou suspensif, sur la tonique de ce ton dont elles rendent impossible l'accord de dominante ordinaire, on les harmonise ainsi : ex. C, n°s 1, 2, 3 et 4. M. Hanon accompagne le passage du n° 1

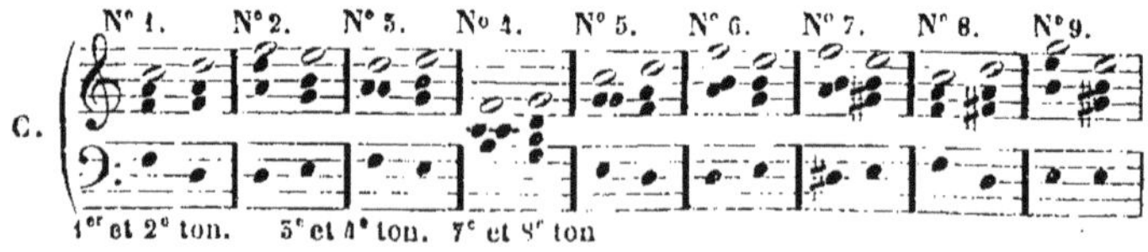

comme au n° 5. Cette harmonie semble bien moins douce. Quand la dissonante aurait pu être préparée, il serait mieux d'accompagner le passage n° 2, comme au n° 6.

On voit que les conclusions du troisième et du quatrième tons (n°s 2, 3 et 6) rappellent l'accord de sixte augmentée conduisant à un repos sur la dominante du ton mineur. Rien n'empêcherait de rendre la ressem-

11

blance plus parfaite en diésant le *ré* de la basse dans le premier accord et le *sol* des parties intermédiaires dans le second accord, comme au n° 7. Les auteurs du temps de Palestrina majoraient toujours ainsi le dernier accord d'un ton mineur. Il est bon de les imiter au moins dans le dernier accord d'un morceau, mais à la condition qu'on évitera en même temps toute fausse relation. La transformation du n° 1 comme au n° 8 paraîtrait donc mauvaise. Il en serait autrement si le *fa* de l'accompagnement n'était pas répété par la basse. L'harmonie du passage (n° 9) qui forme la finale du chant des psaumes dans le quatrième ton, serait mauvaise pour la même raison, parce que la partie intermédiaire fait entendre *sol* dièse, à l'instant même où la partie supérieure cesse de de le faire entendre naturel. La note altérée peut produire des fausses relations aussi bien avec les notes qui la suivent qu'avec celles qui la précèdent. Sur ce point cependant, l'oreille peut souvent permettre en pratique plus de liberté que n'en donne la théorie.

Le premier et le deuxième ton offrent des repos réguliers lorsque *mi* est la note du plain-chant qui précède *ré; mi* reçoit dans ce cas l'accord de dominante *la ut* dièse *mi* et même la dissonante *sol*; mais cet accord *la ut* dièse *mi* ne pourrait plus être employé, parce qu'il produirait une fausse relation, lorsque, de *mi* on passerait encore à *ut* naturel avant d'arriver à *ré*. — Dans le septième et le huitième ton, les repos sont également réguliers lorsque *la* est la note du plain-chant qui précède *sol*, note du repos. — L'harmonie des n°s de l'ex. C qui précède s'emploie souvent dans des passages analogues à ceux-là ; ainsi *sol* naturel, allant à *la* note de repos, recevra l'accord *ut mi sol* comme au n° 1, *ut* allant à *ré* reçoit *fa la ut*; *si* bémol passant à *ut*, note de repos, s'harmonisera comme au n° 4, *fa* naturel qui se résoud sur *sol*, etc. — Quand ces notes qui ne sont pas en rapport avec le ton musical auquel revient le ton plain-chant, ne précèdent pas un repos, on les considère, si l'on veut, comme appartenant à un autre ton.

IV. **Plains-chants harmonisés.** — Pour compléter les explications générales qui précèdent, voici l'harmonie de quelques morceaux de plain-chant ; elle apprendra facilement celle qui convient à tout autre morceau. Cette harmonie n'est exprimée que par un chiffre placé sur chaque note de plain-chant ; il résulte de là une grande brièveté qui ne porte aucune atteinte à la clarté. Il faut oublier ici toute idée de basse chiffrée. Le chiffre sur une basse apprend quel accord doit être placé sur la note, ici il détermine quelle note de l'accord fait le plain-chant. Le chiffre 1 ou 3 ou 5 ou 7 apprend que cette note de plain-chant doit être la première, la tierce, la quinte ou la septième de l'accord *supposé direct*. L'accord doit être mineur, comme par exemple *ré fa la*, ou majeur, comme *ré fa* dièse *la*, suivant que le chiffre est de gros ou de petit calibre ; il peut, ou même, doit être de septième, lorsque le chiffre est accompagné d'un petit 7. Cet accord de septième n'est indiqué que dans le cas où il résulte d'un retard et que la dissonante est préparée : l'emploi de la dissonante dans l'accord de dominante est laissé au goût de l'accompagnateur. — La basse fera toujours la note qui est basse fondamentale, excepté le cas où un 3 ou un 5 placé en dessous de la note apprend qu'elle doit faire la tierce de l'accord pour éviter des faits vicieux ou qu'elle *peut* tenir la quinte. Un astérisque placé près de la note, demande que la basse procède avec le plain-chant par mouvement contraire. Ce mouvement contraire n'est expressément indiqué que dans le cas où il peut y avoir incertitude si la basse doit faire un mouvement ascendant ou descendant, parce que de part et d'autre l'étendue de l'intervalle qu'elle doit franchir est à peu près pareil, ainsi lorsqu'elle va de *fa* à *ut*. Quand l'intervalle est bien plus petit d'un côté que de l'autre, par exemple de *fa* à *sol*, où l'on trouve une seconde en montant et une septième en descendant, on supposera toujours que l'accompagnateur choisit le plus petit intervalle, et le mouvement contraire ne sera pas demandé par un *, même quand il sera nécessaire, dès que d'ailleurs le plus petit intervalle le produira.

Pour se familiariser d'abord avec ce système bien simple, il faut considérer chaque note avec la qualité que lui reconnaît le chiffre, et placer, suivant qu'il le demande, les notes au-dessus et au-dessous d'elle, comme on a fait pour le n° 1 au n° 2 (ex. D), on transporte ensuite dessous le

plain-chant toutes les notes qui sont en dessus, si bien qu'il domine partout, comme au n° 3. On doit exprimer dessous le plain-chant les deux notes de l'accord qui sont le plus près, et pas d'autres; ainsi le n° 4 se traduira, non point comme au n° 5, mais comme au n° 6, parce que c'est *ré* et *fa* et non *si* bémol et *ré* qui, dans cet accord, sont le plus rapprochés du plain-chant. Les chiffres placés sur le plain-chant dans l'ex. E, indiquent donc l'harmonie de l'ex. F.

C'est l'accompagnement du premier ton des psaumes. On peut le faire plus simple en restant en *ré* mineur. — Quoique les notes de cette désinence soient divisées d'après la mesure à deux temps, elles ne doivent pas être considérées comme lui appartenant exclusivement ; la mesure à trois temps leur conviendrait aussi bien ; elle justifierait même mieux le retard *a* de l'ex. F, parce que, par elle, ce retard se trouverait au temps fort. Avec la mesure à deux temps on pourrait facilement traiter comme retard le *sol* (*b*) ex. F, mais, pour cela, on ne devrait pas placer un retard au point *a*. Voici l'accompagnement des autres désinences de ce ton, ainsi que celui des sept autres tons avec leurs différentes désinences.

Toutes ces harmonies sont praticables. On peut en trouver beaucoup d'autres qui le seront également. — On a vu (page 116) qu'une note un peu prolongée peut recevoir six accords consonnants. Si on veut employer cette harmonie variée sous les dominantes, on pourra, dans les différents tons, faire succéder les accords dans l'ordre suivant :

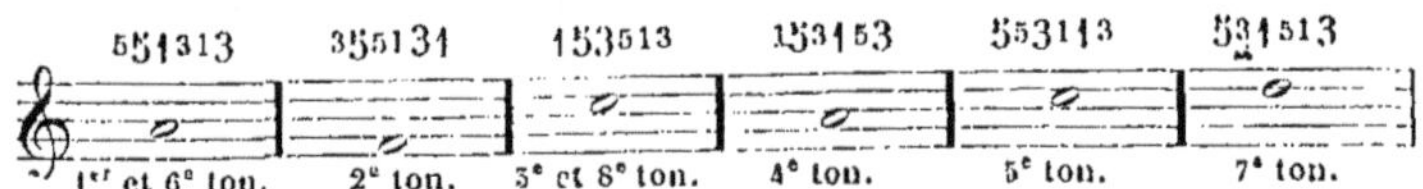

On comprend sans peine que, si les changements d'accords sont possibles à ce point, on ne doit cependant pas toujours les multiplier ainsi, parce qu'on enlèverait à la psalmodie sa belle gravité. On doit en général s'en tenir à un seul accord pour une dominante, choisissant celui qui offre le plus d'intérêt eu égard à ceux qui le précèdent et qui le suivent. On donnera la préférence aux accords majeurs ou aux accords mineurs, suivant qu'on voudra réveiller des sentiments de joie ou de tristesse. — Il est bon de faire remarquer que le mode employé précédemment pour déterminer l'accord d'une note de plain-chant, peut servir à tout accompagnateur qui se trouve dans la nécessité de préparer son morceau. Un chiffre au crayon, qu'il aura placé sur chacune des notes, le mettra facilement à même de faire sans hésitation un accompagnement correct et varié.

Pour accompagner la plain-chant placé à la basse, on fait un travail analogue à celui qu'on a vu dans le contrepoint pour le sujet donné, le plain-chant à la basse. On comprend que le plain-chant, à cette place, permet une bien plus grande variété de combinaisons harmoniques et mélodiques.

V. **Etude du clavier.** — L'accompagnement du plain-chant sur l'orgue demande une certaine connaissance du clavier. Pour l'acquérir, le meilleur moyen est de faire d'abord des gammes. Il est presque superflu de dire que les touches qui sont plus avancées et forment un plan non interrompu de droite à gauche, sont pour les notes naturelles ; celles qui sont plus reculées et plus élevées, pour les notes altérées. Les premières sont ordinairement blanches; les secondes, noires. *Ut* naturel est partout immédiatement à la gauche des deux noires, *fa* à la gauche des trois noires; avec ces points de départ on trouve facilement toutes les autres notes. — L'organiste doit tenir le corps droit, et ne pas l'incliner sensiblement, quelle que soit l'extrémité du clavier vers laquelle se portent ses mains. Il doit être assis assez haut pour qu'en laissant tomber ses bras perpendiculairement, l'articulation du coude reste encore au niveau du clavier. Il doit arriver à connaître assez le clavier pour n'avoir à le regarder que de temps en temps, et d'un coup-d'œil seulement, sans incliner la tête : c'est sur le livre de plain-chant et le cahier d'orgue que les yeux doivent être habituellement fixés.

Dans cette étude des gammes, on place les mains sur le clavier à la distance d'une octave, et elles parcourent ainsi deux ou trois octaves, comme dans l'ex. G. Le n° 1 désigne le pouce, le n° 5 le petit doigt. Sur

G. 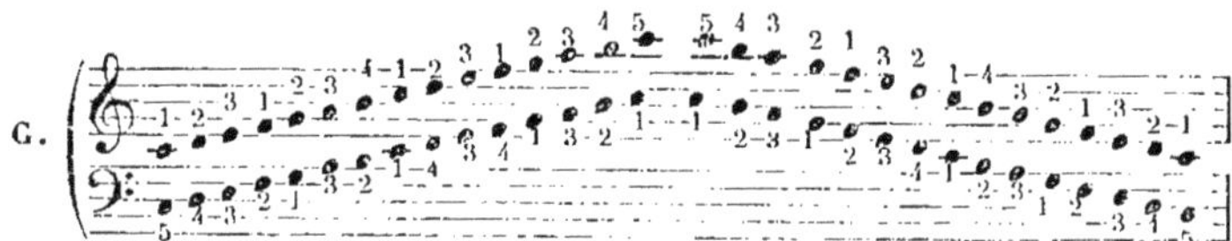

les claviers à 5 octaves, la note la plus grave est *ut*. C'est encore l'octave inférieure de la note *ut* par laquelle, dans cet exemple G, commence la gamme en clef de *fa*. — Les doigts se placent d'abord, comme dans l'exemple G et se succèdent de la même manière dans les gammes en *sol*, en *ré*, en *la*, en *mi* majeurs ; en *la*, en *ré*, en *mi*, en *ut* et en *sol* mineurs. Dans toutes ces gammes, à la main droite, on place le pouce sur la tonique, etc., à la main gauche, le petit doigt sur la tonique. — Le pouce et le petit doigt, lorsqu'ils sont oisifs, ne doivent pas reculer en dehors des touches ; les autres doigts en frappant les touches blanches doivent s'approcher le plus possible des noires. — Tous les doigts, à l'exception de l'auriculaire, peuvent passer sur le pouce. — Le mouvement vertical nécessaire pour abaisser les touches ou les laisser s'élever ne doit pas s'étendre plus loin que le poignet. Il faut que le revers de la main reste toujours assez horizontal pour recevoir un objet un peu mobile, sans que le mouvement des doigts le fasse tomber. — Dans les autres gammes, en supposant que chaque main commence chaque gamme par la tonique, comme dans l'ex. G, et en donnant à la main droite les chiffres supérieurs, à la main gauche les chiffres inférieurs, on a : en *fa* majeurs et en *fa* mineurs :

1 2 3 4 1 2 3 1 2
5 4 3 2 1 3 2 1 4 etc. ; en *si* bémol : 2 1 2 3 1 2 3 4 1
3 2 1 4 3 2 1 3 2 etc. ;

en *si* bémol mineur : 2 1 2 3 1 2 3 4 1
2 1 3 2 1 4 3 2 1 etc. ; en *si* majeur et en *si*

mineur : 1 2 3 1 2 3 4 1 2
4 3 2 1 4 3 2 1 3 etc. ; en *fa* dièse mineur : 2 3 1 2 3
4 3 2 1 3

4 1 2 3 1
2 1 4 3 2 etc.; en *ut* dièse mineur et en *sol* dièse mineur : 2 3 1
3 2 1

2 3 4 1 2 3 1
4 3 2 1 3 2 1 etc.; en *fa* dièse majeur ou *sol* bémol majeur : 2 3 4
4 3 2

1 2 3 1 2
1 3 2 1 4 etc.; en *mi* bémol mineur ou en *ré* dièse mineur : 2 1 2
2 1 4

3 4 1 2 3 1
3 2 1 3 2 1 etc.; en *mi* bémol majeur : 2 1 2 3 4 1 2 3 1
3 2 1 4 3 2 1 3 2 etc.;

en *la* bémol majeur : 2 3 1 2 3 1 2 3 4 1
3 2 1 4 3 2 1 3 2 1 etc ; en *ré* bémol majeur : 2 3 1 2 3 4 1 2 3
3 2 1 4 3 2 1 3 2 etc.

Si les doigts suivent ainsi différents ordres dans les différentes gammes, c'est pour éviter les touches noires au pouce et à l'auriculaire qui les atteindraient difficilement ; mais cette loi n'est que pour les gammes ; dans un morceau il n'est pas rare que le pouce et le petit doigt arrivent sur ces touches, en même temps que l'on oublie complètement, pour les autres doigts, l'ordre qui leur est assigné dans la gamme à laquelle appartient le morceau.

Il est bien rare qu'un même doigt, à part le pouce, puisse se porter immédiatement sur deux notes qui se suivent, parce qu'elles seraient ainsi trop détachées. — Pour que les doigts agissent toujours alternativement, il faut souvent les substituer les uns aux autres, comme dans cette gamme harmonisée, ex. II. La basse, tour à tour simple et redoublée, est très

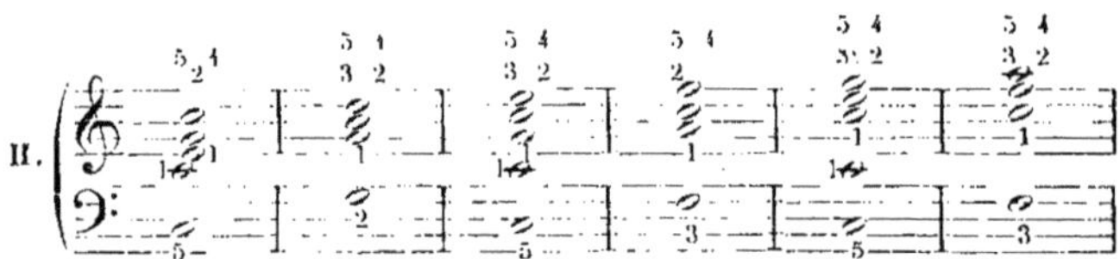

facile parce qu'elle ne demande à la main gauche aucun changement de position ; il suffit de quelques instants d'exercice pour l'exécuter sûrement, sans regarder le clavier.

VI. **Observations sur le plain-chant.** — L'église tient vivement à la conservation du plain-chant. C'est bien à juste titre, car il offre des milliers de mélodies auprès desquelles les compositions modernes restent froides et insignifiantes. Qu'une bonne voix fasse entendre successivement la plus belle phrase du plus bel air d'opéra connu et le premier *Kyrie* d'un grand nombre des messes de plain-chant, les hommes de goût et de sentiment donneront certainement tous à cette dernière la palme du mérite. J.-J. Rousseau trouvait que toutes ses œuvres musicales n'étaient rien auprès du chant du *Pater*. « Il faut n'avoir, ce « sont ses paroles, je ne dis pas aucune piété, mais je dis aucun goût, « pour préférer dans les églises la musique au plain-chant. » — Il suffit d'ailleurs de l'observer un instant, pour découvrir sous son austère apparence un grand nombre de ces formes, retards, anticipations, appoggiatures, etc., qui font le charme des meilleures mélodies modernes.

Ce fut la pensée générale de l'église au moyen âge, que saint Grégoire avait été inspiré de Dieu dans ses travaux sur le plain-chant; c'est pour cela qu'on l'a toujours représenté avec une colombe près de son oreille. — Pendant tout le moyen âge, c'est après s'être illuminé par le contact divin dans le jeûne, la prière et la réception des sacrements, que les moines produisaient ces ravissantes mélodies qu'ils nous ont transmises. Aucun homme, doué de quelque intelligence et de quelque sensibilité, ne pourra jamais les entendre sans une douce émotion. On n'en crée plus aujourd'hui de pareilles, parce que toutes les pensées se portent vers la musique, et aussi parce qu'on laisse dans l'oubli les règles qui dirigeaient dans leur travail ces anciens compositeurs. Fussent-elles d'ailleurs bien connues, ces compositions seraient encore difficiles à cause de notre familiarité avec le rhythme de la musique. Celui du plain-chant est essentiellement différent en ce qu'il est libre et ne fait pas revenir les temps forts et les temps faibles à des intervalles égaux.

Pour conserver, par exemple, le *Kyrie* des morts (ex. I) tel qu'il se chante et l'astreindre en même temps à la mesure, il faudrait le diviser comme dans cet exemple; or il n'y a là ni mesure unique, ni temps

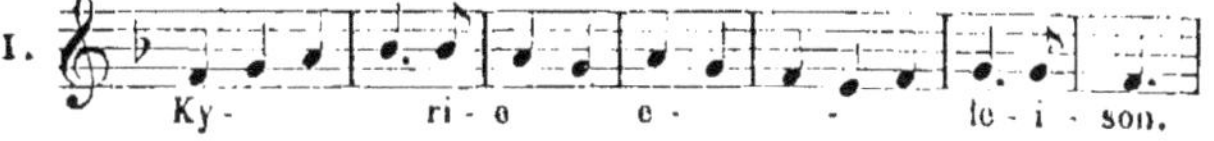

forts, ni temps faibles ramenés à des intervalles égaux, ni traces de la symétrie musicale. Et même avec ces changements de mesure incessants, on altère encore le plain-chant dès qu'on lui donne un rhythme musical quelconque; parce qu'il n'a aucun rapport avec lui. Il est au rhythme musical ce que le rhythme de la prose est à celui de la poésie.

On a dit très judicieusement que « le plain-chant est une récitation « rhythmée prosaïquement et que son rhythme est l'alternation des « accentuées, des non-accentuées et des pauses. » Et ces accentuations, la note par sa forme ne les détermine qu'approximativement, parce que dans ce chant elle n'a pas de valeur précise. Il en est d'elle comme des voyelles dans les mots. Bien que la grammaire les divise seulement en longues et en brèves, qu'elle apprenne que *a* est long dans *pâte* et bref dans *patte*, il y a cependant, entre ces deux extrêmes, bien des nuances que le bon goût approuve et que, même sans le savoir, on reproduit dans les différents mots. Il y a quelque chose d'analogue dans l'accentuation des airs de plaint-chant. Aussi la tradition doit aider à la notation si l'on veut bien les interpréter.

On convient généralement que beaucoup de morceaux de plain-chant ont été altérés dans le cours des âges. Ces altérations vinrent de plusieurs causes, de l'imperfection des signes primitifs, de la négligence ou de la pauvreté des typographes, et aussi de l'action des contrapuntistes qui donnèrent une valeur uniforme à toutes les notes du plain-chant dont ils formèrent la trame de leur harmonie. « Les premières éditions imprimées, dit M. Félix Clément, reproduisirent à l'envi ces altérations, et « les éditions suivantes persévérèrent dans cette voie funeste jusqu'à « nos jours. La monotonie du chant ecclésiastique devint si insupportable et servait si légitimement de prétexte à l'emploi de la musique « moderne dans les offices divins, que l'excès du mal rendit une réforme désirable et nécessaire. »

Cette réforme produisit plusieurs versions plus ou moins différentes. Il n'y en a aucune que l'église ait recommandée à l'exclusion des autres. Il serait désirable, semble-t-il, qu'elle déterminât celle qui doit être préférée. L'adoption d'une version unique pour tous les diocèses sans exception, serait certainement possible, aussi possible que l'exécution des chefs-d'œuvres des grands maîtres partout où l'on cultive la musique. — L'exécution du plain-chant est souvent très défectueuse. A Rome on exprime chaque note par une articulation posée et bien distincte, mais assez peu prolongée. C'est approximativement comme si la note était *détachée*. Ce mode est bon, car sans enlever au plain-chant sa belle gravité, il le préserve de la pesanteur et de la froide monotonie que lui communique l'extrême lenteur.

CHAPITRE QUATORZIÈME

I. Musique et plain-chant. — La musique moderne, depuis son introduction à l'église, a été de temps à autres l'objet de blâmes sévères de la part de l'autorité ecclésiastique et même de la part des laïques judicieux et éclairés. Ces reproches n'ont toujours été que trop motivés. Les messes composées par les contemporains de Palestrina et par Palestrina lui-même sur des airs de chansons ordurières, les messes extraites de nos jours des opéras bouffes dont le théâtre s'était dégoûté, les motets dansants, les cantiques qui commencent par ces indications étranges : air, *Jeunes amants*, air, *Femmes sensibles*, etc., en sont des témoignages mille fois trop évidents. — On raisonnerait cependant mal si l'on allait conclure, après cela, que la musique doit sortir de l'église pour n'y jamais reparaître. Le grand rôle y sera certainement toujours pour le plain-chant; toutefois il semble désirable qu'elle aussi, garde là une petite place, ne fut-ce que pour rendre plus évidentes les beautés élevées du plain-chant, et apprendre à le bien exécuter, en mettant les chanteurs dans la nécessité d'adoucir leur voix quand ils font entendre des compositions à plusieurs parties.

Le système musical est d'ailleurs excellent en lui-même. Les plus beaux morceaux du plain-chant sont, pour la plupart, ceux qui s'en rapprochent le plus. Le *Te Deum* présente une phrase qui commence dans le ton d'*ut*, passe en *la* mineur et va se terminer en *sol* majeur; or, aller ainsi de la tonique à la dominante, et y aller en passant par le ton mineur de la sixte, c'est suivre l'ordre modulatif favori des grands compositeurs. Dans la belle hymne *Sacris solemniis*, le ton est d'abord exactement en *ré* mineur, il passe un moment en *la* mineur et revient dans la conclusion en *ré* mineur; c'est là de la belle modulation musicale. Le huitième ton, le ton *parfait*, module à la dominante comme le *Te Deum*. Du premier et du deuxième ton, de *ré* mineur, on paraît souvent passer au cinquième ou au sixième ton, en *fa* majeur; or c'est là encore un fait bien en rapport avec l'ordre modulatif moderne. Un grand nombre des plus beaux morceaux, l'*Ite missa est* du jour de Pâques, les hymnes de *l'Avent* et du *Carême*, etc., etc., sont exactement de la musique. — Le troisième et le quatrième ton, les plus irréguliers de tous dans leur repos final auquel ils arrivent souvent par un mouvement de seconde mineure, rappellent, ainsi qu'on l'a déjà vu, le repos qui suit l'accord de sixte augmentée. L'habitude fait qu'on se contente de ces repos, mais ils ne sont point aussi conclusifs que ceux des autres tons. Peut-être cependant, s'en contenterait-on en musique, quand les conditions seraient les mêmes, lorsque pendant longtemps, cette terminaison ne serait pas finale, comme dans les psaumes et, en général, dans les cérémonies qui offrent une suite de chants interrompus par des silences assez courts.

Le système musical présente des faits qui révèlent de beaux sens mystiques. La gamme d'un ton majeur, le ton de la joie, offre deux groupes de notes distantes d'un ton, le premier en contient trois, *ut, ré, mi*, c'est le nombre divin, le second quatre, *fa, sol, la, si* c'est le nombre des créatures. En harmonie, l'accord consonnant de trois notes, *ut mi sol*, doit se trouver au commencement et à la fin d'une composition, comme la *Trinité* est le commencement et la fin de toute chose; l'accord naturel *sol si ré fa*, l'accord de quatre notes, nombre des créatures, est dissonant; il est sans repos comme elles sont elles-mêmes; il doit être précédé et suivi de l'accord consonnant, comme les créatures viennent de Dieu et doivent retourner à Dieu pour trouver la paix.

Près de l'arche d'alliance (1), il y avait, pour les chants, vingt-quatre chefs de classes, comme nous avons vingt-quatre gammes, et chacun avait douze frères ou enfants habiles aussi, comme chaque gamme appartient à l'un des ensembles de douze gammes majeures ou mineures.

Le système musical possède éminemment une propriété que le plain-chant n'a qu'imparfaitement, c'est de rendre distinctes, bien saisissables et d'un effet agréable, plusieurs voix entendues simultanément. En principe, le chant simultané des voix qui se font entendre à des hauteurs inégales, n'est pas moins naturel que le chant à l'unisson; il semble même qu'il l'est davantage. L'homme qui se transporte sur les ailes de la foi jusqu'aux pied du trône de l'Agneau, pour entendre le cantique éternellement nouveau dont parle saint Jean, comprend avec peine que ces voix, expressions de tant d'amours différents et de mérites inégaux, ne sachent s'exprimer que par un constant unisson. Au moins l'artiste quel qu'il soit ne croirait-il pas devoir l'employer pour essayer de peindre leurs accents, pour dire comment seront répétés les sept mots que l'Esprit Saint a révélés, et qu'on pourrait appeler les sept notes de l'éternel cantique (2) : « Bénédiction, gloire, sagesse, action de grâces, honneur, puissance et force à notre Dieu, dans tous les siècles des siècles. »

L'harmonie est capable de produire des effets bien supérieurs à ceux d'une simple mélodie, car deux parties offrent une ressource plus riche qu'une seule partie; elles sont auprès d'elle comme 3 est à 1, puisque on peut les faire entendre chacune séparément, puis toutes les deux ensemble.

(1) Paralipomènes, liv. Ier, chap XXV. — (2) Apocalypse, chapitre VII.

II. Composition de la musique religieuse. — Si la musique religieuse présente quelquefois beaucoup d'imperfection et même beaucoup d'inconvenance, c'est parce que ceux qui l'ont composée ne disposaient pas de tous les moyens nécessaires pour ce noble travail. Quoique leur ensemble soit assez peu difficile à acquérir, il est certainement bien rare. Voici ceux qui paraissent les plus nécessaires ou du moins, les plus avantageux.

1° *La connaissance du plain-chant.* Elle fera comprendre que les pensées, dans les mélodies religieuses, doivent être de préférence diatoniques, qu'au moins elles doivent présenter peu d'intervalles bien étendus, peu de notes tres breves, peu d'altérations accidentelles, peu ou point de modulations éloignées, difficiles et bruyantes. En s'interdisant tout cela, on restreint nécessairement ses moyens, mais ils restent suffisants pour peindre d'une manière parfaite les sentiments les plus variés. C'est encore ce que l'on comprendra facilement en comparant les effets du plain-chant avec les moyens qui les produisent.

2° *La foi chrétienne vive et éclairée.* C'est dans les pensées de la foi que les plus grands compositeurs ont cherché de préférence leurs inspirations. On n'en cite pas un qui ait été impie ou incrédule : bon nombre montrerent constamment les plus beaux sentiments religieux. Haydn écrivait en tête de ses partitions : *in nomine domini*, au nom du Seigneur, ou *soli deo gloria*, gloire à Dieu seul, et il les terminait par : *laus deo*, louange à Dieu. Chérubini faisait de même. Beethowen dédia plusieurs de ses œuvres à Dieu. Il s'inspirait en face de cette définition que Dieu a donné de lui-même : je suis celui qui est. Durante, le pere de l'école de musique moderne, ne voulut jamais composer pour le théâtre, par délicatesse de conscience; il n'aspira qu'au titre de chantre de la religion. Palestrina raconte qu'il écrivit une de ces meilleures compositions telle qu'il l'avait entendu chanter par les anges.

La dévotion à la très Sainte-Vierge, une des plus belles manifestation des sentiments chrétiens, fut chère à un grand nombre d'entr'eux. Haydn prenait son rosaire et se mettait à le réciter quand il se trouvait un instant froid et dérouté. Il disait sur la fin de sa vie : « ce moyen m'a toujours réussi ». — Le père de Volfgang Mozart, en parcourant les principales villes de l'Europe avec son petit prodige, âgé de dix ans à peine, avait soin de faire célébrer de temps en temps des messes en l'honneur de Marie. Les lettres (1) de l'immortel compositeur nous apprennent que

(1) Il serait fort avantageux que ces lettres, publiées sous le titre de : *Vie d'un artiste chrétien au XVIIIe siècle,* fussent encore mieux connues. Elles contiennent les plus utiles leçons pour les enfants, pour leurs parents et pour les artistes, les plus salutaires enseignments pour tous les hommes de cœur et d'intelligence. Elles apprennent que Mozart, le plus beau génie qui ait paru dans l'art musical, fut aussi le plus pieux de tous les enfants, et que toute sa vie il conserva les sentiments de piété que son père lui avait inculqués avec tant de soin. Rien n'est touchant comme la vigilance et la sollicitude de cet excellent père. Il écrit de

la confiance et la dévotion de son père avaient passé tout entières dans lui. A Paris, une symphonie lui avait causé beaucoup d'inquiétude à cause de la manière trop imparfaite dont elle avait été exécutée à la dernière répétition. Cependant au concert l'exécution fut bonne, et le morceau eut un très grand succès. « Aussitôt après la symphonie, c'est « Mozart qui parle, j'allais dans ma joie au palais royal, je pris une « glace, je dis le chapelet comme je l'avais promis et je rentrais. — Le célèbre Gluck, appelait le chapelet, le *bréviaire* du musicien. « Comblé « d'honneur à la cour de Versailles, où il était admis à l'égal des plus « grands personnages, il savait, dit un de ses biographes, s'arracher au « douceurs d'un repas splendide, d'une conversation intéressante, pour « aller réciter dans un coin du palais-royal. »

3° *Une science musicale et approfondie.* Le compositeur de musique religieuse doit donc connaître théoriquement toutes les lois de la mélodie, de l'harmonie, des modulations, des imitations, de la fugue, etc. Il faut de plus que, par sa propre expérience, il ait appris à résoudre les difficultés qui surgissent quand on veut donner une suite convenable à un début heureusement trouvé, qu'il sache enchaîner les tons, décomposer

Londres, quand son fils n'a encore que sept ans : « Je suis bien décidé à ne pas élever mes enfants dans un pays aussi dangereux, où la plupart des gens n'ont aucune religion, et où l'on n'a que de mauvais exemples sous les yeux ». — Ecoutons-le au sujet de la maladie de sa fille. « Si je n'ai pas perdu ma fille elle a du moins été à toute extrémité. Quand tout « espoir fut perdu, je la disposais à se résigner à la volonté divine. Elle reçut le saint Viatique « et l'extrême-onction. Ah ! si quelqu'un nous avait entendus, ma femme, ma fille et moi « dans ce moment suprême, s'il nous avait entendus convaincant cette pauvre Nanerl de la « vanité du monde, de la mort bienheureuse des enfants, il n'aurait pu rester insensible. » Qui n'admirerait les avis touchants que, de Salzbourg, il adresse à son fils à Paris, pour l'empêcher de s'égarer au milieu de tant de dangers et de séductions ? — Ecoutons-le encore dans une autre circonstance : « Je dois te souhaiter une heureuse fête ! Que puis-je demander pour toi aujourd'hui que je ne fasse pas tous les jours ? Je te souhaite la grâce de « Dieu ! qu'elle t'accompagne en tous lieux, qu'elle daigne ne t'abandonner jamais, et elle ne « t'abandonnera pas, tant que tu t'efforceras de remplir tes devoirs de bon chrétien, de vrai « catholique. Tu me connais, je ne suis ni un pédant, ni un dévot, ni un hypocrite. Tu ne « repousseras pas une prière de ton père. Je te supplie de veiller sur ton âme, de telle sorte « que tu ne sois pas un souci pour ton père à son lit de mort et qu'à cette heure si grande « il n'ait pas à se reprocher d'avoir négligé ce qui concernerait ton salut. — Et le fils, dans la réponse, après des détails sur ses grands succès, ajoute : « Je baise la main à mon « père, et le remercie de ses souhaits pour ma fête. Qu'il soit sans inquiétude ; j'ai toujours « Dieu devant les yeux, je reconnais sa toute-puissance, je crains sa colère ; mais je connais « sa bonté, sa miséricorde, sa clémence envers les créatures ; il n'abandonne jamais ses serviteurs. Si les choses vont selon sa volonté, elles iront aussi selon la mienne. Avec cela, « je ne puis manquer d'être heureux et content. Je mettrai tout en œuvre pour suivre avec « la plus grande exactitude les conseils que vous avez la bonté de me donner. — Plus tard, au moment où, sans le savoir, il est bien près de terminer sa carrière, il écrit à son père : « Comme la mort, à la bien considérer, est le vrai but de notre vie, je me suis depuis plusieurs années tellement familiarisé avec ce véritable ami de l'homme, que son image bien « loin d'être effrayante pour moi, n'a rien que de doux et de consolant. Je remercie mon « Dieu de m'avoir accordé la grâce de reconnaître la mort comme la clef de notre véritable « béatitude. Je ne me mets jamais au lit sans penser que, tout jeune que je suis, je puis ne « pas me relever le lendemain ; et cependant aucun de ceux qui me connaissent ne pourra « dire que dans l'habitude de la vie je suis morose ou triste ; je rends grâce tous les jours à « mon Créateur de ce bonheur, et le souhaite de tout mon cœur à tous les hommes. » Les expressions de foi brillent aussi souvent dans les lettres de Mozart que les traits de génie dans ses œuvres.

un sujet et développer ses idées. Il peut trouver de grandes lumières, pour cela, dans l'analyse des chefs-d'œuvres, fugues, symphonies, oratorios, opéras, chœurs de sociétés chorales, etc. Il peut s'illuminer àtous ces foyers plus ou moins profanes et donner cependant ensuite des compositions vraiment religieuses, comme Moïse qui, pour avoir étudié la sagesse des Egyptiens, n'en fut pas moins capable d'exécuter les ordres de Dieu et de transmettre sans aucune altération ses commandements au peuple choisi. — Il faut beaucoup de science dans le genre religieux; c'est par elle qu'on pourra être en même temps très simple, très facile et très intéressant. Elle fait défaut dans bien des compositions : ces idées peu relatives entr'elles, peu ou nullement développées, les périodes mal arrondies, l'harmonie étroite et monotone, l'absence constante de toute espèce d'imitation en sont un témoignage beaucoup trop évident.

4° *Une certaine érudition touchant l'emploi et le sens des paroles.* Le compositeur doit les employer conformément aux règles de la prosodie; il doit leur donner des airs en rapport avec les pensées qu'elles expriment, et faire coïncider les cadences avec les repos déterminés par la ponctuation. Il est ainsi presque indipensable qu'il comprenne le latin. Il est très avantageux aussi qu'il connaisse les sources et les sens mystiques des paroles liturgiques. — Beaucoup de compositeurs font de très grandes fautes dans l'emploi des paroles. Dans le concours musical qui eut lieu dernièrement à Bruxelles, sur cent messes envoyées, plus de trente furent mises hors de concours par la commission liturgique. Une commission de ce genre, même en agissant avec la plus extrême indulgence, défendrait probablement la moitié de tous les morceaux religieux célèbres ou ignorés. Il n'y a pas inversion, mutilation, contre-sens, extravagances de toutes sortes, qu'on ne se soit permises au sujet de ces paroles. Celles des opéras bouffes ont toujours été loin de subir des tortures pareilles. Des voix pleines d'autorité se sont élevées avec un certain succès contre ces abus; mais pour qu'ils ne se reproduisent plus, au moins dans leurs grands excès, il faut que les artistes ne composent plus de chants religieux, sans avoir pris quelques notions de ce qu'exigent ses paroles latines, surtout lorsqu'elles sont liturgiques.

5° *Une grande constance dans le travail.* Haydn travaillait jusqu'à seize heures par jour. Mozart se refusait quelquefois un moment de récréation après le repas. Si l'on peut citer un ou deux maîtres qui composaient comme en se jouant, ce ne sont là que des exceptions Sur cent chefs-d'œuvres, quatre-vingt dix neuf sont le fruit des recherches persévérantes et du travail constant, et cela est spécialement vrai pour la musique religieuse qui doit toujours être plus modeste pour ainsi dire, plus châtiée et plus correcte. — Il n'est pas impossible sans doute, dans un moment de verve, de trouver subitement quelques motifs, quelques accords d'un bel effet; mais produire comme à l'instant un morceau qui forme un ensemble parfait d'harmonie et de mélodie avec un intérêt croissant et bien ménagé, jamais l'homme le plus expérimenté ne pourra le faire. — Dans les moments d'inspiration, il faut prendre note des idées intéressantes qu'on peut apercevoir. C'est ainsi que faisait Hændel. C'est probablement là le secret de cette rapidité avec laquelle il écrivait ses plus belles partitions. — Le *Messie* ne lui coûta que vingt jours. Il faut aussi que le compositeur prenne au plus vite les moyens d'entendre ses œuvres. Cette audition le surprendra très souvent en bien ou en mal; il pourra dans ce dernier cas, lorsque rien n'est encore bien terminé, les modifier de toute manière sans être dans la nécessité de sacrifier par là des parties qui auraient déjà demandé beaucoup de travail.

III. **Lois de l'Eglise.** Pour les airs de musique religieuse eux-mêmes, le saint Concile de Trente défend de faire entendre, même sur l'orgue, « ceux qui, par leur nature ou par leur usage antérieur, ont quelque chose de lascif. » Les airs de danse, les airs d'opéra, les solos romanesques, les saccades, les roucoulements, etc., ne doivent pas entrer à l'Eglise. — De plus, les airs religieux doivent être dans leur expression, en rapport avec le sens des paroles, suppliants dans un *Kyrie*, joyeux dans un *Gloria*, affirmatif dans un *Credo*, etc. En employant des paroles liturgiques, il faut éviter d'en omettre aucune, de les transposer, comme un célèbre compositeur qui plaçait *gratias agimus* dans le *Credo*, de les combiner de manière à former comme des dessins nouveaux, en disant par exemple: *gratias agimus*, *gratias tibi*, ou de ramener souvent une même phrase en forme de refrain, etc. — Les répétitions ne sont pas défendues, elles sont même quelquefois inévitables, mais elles doivent se faire sans altérer le sens, et ne tomber que sur des phrases ou des parties de phrases qui offrent par elles-mêmes un sens, et sont reproduites en entier, ayant soin de terminer, par exemple, la phrase *suscipe deprecationem*, non par *suscipe*, mais par *nostram*. Sans défendre les répétitions, l'Eglise désire certainement qu'on les restreigne le plus possible, qu'on ne les multiplie pas de gaité de cœur, uniquement, dirait-on, pour lasser toute l'assemblée. Quand on trouve, comme dans les fugues de Chérubini, le verset *cum sancto spiritu*, etc. répété cinquante fois, le mot *amen* cent fois, il est impossible de dire que ce n'est pas trop. Sans doute la composition est belle; ces fugues sont des chefs-d'œuvres, d'incomparables chefs-d'œuvres si l'on veut, mais ils ne sont pas à leur place; ce sont de splendides habits taillés pour un géant et jetés sur les épaules d'un nain. Quelle que soit la richesse de l'étoffe, l'effet est ridicule. Dans de pareilles œuvres, ce n'est plus la musique qui sert les paroles, mais ce sont les paroles qui se trouvent comme foulées, broyées, pulvérisées par la musique. L'immense majorité des messes musicales sont beaucoup trop longues, et cela uniquement par la faute des compositeurs, parce qu'ils ne prennent pas la peine de les restreindre. — Là ou les répétitions sont comme inévitables, ainsi dans un *Kyrie*, il faut au moins les faire avec toute la parcimonie possible. Il est sage de se les interdire sur ces mots auxquels l'Eglise attache un respect particulier, puisqu'elle ordonne au prêtre de se découvrir : *adoramus te, gratias agimus tibi, Jesu Christe, suscipe deprecationem nostram, Jesu Christe, Jesum Christum, adoratur*. Il est préférable de ne pas répéter les paroles de l'intonation : *Gloria in excelsis deo, Credo in unum deum*. Le prêtre les a prononcées ; c'est tout à fait suffisant. Voici les excellentes regles que le congrès catholique de Bruxelles prescrivit en 1864 pour le concours de musique religieuse qu'il venait d'ouvrir : « Les règles de « l'art et les exigences de la liturgie seront respectées dans la composition : « 1° en prononçant les paroles de l'Eglise sans altération, sans omission, « sans répétitions fastidieuses ; 2° en calculant la longueur des pièces de telle « sorte que l'officiant, qui ne met pas de précipitation dans la célébration « de l'office, n'attende pas longtemps la fin de l'exécution, et que le *Gloria* « et le *Credo*, par exemple, ne dépassent pas notablement la durée des « mêmes morceaux chantés solennellement en plain-chant ; 3° en faisant « coïncider exactement la coupe de la composition musicale, avec la coupe, « l'accentuation et la pontuation du texte ; 4° en excluant d'une maniere « absolue les rythmes, les formes et les effets trop dramatiques, appar- « tenant au théâtre ; 5° en n'appliquant pas les paroles de l'Eglise à des « morceaux de théâtre. »

Le chant du *Sanctus* doit être assez court, pour qu'avant la consécration on ait pu faire entendre tout ce qui précède le *Benedictus*. Ce dernier doit toujours se chanter après la consécration. — On peut, pendant la messe et à la bénédiction du très-saint sacrement, chanter des motets dont les paroles latines sont tirées d'un office approuvé, de l'Ecriture sainte, ou des Peres avec l'approbation formelle de la congrégation des Rites. Les cantiques en langue vulgaire sont défendus pendant ces deux offices solennels. L'abus de ces cantiques pendant la messe, alla si loin en Italie, qu'un pape portât, pour ce pays, une loi qui les défendait sous peine d'excommunication. En Pologne et dans beaucoup de pays de l'Allemagne, il y a bien des violations de la loi sous ce rapport. Si l'Eglise n'agit pas avec grande rigueur contre ces abus, elle proteste cependant par l'organe des congrégations romaines ; elle veut absolument que la messe ne soit pas le prétexte d'un concert populaire dans lequel paraitraient facilement des morceaux d'un goût assez douteux.

L'orgue est l'instrument favori du culte catholique. C'est dans les églises qu'il est né, c'est là qu'il est vraiment beau. « Il peut être joué, dit M. « Falise, tous les dimanches et fêtes de l'année, et toutes les fois que la « messe est chantée avec solennité, de même que le Jeudi saint, jusqu'au

« *Gloria* inclusivement, et le Samedi saint à partir du *Gloria* et pendant
« tout le reste de la messe si l'on veut. Il faut excepter les dimanches et
« féries du Carême et de l'Avent (hormis *lœtare* et *gaudete*) et l'office
« avec la messe des morts.

« L'orgue alterne avec les chantres aux *Kyrie*, *Gloria*, *Sanctus* et
« *Agnus*, à la messe; aux hymnes, au *Te Deum* et au *Magnificat* des
« vêpres; mais il faut observer ici que le premier verset des hymnes ou
« des cantiques, le verset *Gloria patri*, la dernière strophe des hymnes
« et les strophes auxquelles il faut s'agenouiller, doivent nécessairement
« être chantées par le chœur. L'orgue remplace le chant après l'épitre,
« à l'offertoire, à la communion de la messe; on le joue encore pour
« remplacer l'antienne à la fin de chaque psaume. Au *Credo*, il ne faut
« pas entremêler l'orgue; mais pendant l'élévation, il doit faire entendre
« des sons graves et doux. L'orgue peut également remplacer le chœur
« dans la réponse à *Ite missa est* ou *Benedicamus domino*, à la messe
« et à vêpres. Pendant que l'orgue joue, on doit prononcer les paroles
« dont il tient lieu, dans le chœur, à haute voix ou du moins à voix basse;
« on ne peut pas les omettre. »

En alternant avec le chœur, l'orgue fait entendre chaque fois un petit air, le plus souvent une variation de l'air dont le chœur vient de prononcer les paroles, ou même cet air, sans modification. Au *Credo*, il n'est pas défendu de faire entendre l'orgue, mais il ne peut former qu'un accompagnement; toutes les paroles doivent être chantées. L'orgue peut remplacer également la répétition de l'*Asperges me* et de l'*Introït*. « Pendant la bénédiction que le prêtre donne avec le saint Sacremenent, « si on touche l'orgue, dit M. Baldeschi, on le fera, comme pendant « l'élévation, d'une manière douce et grave; il serait même mieux que, « pendant ce temps, l'orgue interrompit ses accords et fit place à un « majestueux silence. » — La musique instrumentale n'est pas absolument bannie de l'Eglise, mais il faut qu'elle soit douce, qu'elle ne mette pas le prêtre dans la nécessité d'interrompre la messe plus ou moins longtemps, et qu'elle fasse entendre des airs convenables.

IV. **Noblesse et avantages de la musique.** Après avoir cherché, dans cet ouvrage, à donner quelque idée au moins de l'art musical, du nombre de ses moyens et de l'étendue de ses ressources, il semble avantageux, pour encourager le compositeur dans ses travaux, de lui rappeler en finissant, ce que de grands génies ont pensé de la musique, et quels effets ils lui ont attribués. — Voici les pensées et les jugements qu'a rassemblés M. d'Ortigue dans son bel ouvrage, *La musique à l'Eglise :*
« Disons avec Plutarque : Quant à moi, je n'estime point que ç'ait été
« un homme qui ait inventé tant de biens que nous apporte la musique,
« ains cuide que ç'ait été Dieu qui est orné de toutes vertus. —
« Avec Plutarque, Platon et Pindare, que : « La musique a esté *don-*

« *née* aux hommes, *non pas pour délices ny pour volupté, ny pour un*
« *chastouillement d'oreille*, mais pour que la musique survenant à
« grande confusion et désordre ès accords et consonnances de l'âme,
« les rameine et les remet derechef tout doulcement en leur ordre et en
« leur lieu;—Avec Hippocrate: je ne doute pas que les arts ne soient pri-
« mitivement des grâces accordées aux hommes par les dieux; — Avec le
« Li-ki : La musique est l'expression et l'image de l'union de la terre
« avec le ciel ; — Avec Quintilien, que la musique se lie à la connaissance
« des choses divines ; — Avec Platon, toute l'antiquité païenne, l'antiquité
« chrétienne et tous les théoriciens jusqu'au dix-neuvième siècle :
« qu'elle est divine dans son essence, son origine et sa destination ; —
« Avec le P. Mersenne, que : La *musique est en Dieu* ; — Avec le docteur
« Gall : La musique et le chant ne sont pas des inventions de l'homme ;
« le créateur les lui a révélés à l'aide d'un organisme particulier ;
« — Avec le cardinal Bona, que : Le premier homme reçut de Dieu le
« bienfait de la musique avec une instruction universelle ; — Avec le P.
« Martini et Rameau : La musique n'est faite que pour chanter les
« louanges de Dieu ; — Avec Méhul : Je crois que cet art à un but plus
« noble que celui de chatouiller l'oreille, et qu'il n'est pas condamné à
« n'être jamais qu'aimable ; — Avec un éloquent philosophe catholique,
« Mgr Gerbet : C'est sous la forme de la musique que la religion nous
« représente l'état supérieur de la parole dans le monde futur. Le chant
« est le commmencement de la régénération, de la transfiguration de la
« parole terrestre ; c'est l'élan de la voix humaine vers le monde céleste
« de l'expression de la pensée.

« O musique délicieuse s'écrie Félix Clément (1) que vos effets sont
« merveilleux ! Qu'il est doux l'empire que vous exercez sur toutes les
« puissances de ce monde chétif ! Le récit des effets que vous produisez
« causerait le plus profond étonnement et dépasserait toute croyance, si
« une expérience continuelle ne venait ajouter de nouvelles preuves au
« témoignage des hommes les plus illustres. « Après ces paroles, le même auteur cite un très grands nombre de passages qui font ressortir l'heureuse influence que peut exercer la musique. En voici quelques-uns.

« Le moine saint Albert, avant d'être dans les ordres, entendit un
« jour chanter en musique la vie et la conversion de saint Théobald ;
« Il se sentit tout à coup touché de la grâce divine, et dès lors il se mit
« à vivre avec la plus grande sainteté. — Saint Amsbert, moine et évê-
« que de Rouen, quand il était encore laïque, entendit à la cour du
« roi où il vivait, les sons de divers instruments de musique ; il se dit
« alors à lui-même : O créateur plein de bonté, quel sera cet éternel
« cantique des anges que ceux qui t'aiment pourront entendre dans le

(1) Histoire générale de la musique religieuse.

« royaume des cieux! Qu'il sera doux et ravissant d'assister au concert « des élus, puisque tu as déjà conféré à l'homme le don de pouvoir, « grâce aux charmes de la musique et à la douceur du chant, exciter « les cœurs à s'unir dans un pieux concert pour célébrer tes louanges, « o divin créateur de l'univers! Saint Dunstan, archevêque de Cantor- « béry, encore dans l'adolescence, s'inspirait à lui-même et inspirait à « d'autres, par des chants mélodieux, de l'éloignement et de l'aversion « pour les agitations de ce monde, et il élevait son âme et la leur jusqu'à « l'idée de l'harmonie céleste. B. Maria Ægnacensis, trois jours avant « de mourir, chanta des cantiques inouïs et merveilleux, et se prépara « ainsi à la mort. On dit aussi que Pytagore, se trouvant un jour avec « des hommes ivres, ordonna au joueur de flûte qui présidait au festin, « de changer de tonalité et de jouer des airs du mode dorien, et que ce « genre de mélodie ramena les convives à la sobriété.

« On voit dans Homère que les accords de la musique suffisaient « pour apaiser la colère d'Achille; Sénèque cite cet art comme l'un des « moyens les plus propres à calmer l'emportement, et Climaque nous « dit qu'une suave mélodie adoucit et modère la fureur. Teophraste, « Jamblique, Martianus Capella, Sévérin Boëce, Jean Brodée, Jérôme « Magius et d'autres auteurs éminents, regardent la musique comme un « remède propre à guérir les maladies de l'âme et du corps.

« L'abbé Rupert affirme que la connaissance de la musique est néces- « saire pour comprendre l'Ecriture-Sainte. Plotin, philosophe platoni- « cien, nous dit que la musique ramène l'homme vers Dieu; l'abbé « Rupert semble être de cette opinion; en effet, dit-il, la musique émeut « profondément le cœur humain en exerçant sur lui une sorte de con- « trainte et de violence naturelle; lorsqu'elle est convenablement unie à « la parole ou à un texte composé en l'honneur de Dieu, elle remue le « fond de l'âme et réveille la grâce du Saint-Esprit qu'il a déjà reçue. « Le prophète Elisée, à qui le roi d'Israël demandait de lui annoncer « l'issue d'une guerre qui l'occupait, se fit amener un joueur de harpe. « Pendant que ce musicien jouait de son instrument, la main du Sei- « gneur s'étendit sur le saint homme, qui recouvra le don prophétique « que son trouble lui avait fait perdre. Que nous prouve ce fait, dit Ri- « chard de Saint-Victor, sinon que l'harmonie de la musique rappelle à « la mémoire, l'harmonie intérieure et spirituelle et que la mélodie rend « à l'âme d'un pieux auditeur sa joie accoutumée? Richard termine en « montrant la grande utilité de la musique pour acquérir la grâce con- « templative. En effet le chant agit puissamment sur l'âme et la maîtrise « à son gré; aussi peut-il la rendre propre à recevoir les communications « divines; car dit Alcinoüs, pendant que nos oreilles puisent dans ce « qu'elles entendent l'harmonie des sons, nous nous élevons par degré « aux choses mêmes qui sont perçues par l'intelligence. Si le chant, par

« une influence secrète, ramène l'esprit vers les choses divines, pour-
« quoi nous étonner que les esprits méchants ne puissent supporter la
« musique ? Aussi lorsque David touchait les cordes de sa lyre, l'esprit
« malin abandonnait Saül. En effet, les démons, rebelles endurcis dans
« le mal, ne pouvant d'aucune manière revenir à Dieu, poursuivent
« d'une haine implacable tout accord, toute harmonie. — Quel pro-
« dige! s'écrie un auteur distingué, le B. Thomas de Villeneuve, ar-
« chevêque de Valence ; la musique met en fuite le démon ; et celui qui,
« selon la pensée de Job, considère les flèches comme des fétus de
« paille, méprise les pierres parties d'une fronde comme du chaume,
« se moque même des javelots lancés avec force et ne fait aucun cas des
« marteaux les plus durs, recule en tremblant au son de la lyre ; et celui
« qui est invincible par toute force, quelque grande qu'elle soit, est
« vaincu par l'harmonie.

« Le vin et la musique, dit le Sage, réjouissent le cœur. Qu'y a-t-il de
« plus beau, écrit l'illustre Cassiodore, que cet art, dont la puissance
« agréable et salutaire tout à la fois rassérène l'âme agitée et travaillée en
« tous sens ? Lorsque cette reine de nos sens sort du sanctuaire de la
« nature, parée de tous ses ornements, toutes les autres pensées sont
« bannies et ses charmes règnent exclusivement sur notre cœur. Elle
« change en joie l'affreuse tristesse, elle apaise la violence de la fureur,
« elle adoucit les rigueurs de la cruauté, elle réveille l'indolence et la
« langueur qui engourdissent l'âme ; elle offre un agréable délassement
« aux travailleurs ; elle ramène à des goûts honnêtes le cœur dont un
« amour honteux est venu altérer la chasteté ; elle chasse l'ennui, cet
« ennemi perpétuel des bonnes pensées ; elle fait succéder la bienveil-
« lance aux haines les plus funestes ; et, ce qui est son plus grand bien-
« fait, elle triomphe des passions de l'âme au moyen du plaisir le plus
« doux. Elle emploie la matière pour charmer l'âme immatérielle ; par
« la seule audition, elle en fait ce qu'elle veut ; et c'est à l'aide d'éléments
« insensibles qu'elle peut exercer son empire sur les sens. »

CONCLUSION

> **Travaillez, prenez de la peine,**
> **C'est le fond qui manque le moins.**

Les musiciens peuvent s'appliquer avec raison ce conseil que le bon fabuliste adressait jadis aux laboureurs. Dans l'art musical, comme dans les terres les plus riches, c'est le fond qui manque le moins ; il tient en réserve les plus précieux trésors, toujours prêt à en livrer quelques-uns, au travailleur constant, judicieux et éclairé. Lesquels sera-ce ? Quelle forme emprunteront-ils ? et de quel éclat particulier les verra-t-on rayonner ? Il faudrait les avoir entrevus déjà pour le dire ; mais toujours il en laissera découvrir dont la forme sera des plus attrayantes et dont l'éclat pourra longtemps nous charmer. — Le voyageur qui parcourt des régions entrecoupées de montagnes pour admirer les merveilles de la création, ne saura jamais peindre à l'avance les sites pittoresques et les paysages variés qui s'offriront à ses regards ; cependant il doit être assuré que de temps en temps il en apercevra qui auront une beauté spéciale et quelques caracteres au moins de nouveauté. Même en marchant vers la dernière vallée qui lui soit encore inconnue sur la surface du globe, il peut se promettre de dire en la contemplant : je n'aurai pas su la concevoir telle qu'elle est si je n'étais venu la visiter. — Il en sera de même pour le compositeur ; ou du moins, s'il y a quelque différence entre ce voyageur et lui, elle est toute pour l'encourager, car il voyage dans l'infini, et jamais il n'arrivera aux derniers accents capables d'intéresser. Si quelquefois dans ses recherches, ses efforts doivent rester infructueux, parce que le vol de son intelligence sera trop pesant et son regard trop obscurci, il pourra se féliciter au moins d'avoir perfectionné son aptitude et fait une bonne œuvre. Il aura travaillé. Pour ne pas rester oisif, le pieux solitaire de la Thébaïde redressait les osiers de cette corbeille qu'il avait seulement terminée et il la confectionnait de nouveau. L'artiste aura matériellement mieux fait que lui. En courant à la recherche des merveilles de l'art musical, et en les mettant au jour, il se sera rapproché de Dieu qui en est la source. Il s'en sera rapproché encore lorsqu'elles se seront cachées pour lui rendre plus vif le souvenir de sa faiblesse naturelle et le sentiment de son impuissance. Son travail lui aura inspiré l'humilité à la place de la reconnaissance et de l'admiration, il n'aura été que plus avantageux.

ERRATA

Page 4, ligne 18 : sémiographie, *lisez :* séméiographie.
— 16, — 18 et suivantes : appogiature, lisez : appoggiature pour prononcer appodgiature.
— 42, — 6 : incomptable, *lisez :* incompatible.
— 64, exemple M, 1re et 2me mesure : au lieu de *fa*, *ut*, *ré*, *lisez :* *fa*, *la*, *ré* au Baryton.
— 68, ligne 5 : } Himmel (orthographe allemande), *lisez :* Hummel.
— 70, — 9 : }
— 72, — 14 : mottet, *lisez :* motet.
— 79, — 28 : on fait de la quarte une quinte, *lisez :* on fait de la quinte une quarte.
— 173, — 13 : musicale et approfondie, *omettez :* et.

TABLE DES MATIÈRES

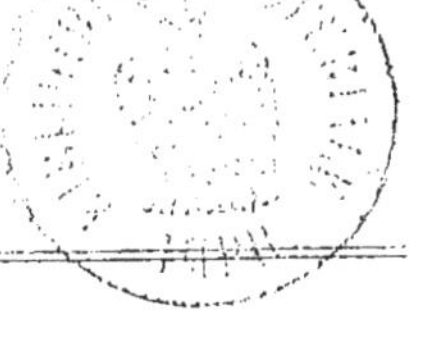

Saint-Julien. — Imprimerie F. Cassagnes.

www.ingramcontent.com/pod-product-compliance
Ingram Content Group UK Ltd.
Pitfield, Milton Keynes, MK11 3LW, UK
UKHW012216240726
13966UKWH00003B/797

9 782013 092296